AF557103

VENOM

NETZ DES TODES

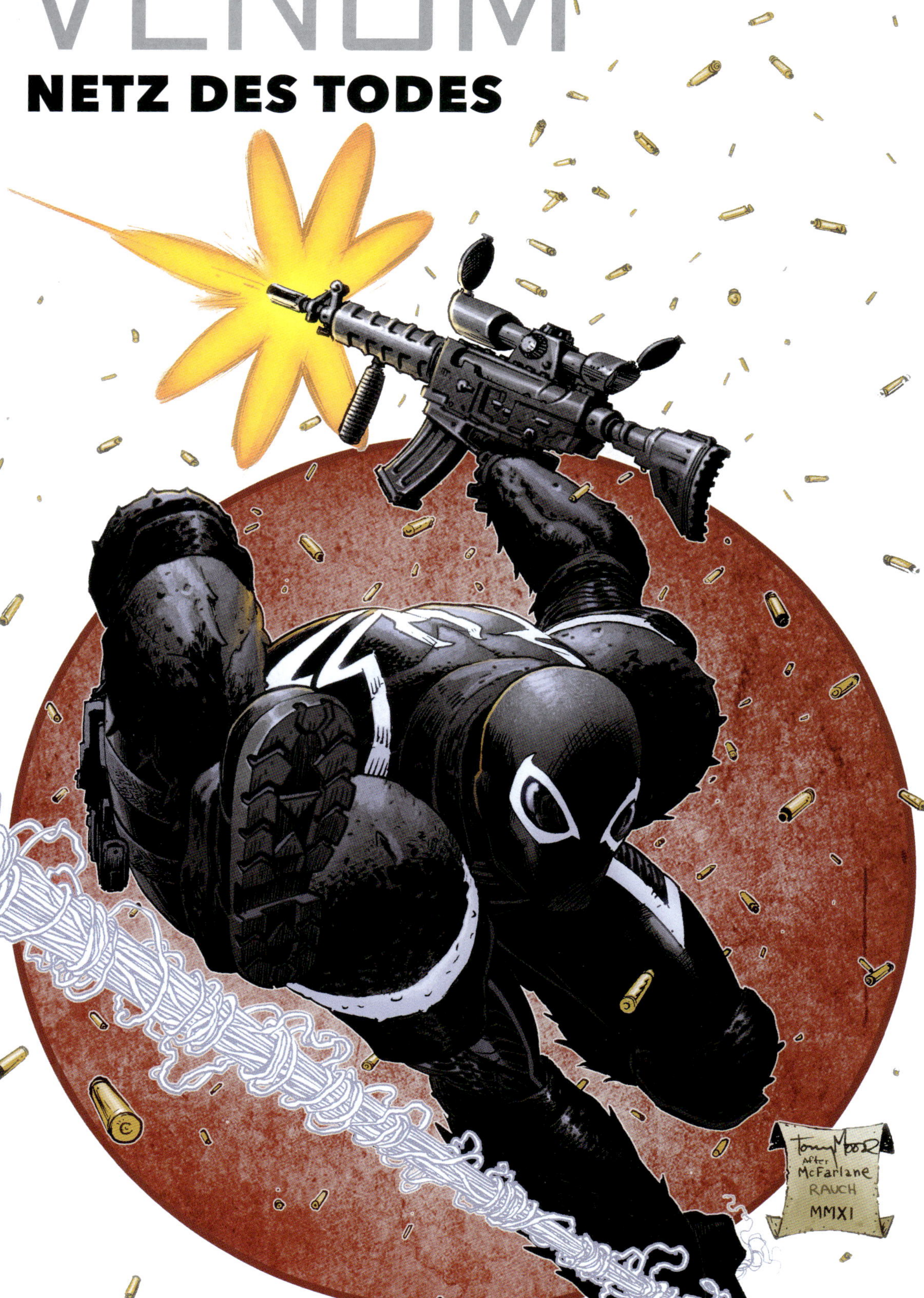

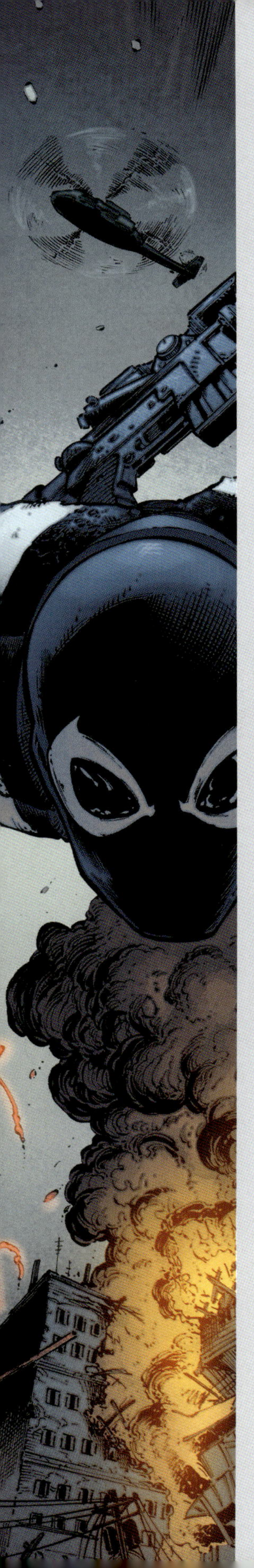

INHALT

MARVEL

FSC
www.fsc.org
MIX
Paper | Supporting responsible forestry
FSC® C115044

VENOM
NETZ DES TODES

RICK REMENDER
STORY

TOM FOWLER (3, 5)
TONY MOORE (1-2, 4-5)
ZEICHNUNGEN

CRIMELAB STUDIOS (1-2, 4-5)
SANDU FLOREA (1)
TOM FOWLER (3, 5)
KARL KESEL (1)
TUSCHE

JOHN RAUCH
FARBEN

ASTARTE DESIGN
ALESSANDRA GOZZI
LETTERING

REINHARD SCHWEIZER
ÜBERSETZUNG

ALEJANDRO ARBONA
TOM BRENNAN
STEPHEN WACKER
REDAKTION USA

C. B. CEBULSKI
CHEFREDAKTEUR USA

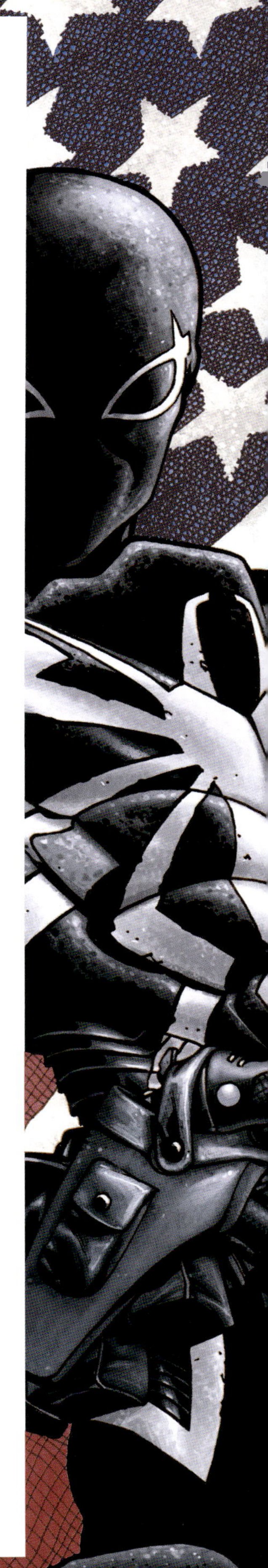

MARVEL MUST-HAVE: VENOM – NETZ DES TODES erscheint bei **PANINI COMICS**, Schloßstraße 76, D-70176 Stuttgart. Druck: Lito Terrazzi S.r.l. – Prato. Pressevertrieb: Stella Distribution GmbH, D-22297 Hamburg. Direkt-Abos auf **www.paninicomics.de.** Anzeigenverkauf: BLAUFEUER VERLAGSVERTRETUNGEN GmbH, info@blaufeuer.com. Es gelten die Anzeigenpreise gemäß der Mediadaten 2023. Geschäftsführer **Hermann Paul**, Publishing Director Europe **Marco M. Lupoi**, Finanzen/Logistik **Felix Bauer**, Marketing Director **Holger Wiest**, Marketing **Fabio Cunetto**, Vertrieb **Alexander Bubenheimer**, PR/Presse **Steffen Volkmer**, Publishing Manager **Lisa Pancaldi**, Redaktion **Christian Endres**, **Harald Gantzberg**, **Matthias Korn**, **Anja Seiffert**, **Kristina Starschinski**, **Ilaria Tavoni**, **Daniela Uhlmann**, Übersetzung **Bernd Kronsbein**, **Reinhard Schweizer**, Proofreading **Marion Bergmann**, Lettering **Astarte Design**, **Alessandra Gozzi**, grafische Gestaltung **Marco Paroli** (coordinator), **Angelo Costellini**, **Cinzia Morando**, Art Director **Alessandro Gucciardo**, Redaktion Panini Comics **Annalisa Califano**, **Beatrice Doti**, Prepress **Cristina Bedini**, **Daniela Guidetti**, **Andrea Lusoli**, Repro/Packager **Alessandro Nalli** (coordinator), **Anna Boselli**, **Mario Da Rin Zanco**, **Valentina Esposito**, **Luca Ficarelli**, **Linda Leporati**. Deutsche Edition bei Panini Verlags-GmbH unter Lizenz von Marvel Characters B.V. Cover von **Joe Quesada**, *Venom* (2011) 1.

Bibliografische Information der Deutschen Nationalbibliothek
Die Deutsche Nationalbibliothek verzeichnet diese Publikation in der Deutschen Nationalbibliografie; detaillierte bibliografische Daten sind im Internet über dnb.d-nb.de abrufbar.

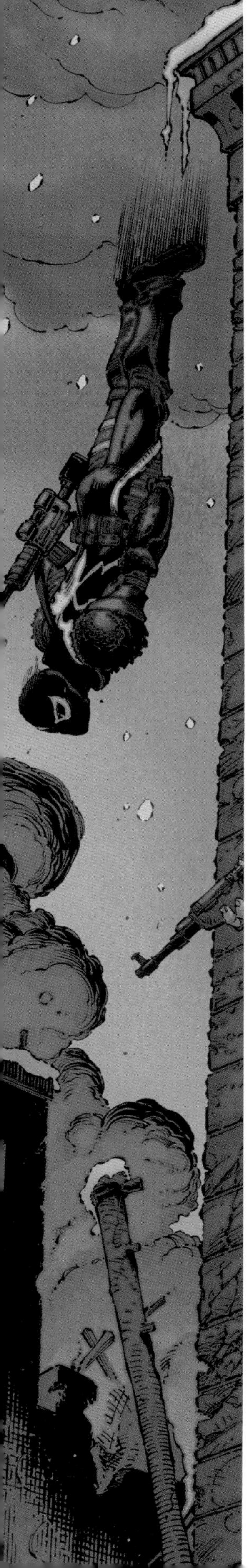

HELDENHAFTE SYMBIOSE MIT HINDERNISSEN

2011 gingen die Legenden von **Flash Thompson** und dem **Venom**-Symbionten aus dem **Spider-Man**-Kanon eine neue Verbindung, eine eigene Symbiose ein. Aber beginnen wir am Anfang. Schon bei Spider-Mans Debüt in **Stan Lees** und **Steve Ditkos** *Amazing Fantasy* 15 aus dem Jahr 1962 trat **Eugene „Flash" Thompson** als Quälgeist des jungen **Peter Parker** in Erscheinung. Paradoxerweise war die Sportskanone gleichzeitig Spideys größter Fan, nicht ahnend, dass er in der Highschool dessen Alter Ego hänselte. Im College veränderten sich aber sowohl Peter als auch Flash, und das führte dazu, dass die beiden Freunde wurden und zur selben Clique gehörten. Schließlich ging Flash zur Army – nach seiner Rückkehr aus Asien hatte er allerdings erhebliche Schwierigkeiten, sich wieder ins zivile Leben einzufügen, obwohl er mit **Betty Brant** zusammenkam; er versuchte, seine Depressionen in Alkohol zu ertränken.

Der Alien-Symbiont ist seit 1984 und *Amazing Spider-Man* 252 von **Tom DeFalco**, **Roger Stern** und **Ron Frenz** Teil der Wandkrabbler-Mythologie, wobei Idee und Design auf Chefredakteur **Jim Shooter**, Zeichner **Mike Zeck** und den Fan **Randy Schueller** zurückgehen. Pete brachte das Alien als „schwarzes Kostüm" damals vom Planeten Battleworld und aus dem Crossover **Secret Wars** mit zurück auf die Erde. Doch wir wissen ja, wie die Geschichte ausging: Der aggressive Symbiont war zwar ein praktisches, intelligentes Kostüm-Update, wollte seinen Wirt aber übernehmen, weshalb es zur Trennung kam. Danach verbanden sich der aggressive Symbiont und der rachsüchtige Reporter **Eddie Brock** in den Storys von **David Michelinie**, **Todd McFarlane** und Co. Ende der 1980er zu Spider-Mans monströsem Gegner **Venom**, ehe sie sich in den 1990ern unter Michelinie, **Mark Bagley**, **Ron Lim** und anderen Kreativen zum Antihelden und tödlichen Beschützer weiterentwickelten. Später pendelte Venom zwischen Schurke und Held, und schließlich gingen auch Brock und das Alien getrennte Wege. Mafia-Erbe **Angelo Fortunato** übernahm 2004 in *Marvel Knights: Spider-Man* 7–8 von **Mark Millar**, **Terry Dodson** und **Frank Cho** kurzzeitig als Wirt, bevor der **Scorpion** Mac Gargan der nächste schurkische Venom wurde.

Flash Thompson zog unterdessen in der Spidey-Ära **Ein neuer Tag** in *Amazing Spider-Man* 574 von **Marc Guggenheim**, **Barry Kitson** und Co. 2008 erneut als Soldat in den Krieg, rettete im Irak auf heroische Weise einen Kameraden – und bekam aufgrund seiner eigenen Verletzungen beide Beine amputiert. In *ASM* 654 und 654.1 initiierten **Dan Slott**, **Paulo Siqueira** und andere dann Projekt Wiedergeburt. Nach der Belagerung von Asgard im Event **The Siege** hatte die US-Regierung **Gargan** und den Symbionten einkassiert und getrennt. Nun gab man den Alien-Symbionten Thompson und machte ihn so zu **Agent Venom**. Als solcher kann Flash sogar temporär den Rollstuhl verlassen – allerdings darf er nicht zu lange Venom sein, da der brutale Symbiont sonst die Oberhand gewinnt oder es gar zu einer permanenten Symbiose kommt. Auf diesem neuen Status quo für Flash und Venom bauten **Rick Remender**, **Tony Moore** und Co. 2012 in ihrer VENOM-Serie auf, deren Auftakt wir in diesem Band präsentieren. Wenig später mischte Flash als Venom dann noch bei den **Secret Avengers** und den **Guardians of the Galaxy** mit …

Christian Endres

PROJEKT WIEDERGEBURT 2.0

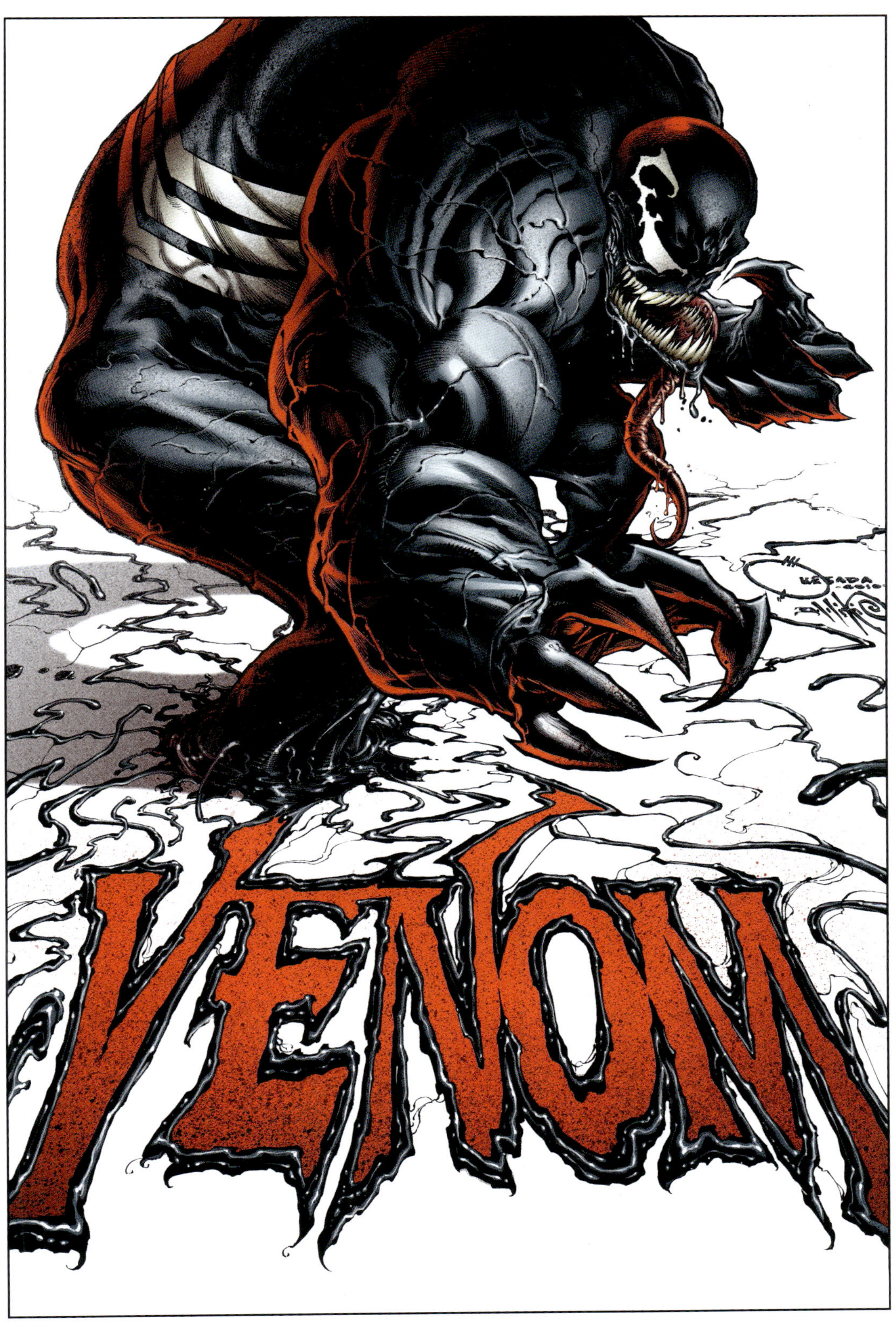

Venom (2011) 1
Cover von **JOE QUESADA**

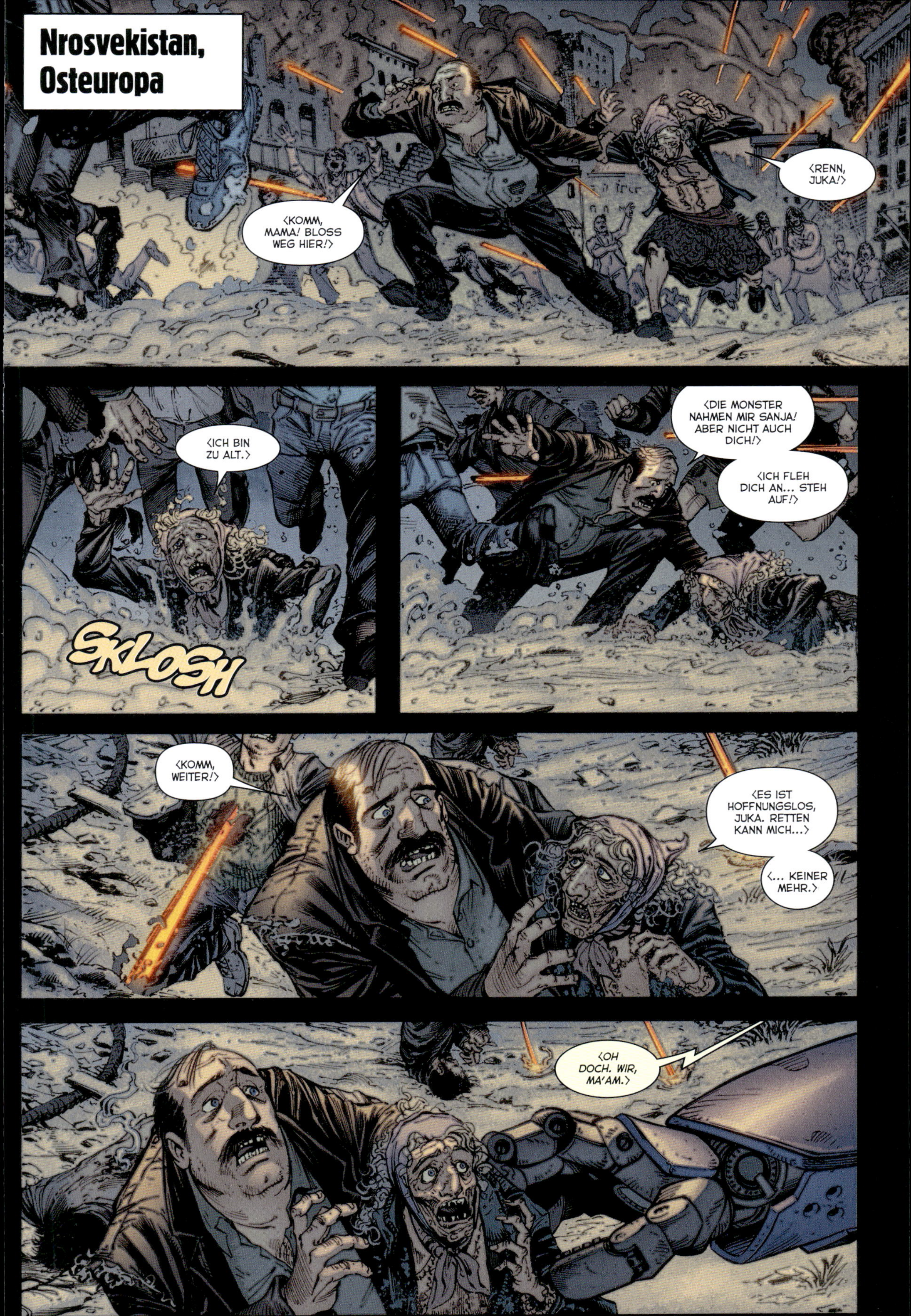

Nrosvekistan, Osteuropa

‹KOMM, MAMA! BLOSS WEG HIER!›

‹RENN, JUKA!›

‹ICH BIN ZU ALT.›

SKLOSH

‹DIE MONSTER NAHMEN MIR SANJA! ABER NICHT AUCH DICH!›

‹ICH FLEH DICH AN... STEH AUF!›

‹KOMM, WEITER!›

‹ES IST HOFFNUNGSLOS, JUKA. RETTEN KANN MICH...›

‹... KEINER MEHR.›

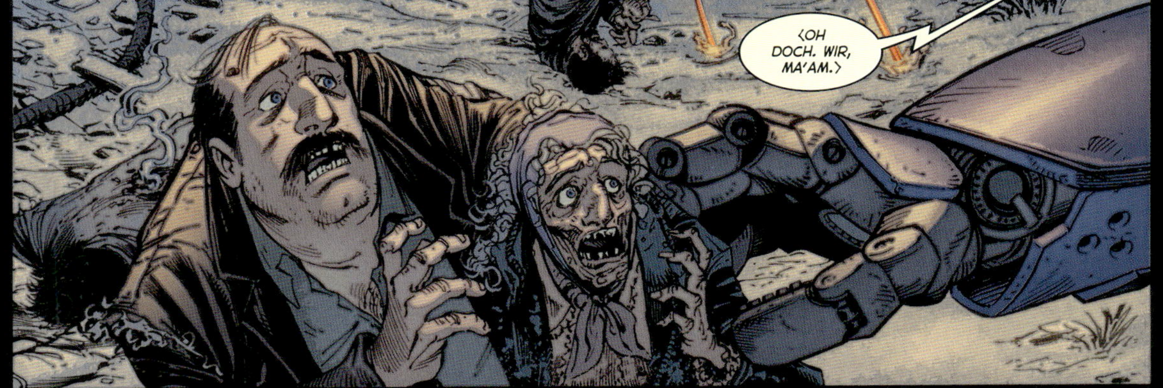

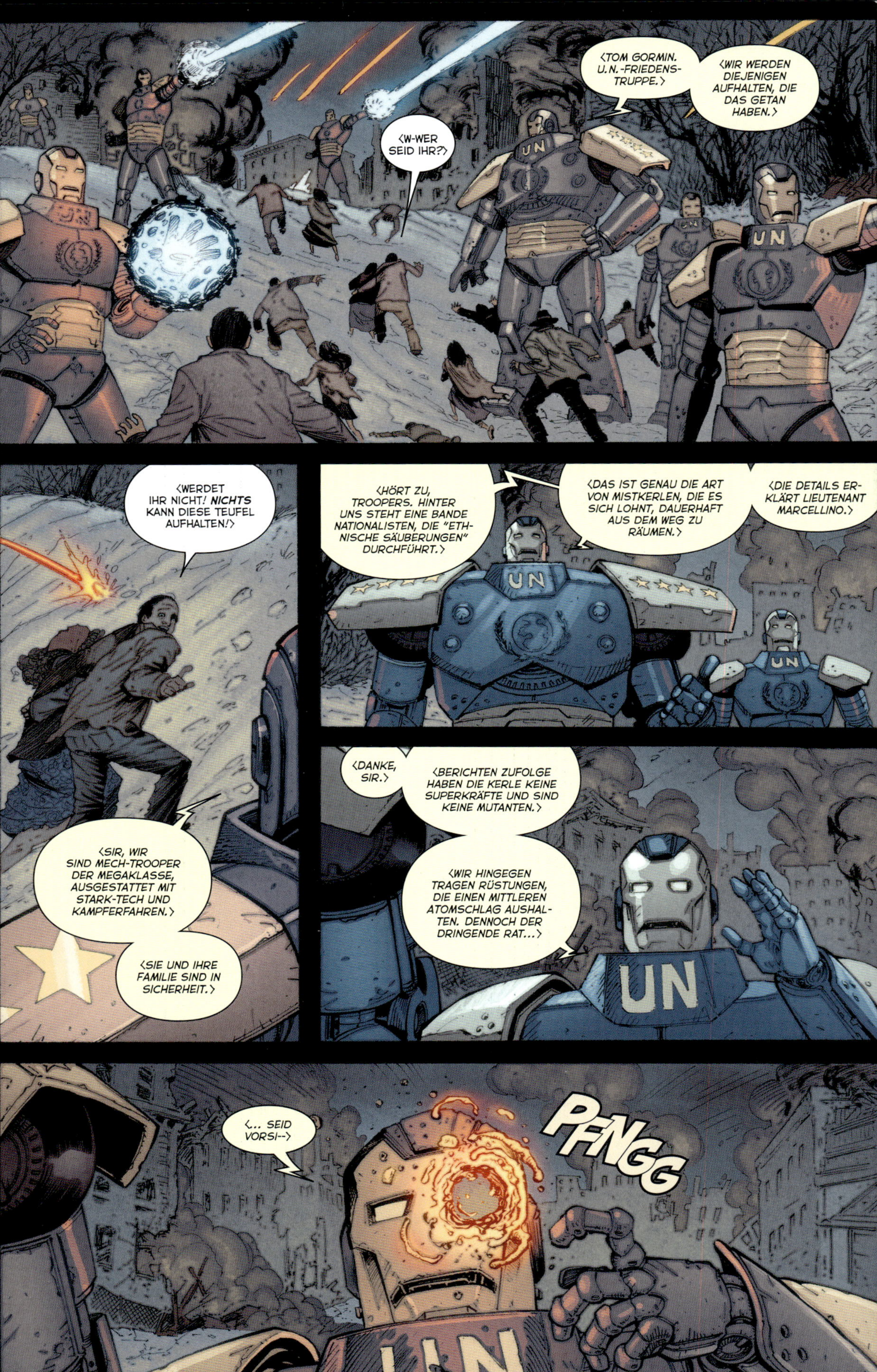

‹W-WER SEID IHR?›
‹TOM GORMIN. U.N.-FRIEDENS-TRUPPE.›
‹WIR WERDEN DIEJENIGEN AUFHALTEN, DIE DAS GETAN HABEN.›
‹WERDET IHR NICHT! NICHTS KANN DIESE TEUFEL AUFHALTEN!›
‹SIR, WIR SIND MECH-TROOPER DER MEGAKLASSE, AUSGESTATTET MIT STARK-TECH UND KAMPFERFAHREN.›
‹SIE UND IHRE FAMILIE SIND IN SICHERHEIT.›
‹HÖRT ZU, TROOPERS. HINTER UNS STEHT EINE BANDE NATIONALISTEN, DIE "ETHNISCHE SÄUBERUNGEN" DURCHFÜHRT.›
‹DAS IST GENAU DIE ART VON MISTKERLEN, DIE ES SICH LOHNT, DAUERHAFT AUS DEM WEG ZU RÄUMEN.›
‹DIE DETAILS ERKLÄRT LIEUTENANT MARCELLINO.›
‹DANKE, SIR.›
‹BERICHTEN ZUFOLGE HABEN DIE KERLE KEINE SUPERKRÄFTE UND SIND KEINE MUTANTEN.›
‹WIR HINGEGEN TRAGEN RÜSTUNGEN, DIE EINEN MITTLEREN ATOMSCHLAG AUSHALTEN. DENNOCH DER DRINGENDE RAT...›
‹... SEID VORSI--›
PFNGG

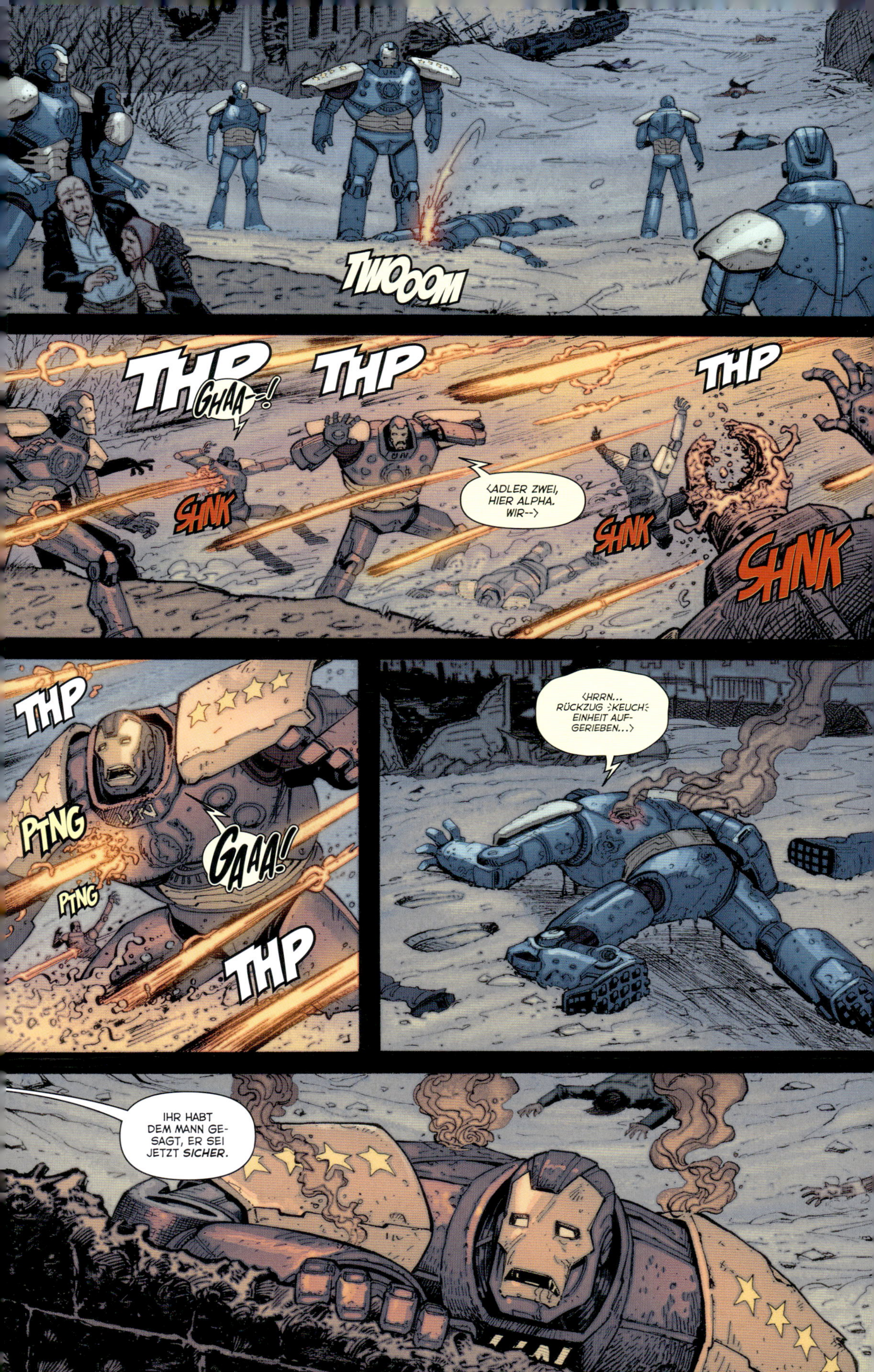
TWOOOM
THP
GHAA--!
THP
THP
SHNK
‹ADLER ZWEI, HIER ALPHA. WIR--›
SHNK
SHNK
THP
PTNG
GAAA!
PTNG
THP
‹HRRN... RÜCKZUG ›KEUCH‹ EINHEIT AUF-GERIEBEN...›
IHR HABT DEM MANN GE-SAGT, ER SEI JETZT SICHER.

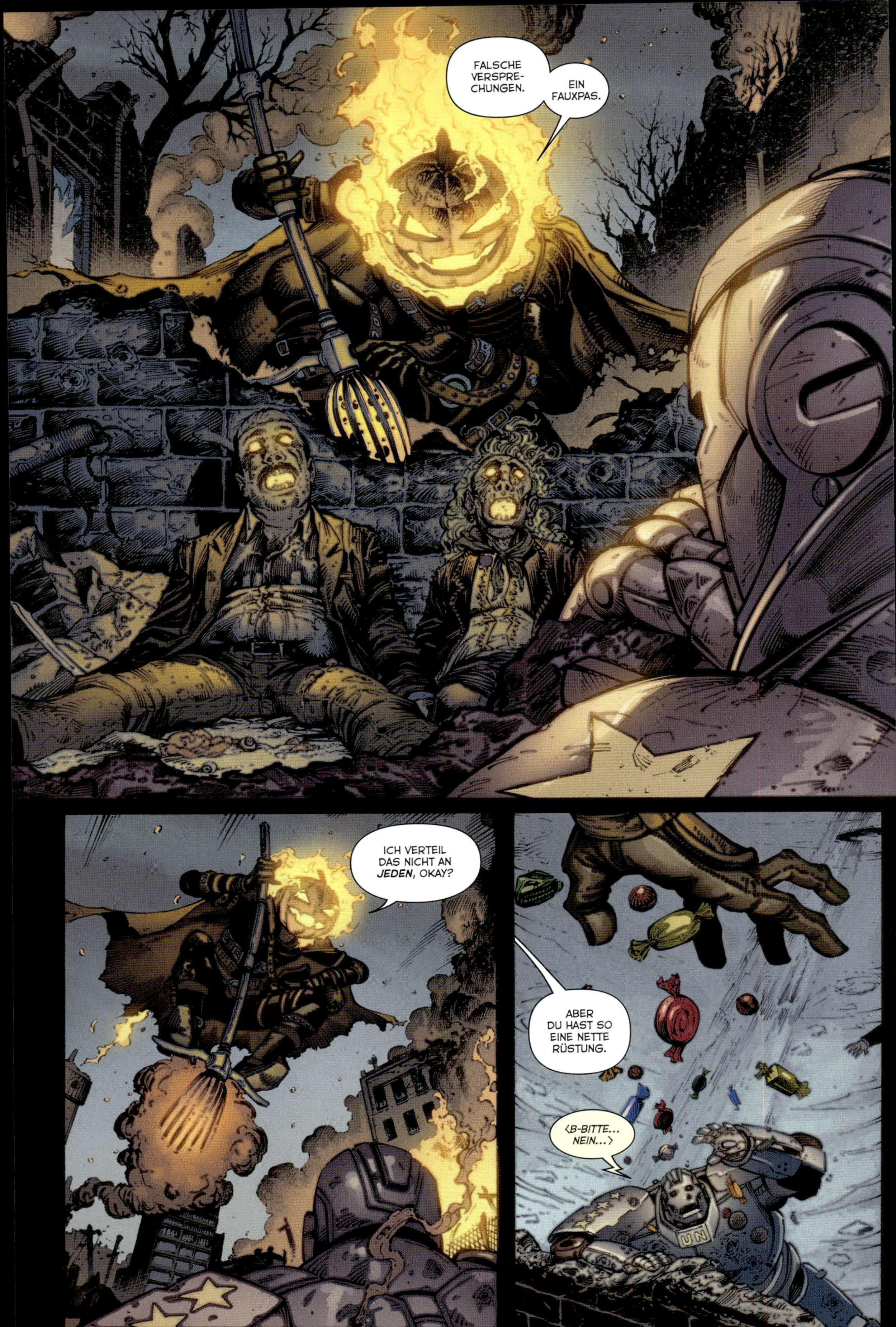

FALSCHE VERSPRECHUNGEN.
EIN FAUXPAS.

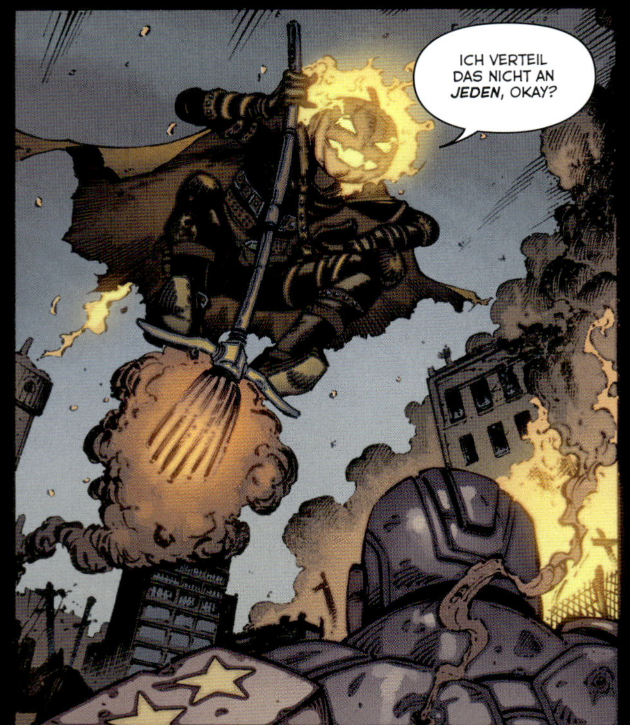

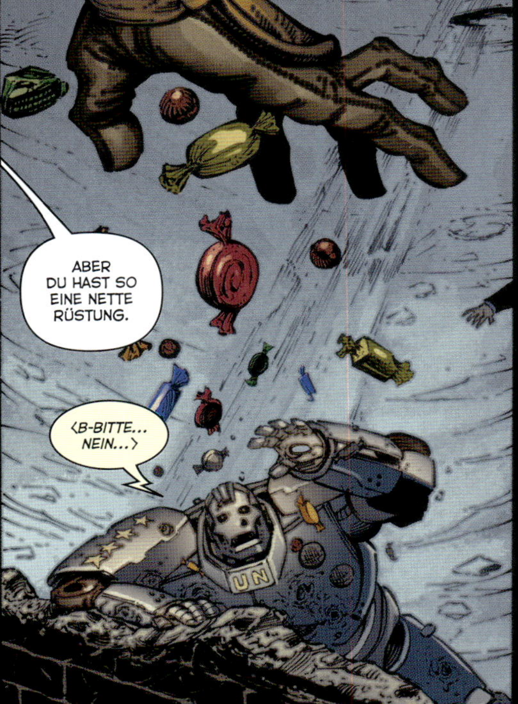

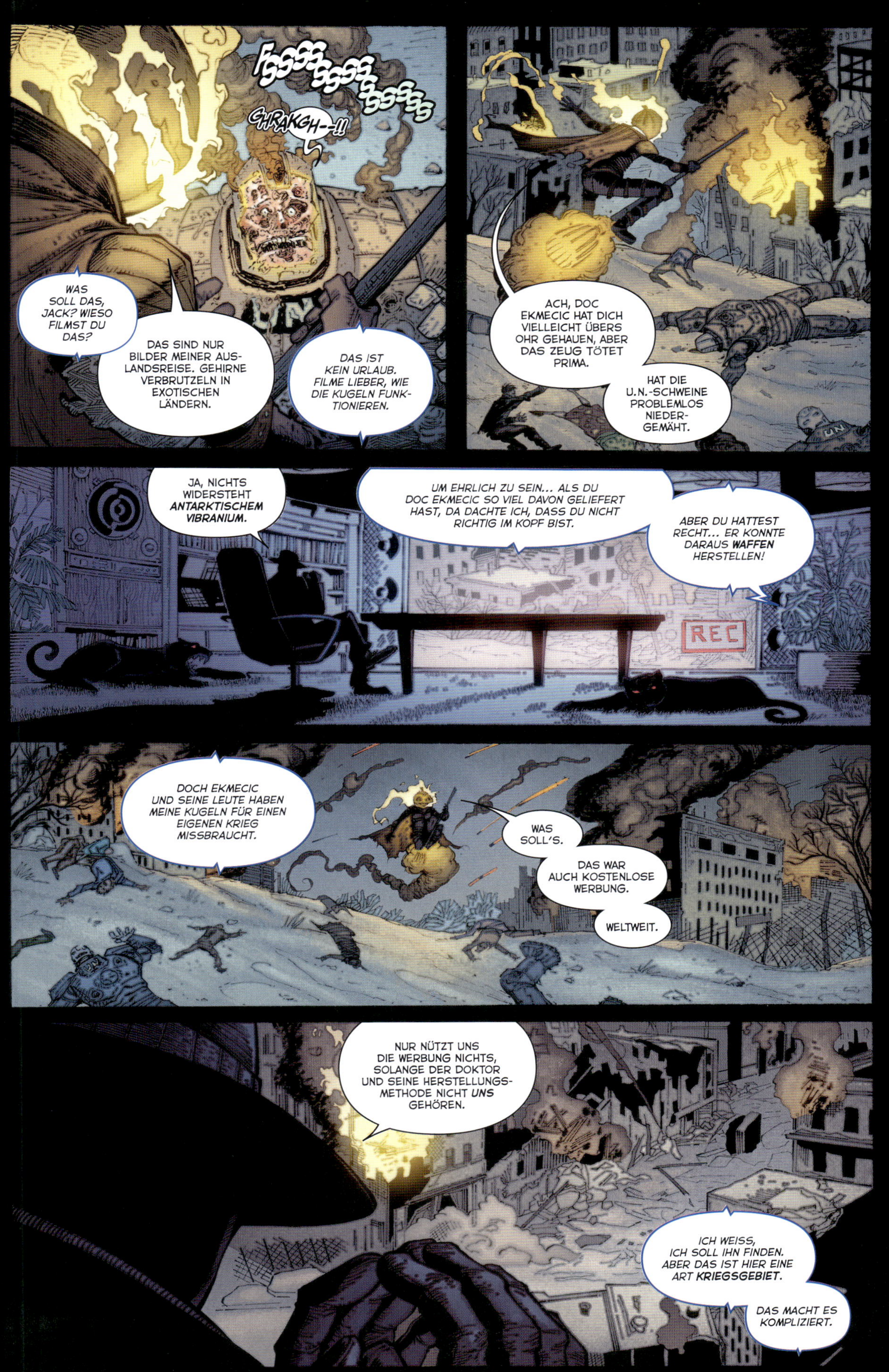
FSSSSSSSSSSSSSS
GHRAKGH--!!
WAS SOLL DAS, JACK? WIESO FILMST DU DAS?
DAS SIND NUR BILDER MEINER AUSLANDSREISE. GEHIRNE VERBRUTZELN IN EXOTISCHEN LÄNDERN.
DAS IST KEIN URLAUB. FILME LIEBER, WIE DIE KUGELN FUNKTIONIEREN.
ACH, DOC EKMECIC HAT DICH VIELLEICHT ÜBERS OHR GEHAUEN, ABER DAS ZEUG TÖTET PRIMA.
HAT DIE U.N.-SCHWEINE PROBLEMLOS NIEDERGEMÄHT.
JA, NICHTS WIDERSTEHT **ANTARKTISCHEM VIBRANIUM.**
UM EHRLICH ZU SEIN... ALS DU DOC EKMECIC SO VIEL DAVON GELIEFERT HAST, DA DACHTE ICH, DASS DU NICHT RICHTIG IM KOPF BIST.
ABER DU HATTEST RECHT... ER KONNTE DARAUS **WAFFEN** HERSTELLEN!
REC
DOCH EKMECIC UND SEINE LEUTE HABEN MEINE KUGELN FÜR EINEN EIGENEN KRIEG MISSBRAUCHT.
WAS SOLL'S.
DAS WAR AUCH KOSTENLOSE WERBUNG.
WELTWEIT.
NUR NÜTZT UNS DIE WERBUNG NICHTS, SOLANGE DER DOKTOR UND SEINE HERSTELLUNGSMETHODE NICHT **UNS** GEHÖREN.
ICH WEISS, ICH SOLL IHN FINDEN. ABER DAS IST HIER EINE ART **KRIEGSGEBIET.**
DAS MACHT ES KOMPLIZIERT.

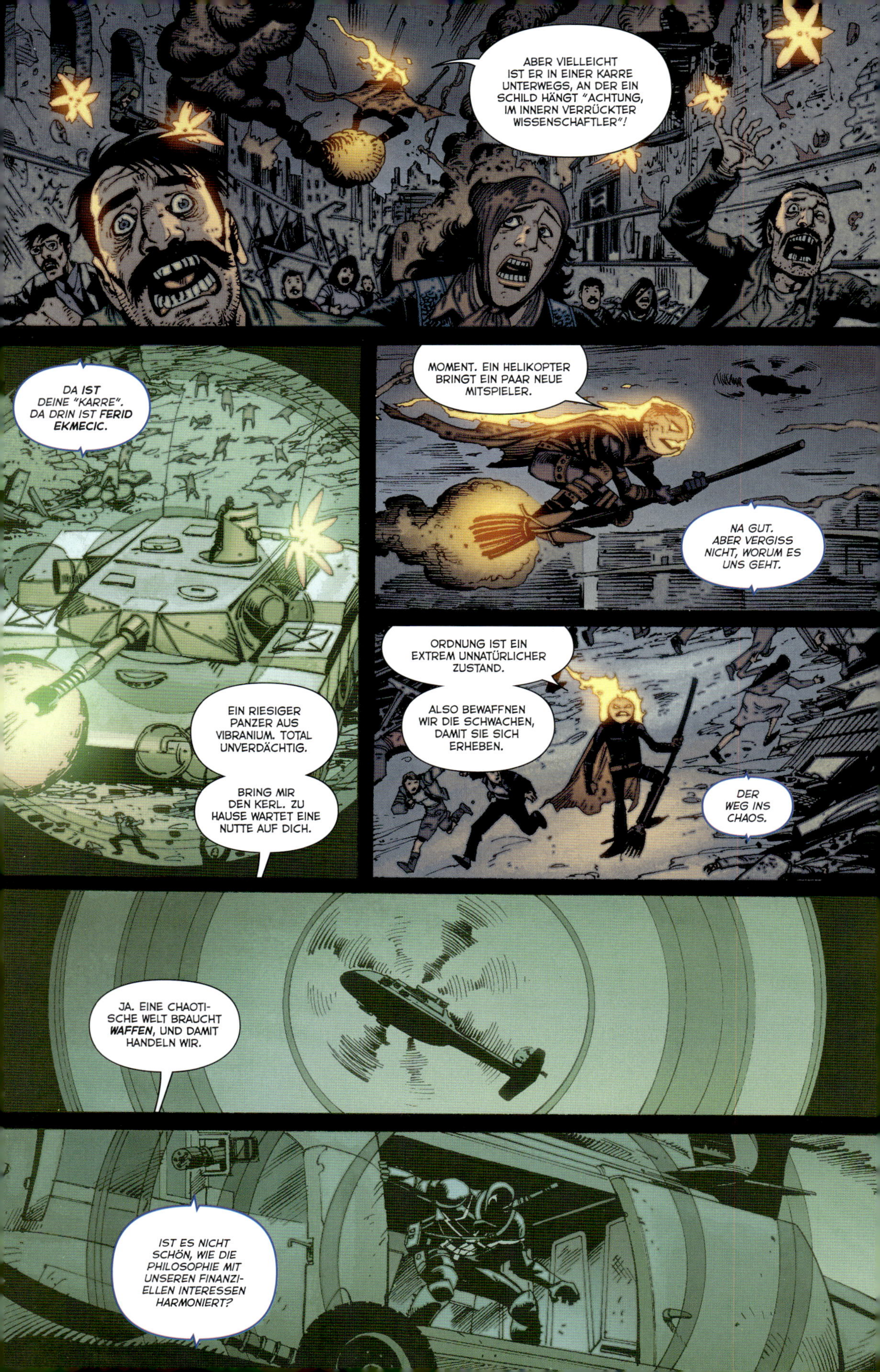
ABER VIELLEICHT IST ER IN EINER KARRE UNTERWEGS, AN DER EIN SCHILD HÄNGT "ACHTUNG, IM INNERN VERRÜCKTER WISSENSCHAFTLER"!
DA IST DEINE "KARRE". DA DRIN IST FERID EKMECIC.
MOMENT. EIN HELIKOPTER BRINGT EIN PAAR NEUE MITSPIELER.
NA GUT. ABER VERGISS NICHT, WORUM ES UNS GEHT.
EIN RIESIGER PANZER AUS VIBRANIUM. TOTAL UNVERDÄCHTIG.
BRING MIR DEN KERL. ZU HAUSE WARTET EINE NUTTE AUF DICH.
ORDNUNG IST EIN EXTREM UNNATÜRLICHER ZUSTAND.
ALSO BEWAFFNEN WIR DIE SCHWACHEN, DAMIT SIE SICH ERHEBEN.
DER WEG INS CHAOS.
JA. EINE CHAOTISCHE WELT BRAUCHT WAFFEN, UND DAMIT HANDELN WIR.
IST ES NICHT SCHÖN, WIE DIE PHILOSOPHIE MIT UNSEREN FINANZIELLEN INTERESSEN HARMONIERT?

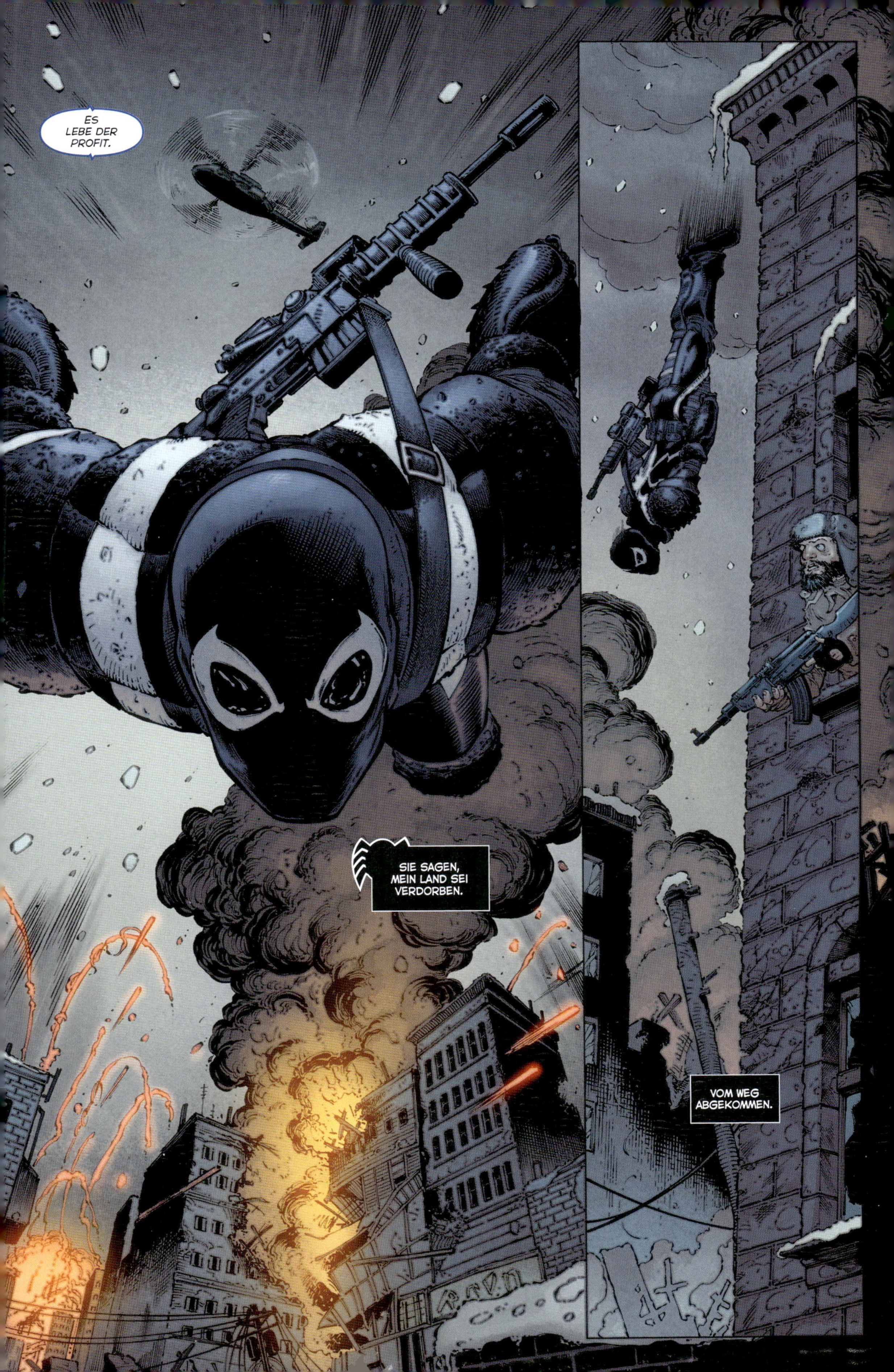
ES LEBE DER PROFIT.
SIE SAGEN, MEIN LAND SEI VERDORBEN.
VOM WEG ABGEKOMMEN.

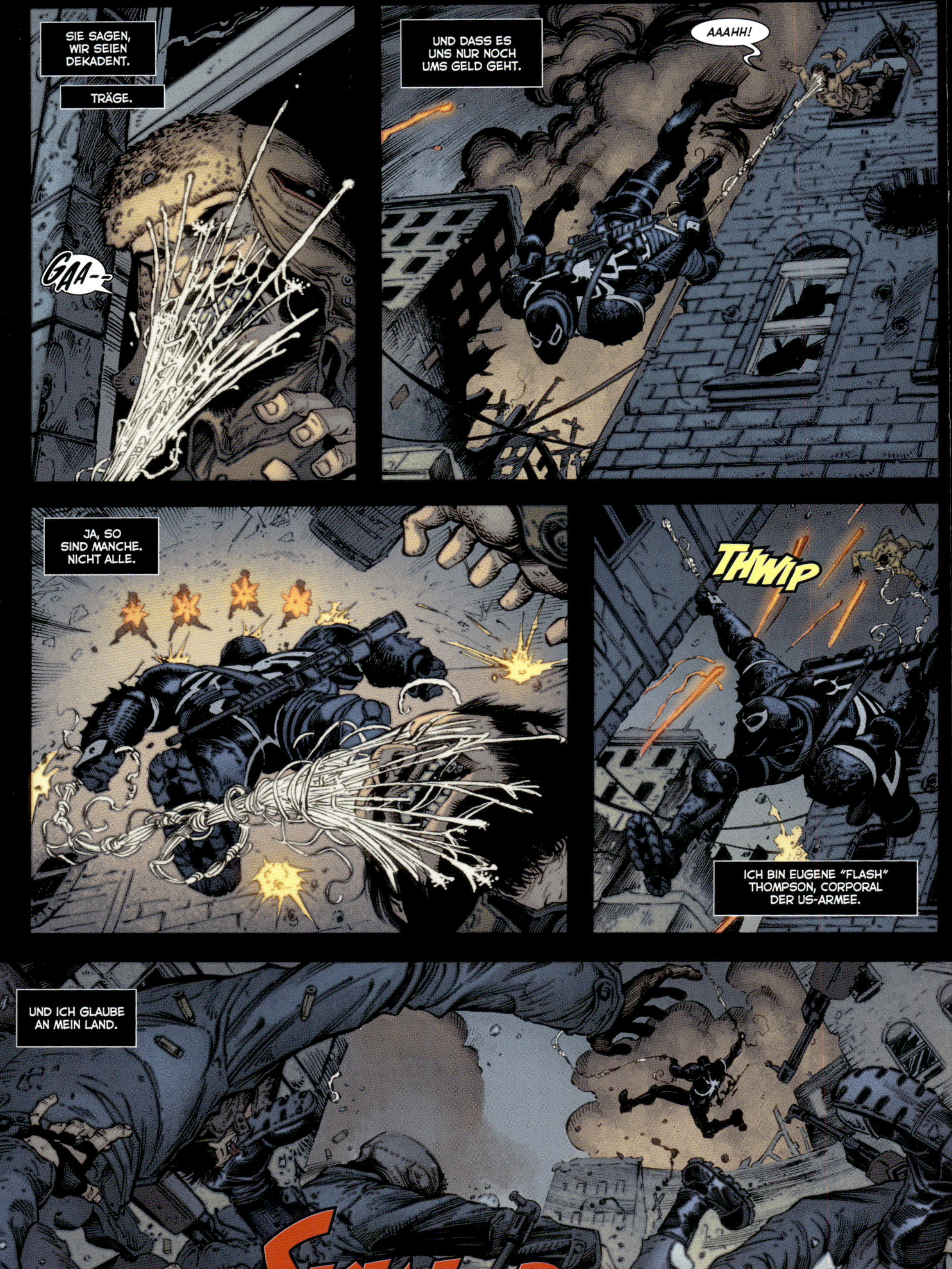

SIE SAGEN, WIR SEIEN DEKADENT.
TRÄGE.
GAA-
UND DASS ES UNS NUR NOCH UMS GELD GEHT.
AAAHH!
JA, SO SIND MANCHE. NICHT ALLE.
THWIP
ICH BIN EUGENE "FLASH" THOMPSON, CORPORAL DER US-ARMEE.
UND ICH GLAUBE AN MEIN LAND.
SKWUDD

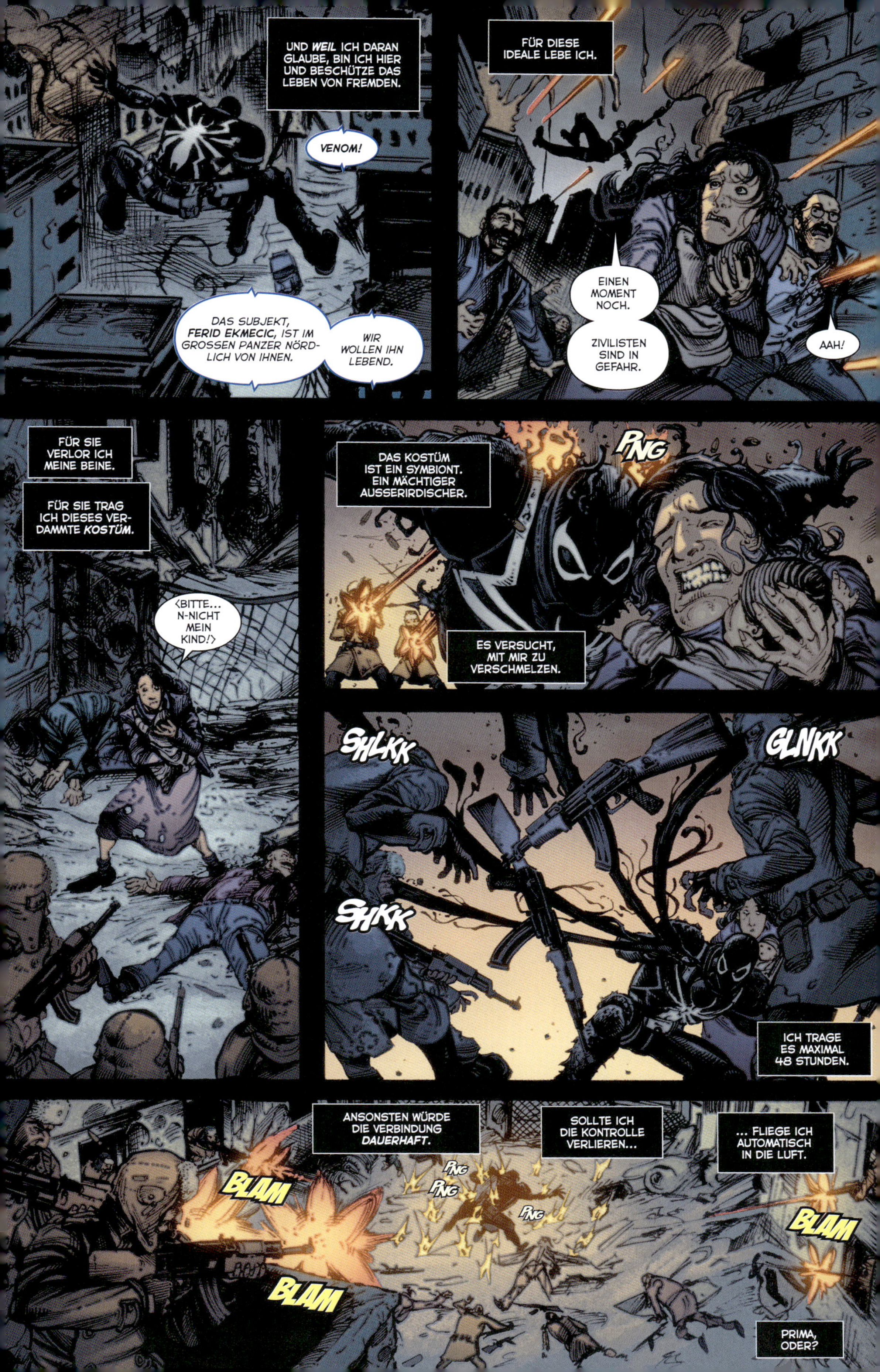

UND *WEIL* ICH DARAN GLAUBE, BIN ICH HIER UND BESCHÜTZE DAS LEBEN VON FREMDEN.

VENOM!

*DAS SUBJEKT, **FERID EKMECIC**, IST IM GROSSEN PANZER NÖRDLICH VON IHNEN.*

WIR WOLLEN IHN LEBEND.

FÜR DIESE IDEALE LEBE ICH.

EINEN MOMENT NOCH.

ZIVILISTEN SIND IN GEFAHR.

AAH!

FÜR SIE VERLOR ICH MEINE BEINE.

FÜR SIE TRAG ICH DIESES VERDAMMTE *KOSTÜM*.

<BITTE... N-NICHT MEIN KIND!>

DAS KOSTÜM IST EIN SYMBIONT. EIN MÄCHTIGER AUSSERIRDISCHER.

PNG

ES VERSUCHT, MIT MIR ZU VERSCHMELZEN.

SHLKK

GLNKK

SHKK

ICH TRAGE ES MAXIMAL 48 STUNDEN.

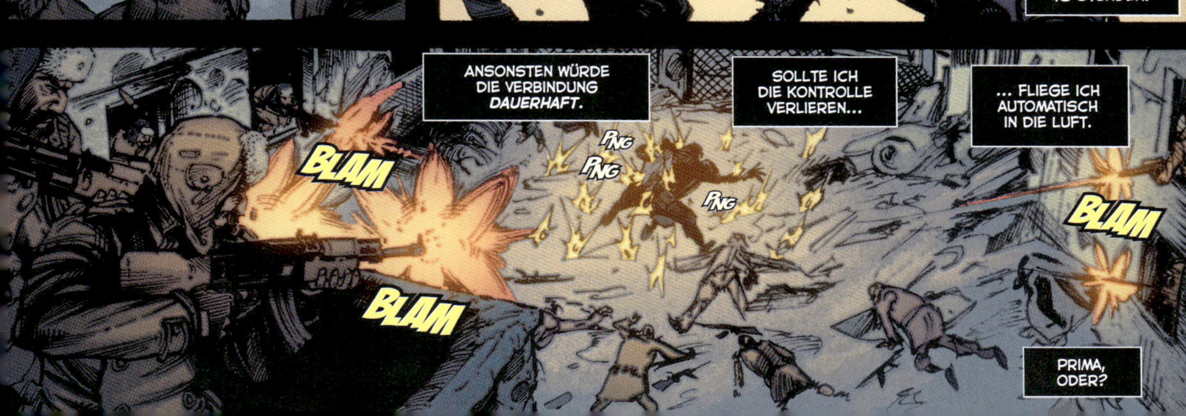

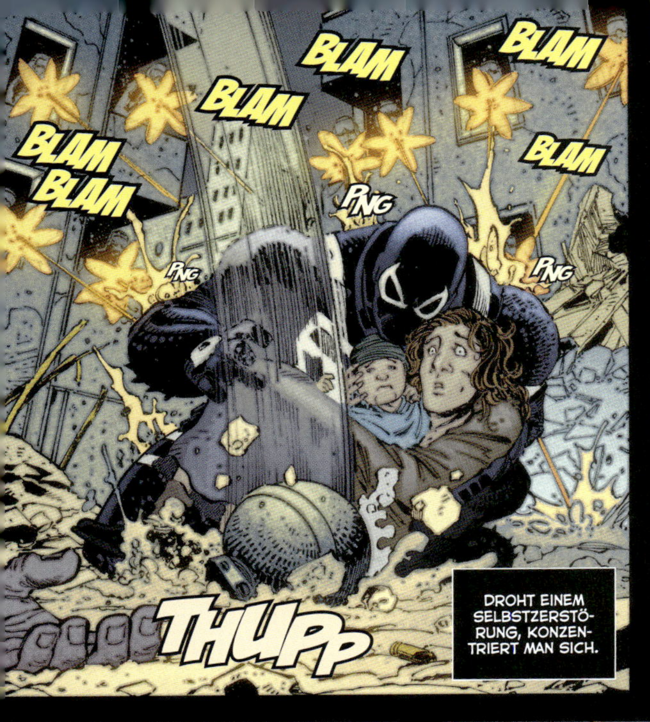
BLAM
BLAM
BLAM
BLAM
BLAM
BLAM
PNG
PNG
PNG
THUPP
DROHT EINEM SELBSTZERSTÖRUNG, KONZENTRIERT MAN SICH.

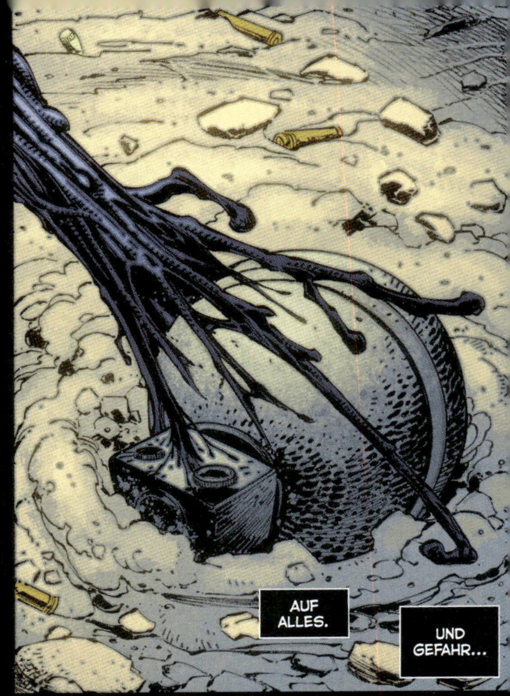
AUF ALLES.
UND GEFAHR...

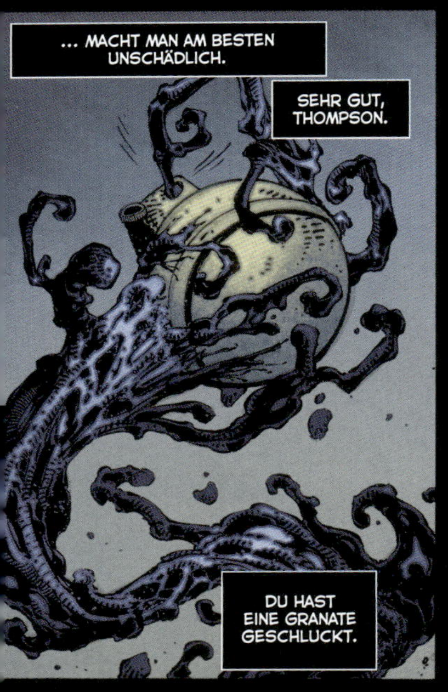
... MACHT MAN AM BESTEN UNSCHÄDLICH.
SEHR GUT, THOMPSON.
DU HAST EINE GRANATE GESCHLUCKT.

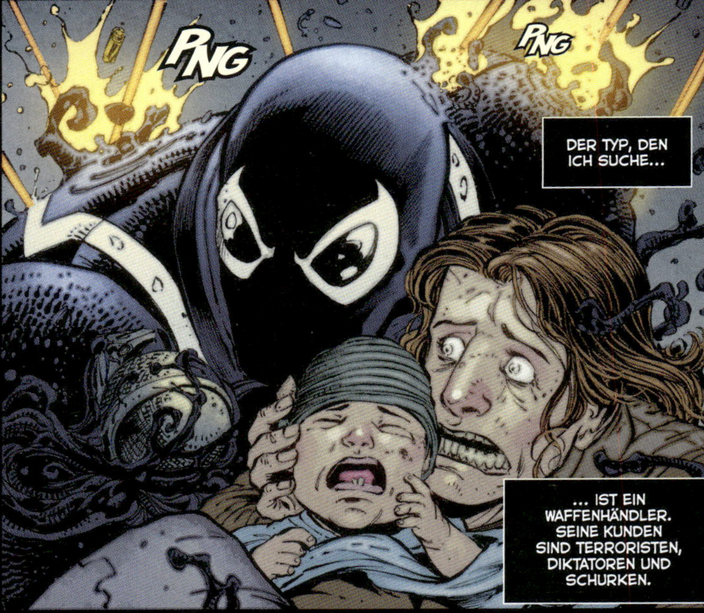
PNG
PNG
DER TYP, DEN ICH SUCHE...
... IST EIN WAFFENHÄNDLER. SEINE KUNDEN SIND TERRORISTEN, DIKTATOREN UND SCHURKEN.

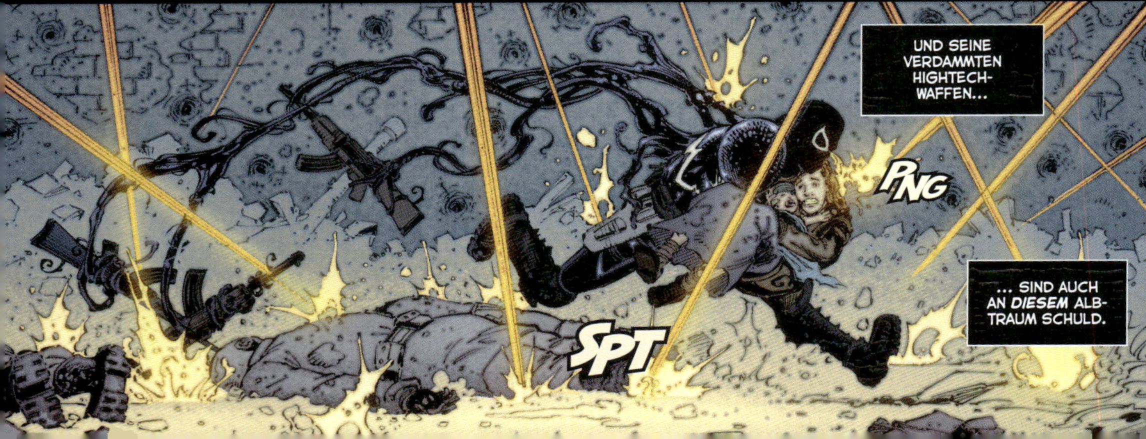
UND SEINE VERDAMMTEN HIGHTECH-WAFFEN...
PNG
... SIND AUCH AN *DIESEM* ALBTRAUM SCHULD.
SPT

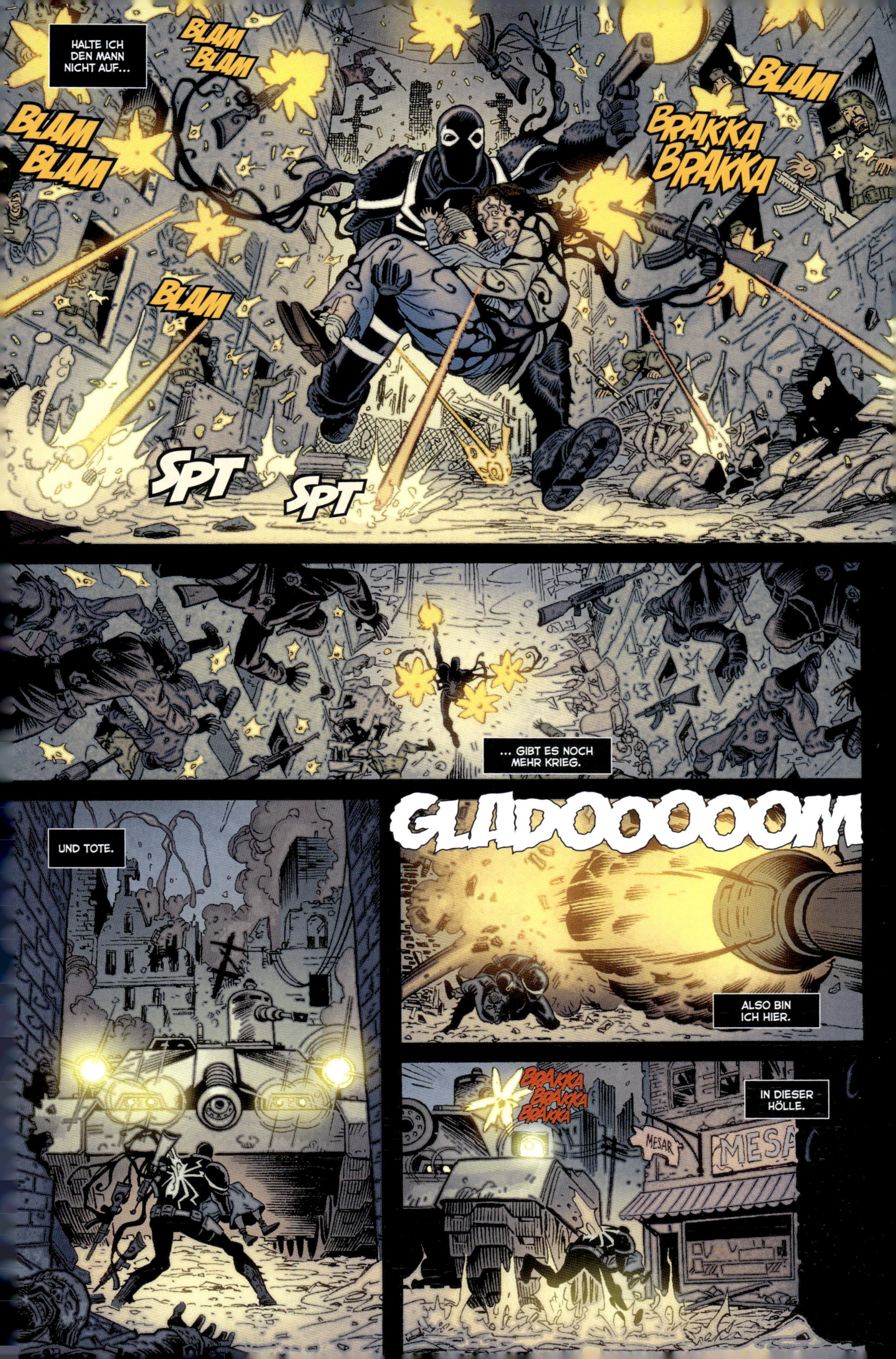

HALTE ICH DEN MANN NICHT AUF…
BLAM BLAM
BLAM BLAM
BLAM
BLAM
BRAKKA BRAKKA
SPT
SPT

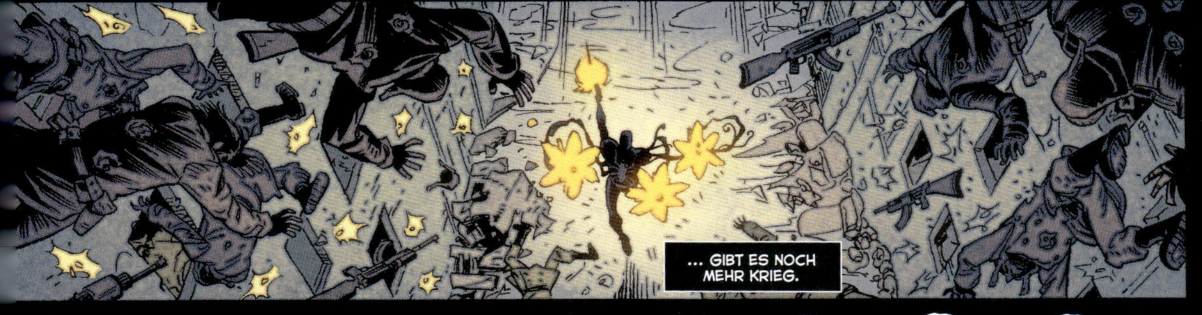
… GIBT ES NOCH MEHR KRIEG.

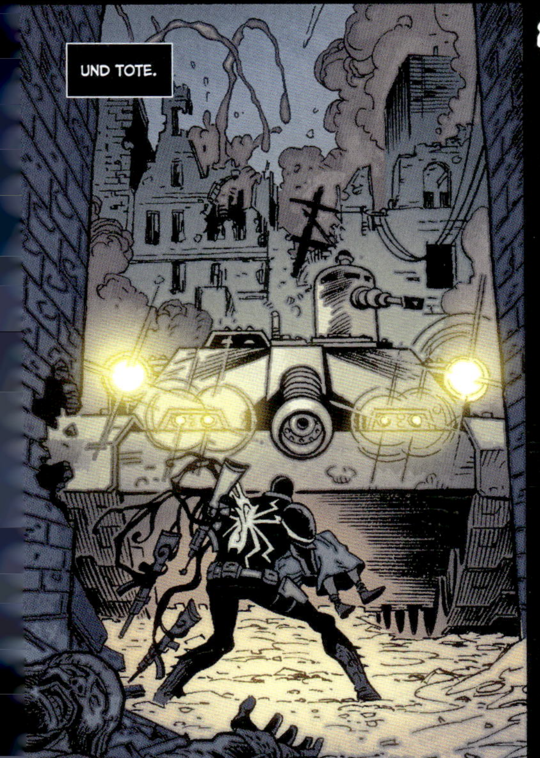
UND TOTE.

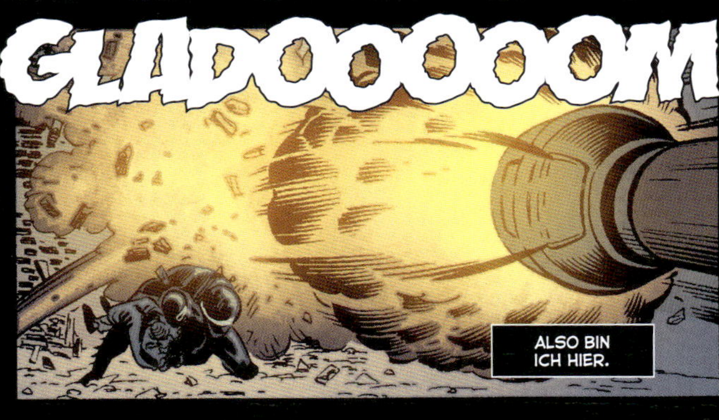
GLADOOOOOOM
ALSO BIN ICH HIER.

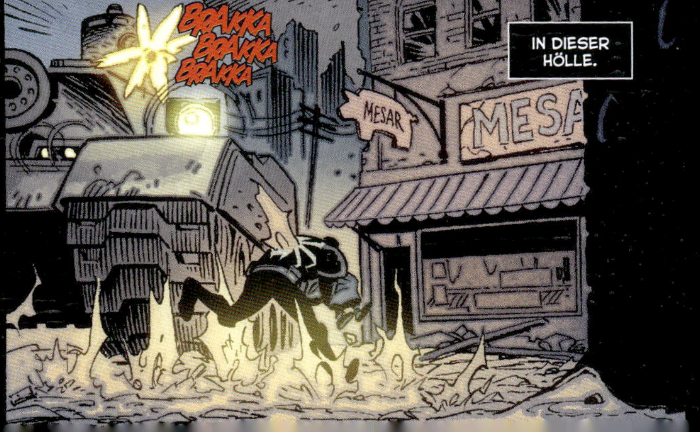
BRAKKA BRAKKA BRAKKA
IN DIESER HÖLLE.
MESAR
MESA

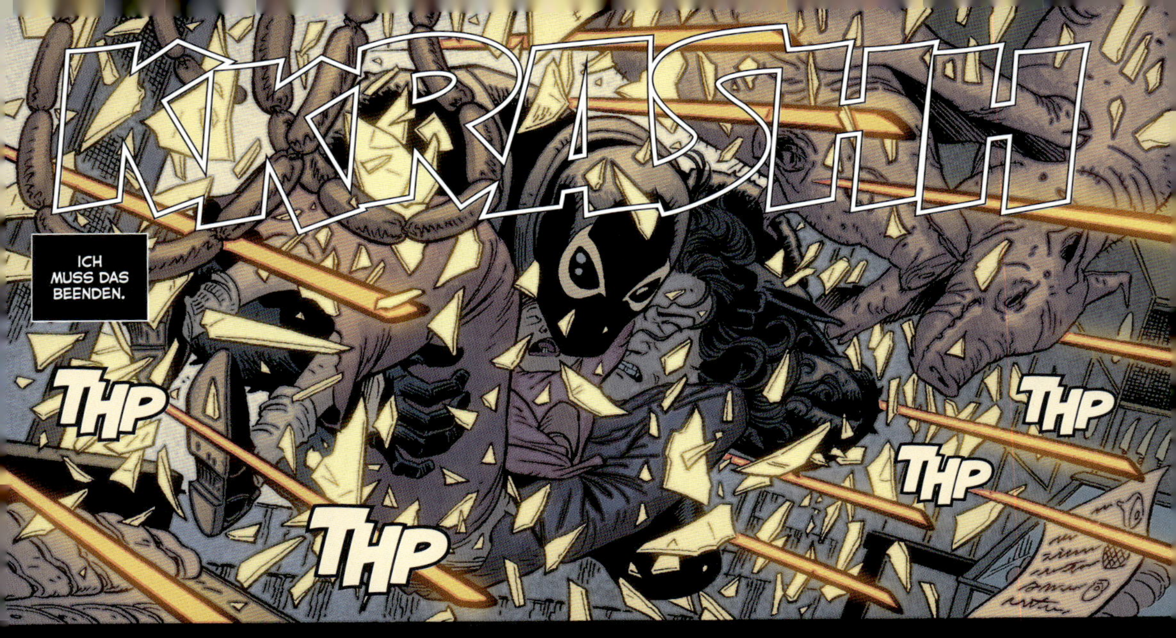
KKRASHH
ICH MUSS DAS BEENDEN.
THP
THP
THP
THP

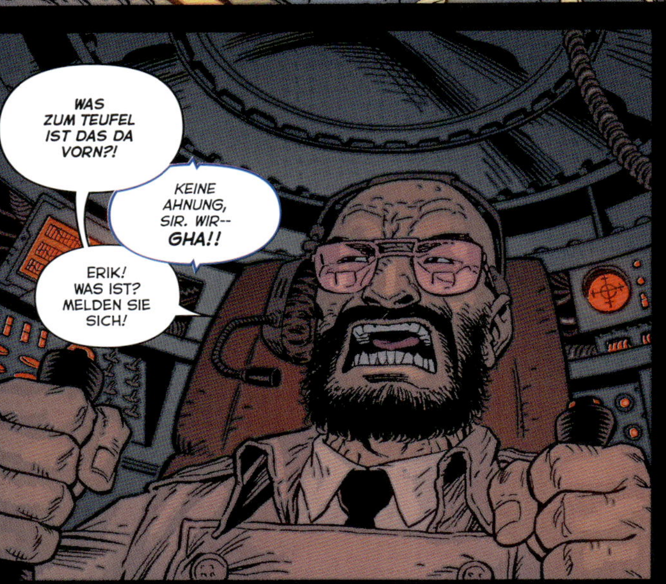
WAS ZUM TEUFEL IST DAS DA VORN?!
KEINE AHNUNG, SIR. WIR-- GHA!!
ERIK! WAS IST? MELDEN SIE SICH!

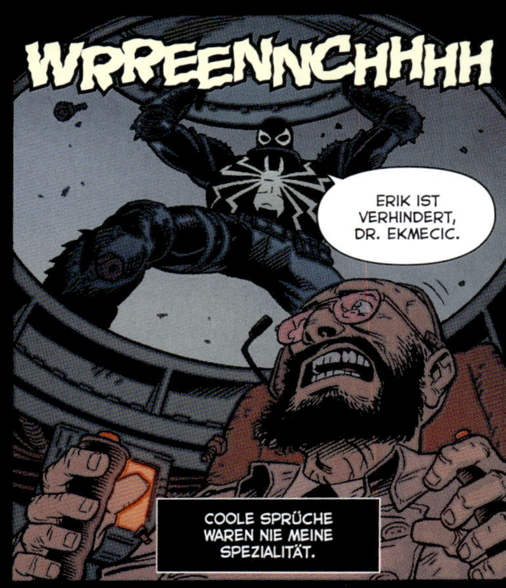
WRREENNCHHHH
ERIK IST VERHINDERT, DR. EKMECIC.
COOLE SPRÜCHE WAREN NIE MEINE SPEZIALITÄT.

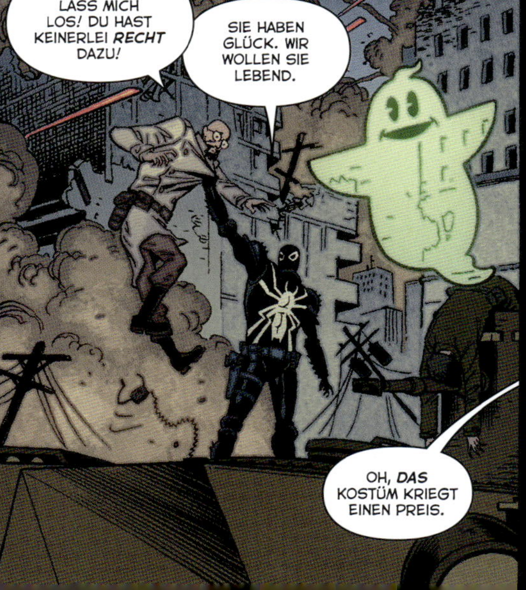
LASS MICH LOS! DU HAST KEINERLEI RECHT DAZU!
SIE HABEN GLÜCK. WIR WOLLEN SIE LEBEND.
OH, DAS KOSTÜM KRIEGT EINEN PREIS.

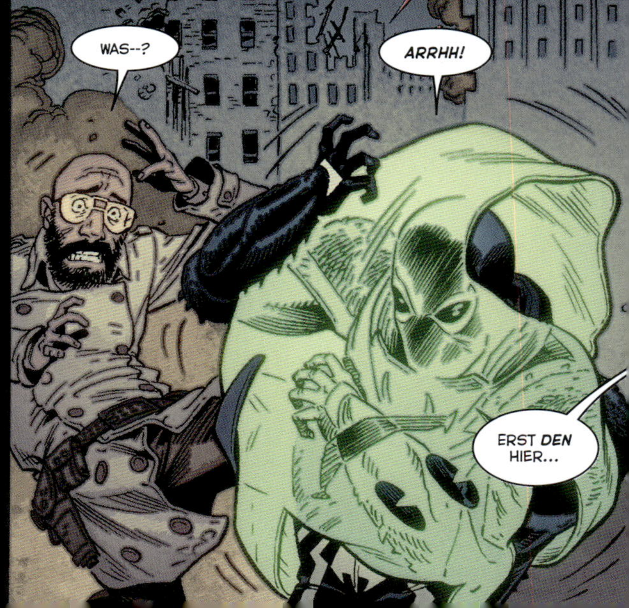
WAS--?
ARRHH!
ERST DEN HIER...

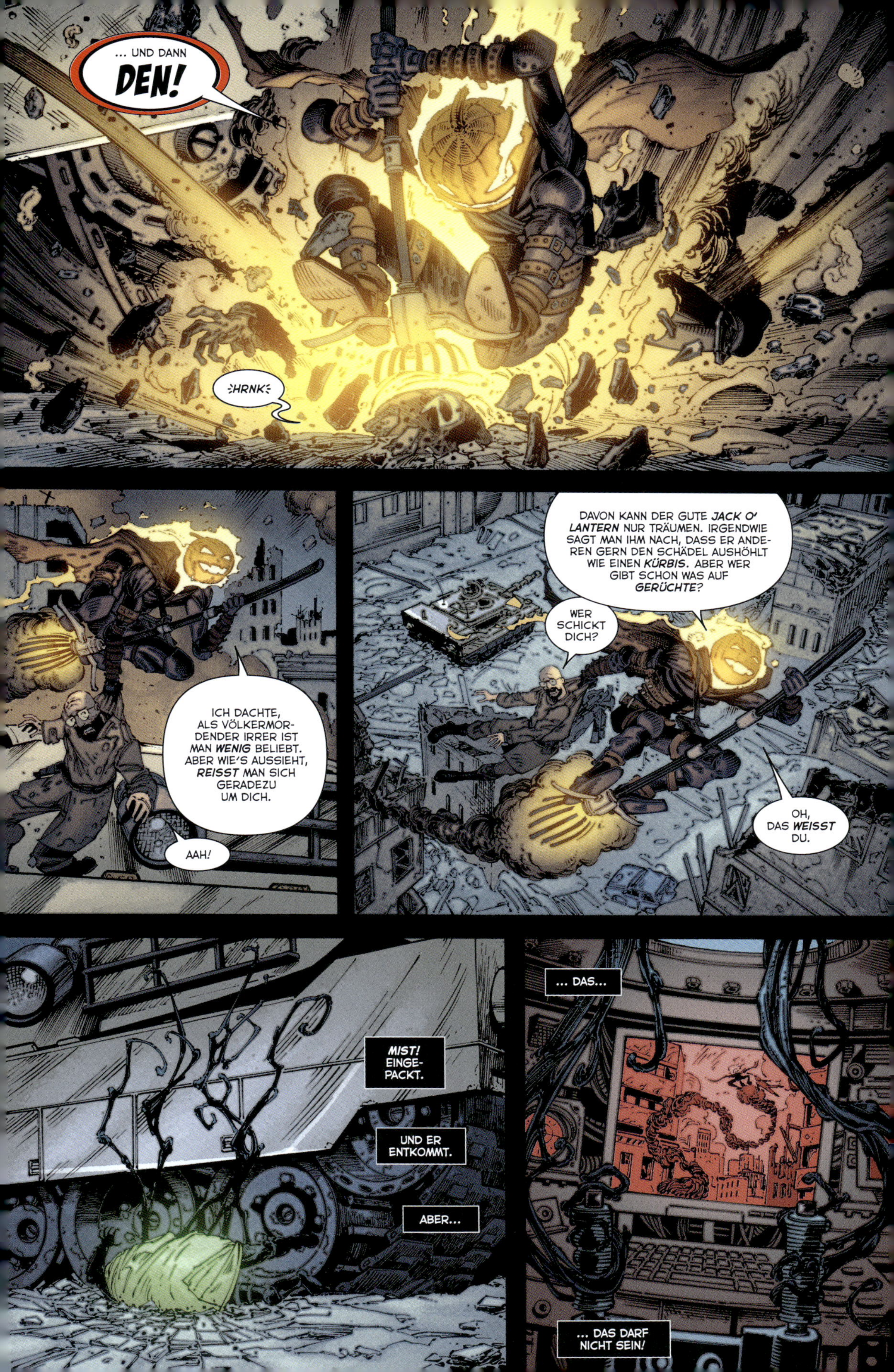

… UND DANN
DEN!
HRNK

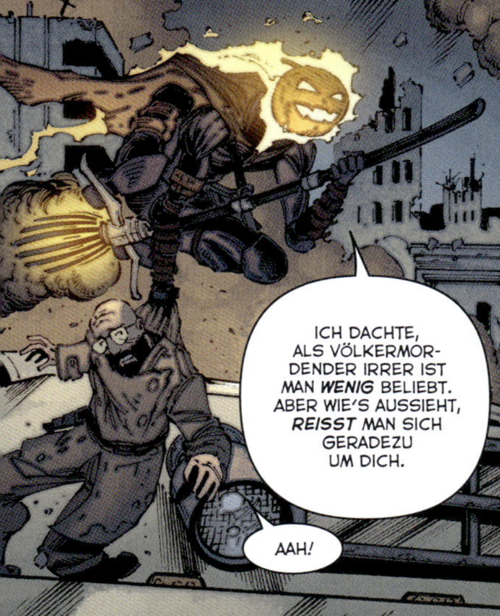
ICH DACHTE, ALS VÖLKERMORDENDER IRRER IST MAN WENIG BELIEBT. ABER WIE'S AUSSIEHT, REISST MAN SICH GERADEZU UM DICH.
AAH!

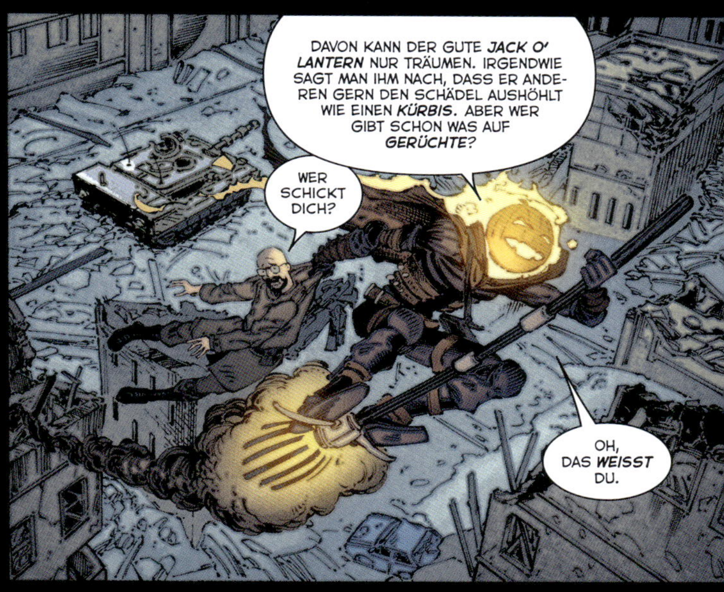
DAVON KANN DER GUTE JACK O' LANTERN NUR TRÄUMEN. IRGENDWIE SAGT MAN IHM NACH, DASS ER ANDEREN GERN DEN SCHÄDEL AUSHÖHLT WIE EINEN KÜRBIS. ABER WER GIBT SCHON WAS AUF GERÜCHTE?
WER SCHICKT DICH?
OH, DAS WEISST DU.

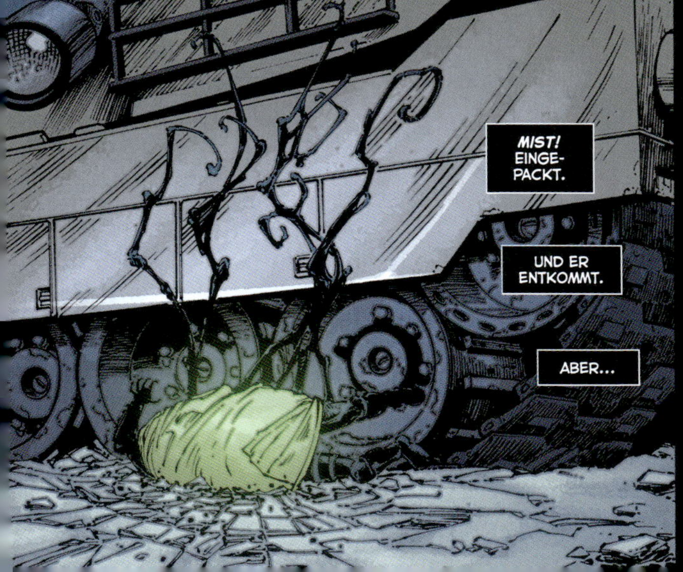
MIST! EINGEPACKT.
UND ER ENTKOMMT.
ABER…

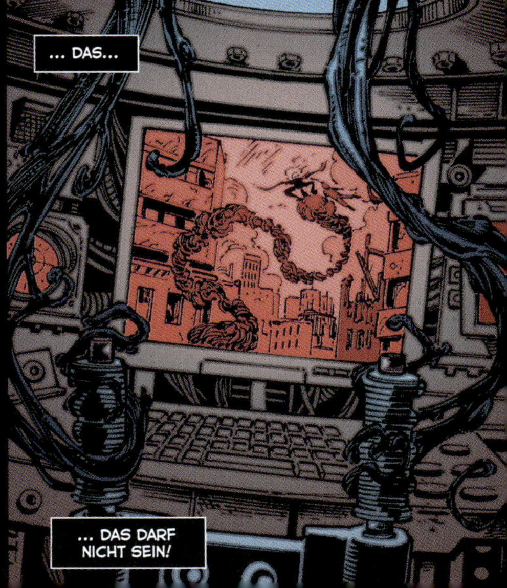
… DAS…
… DAS DARF NICHT SEIN!

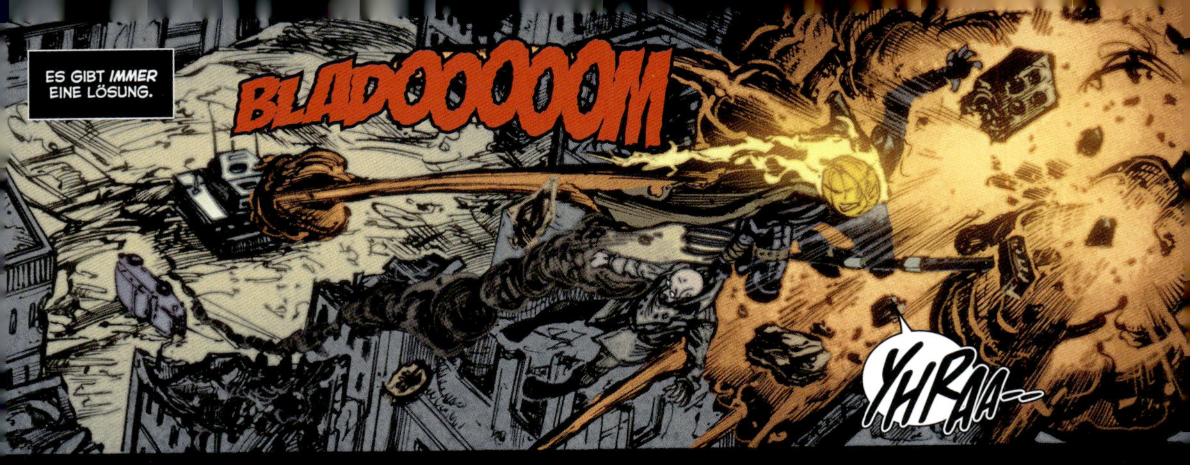
ES GIBT IMMER EINE LÖSUNG.
BLADOOOOOOM
YHRAA--

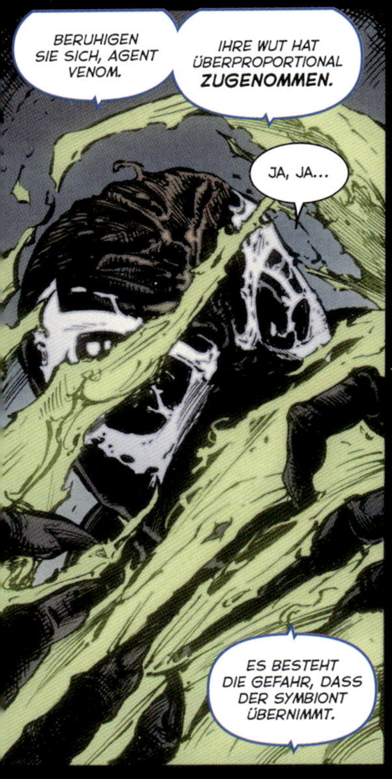
BERUHIGEN SIE SICH, AGENT VENOM.
IHRE WUT HAT ÜBERPROPORTIONAL ZUGENOMMEN.
JA, JA...
ES BESTEHT DIE GEFAHR, DASS DER SYMBIONT ÜBERNIMMT.

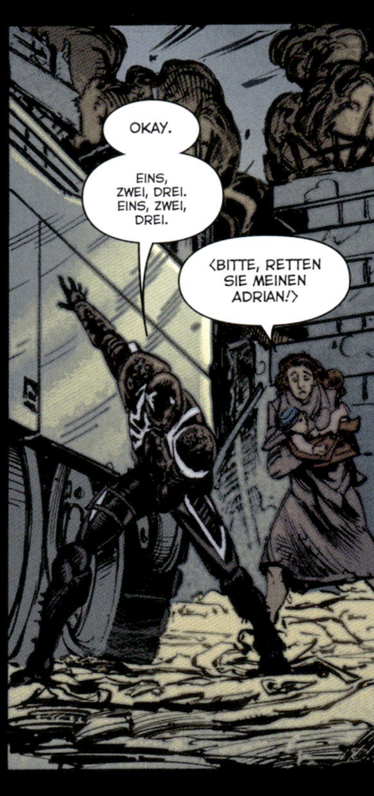
OKAY.
EINS, ZWEI, DREI. EINS, ZWEI, DREI.
‹BITTE, RETTEN SIE MEINEN ADRIAN!›

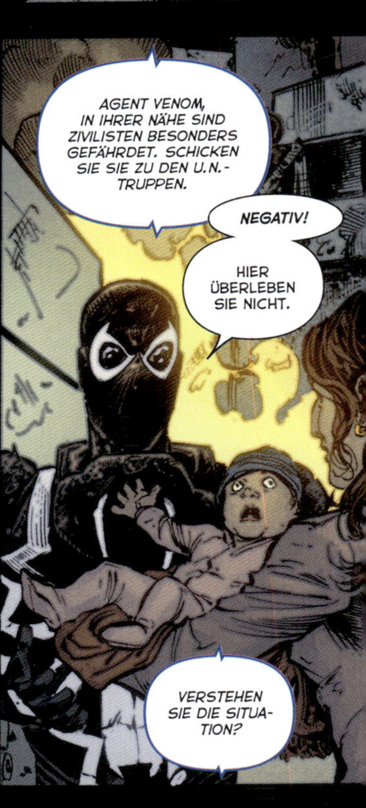
AGENT VENOM, IN IHRER NÄHE SIND ZIVILISTEN BESONDERS GEFÄHRDET. SCHICKEN SIE SIE ZU DEN U.N.-TRUPPEN.
NEGATIV!
HIER ÜBERLEBEN SIE NICHT.
VERSTEHEN SIE DIE SITUATION?

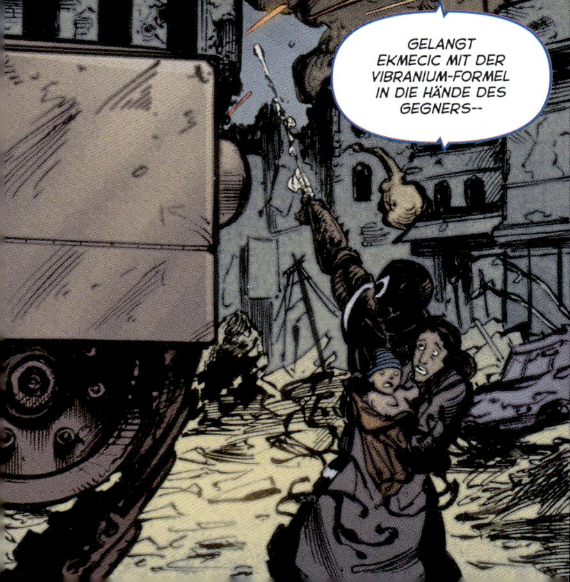
GELANGT EKMECIC MIT DER VIBRANIUM-FORMEL IN DIE HÄNDE DES GEGNERS--

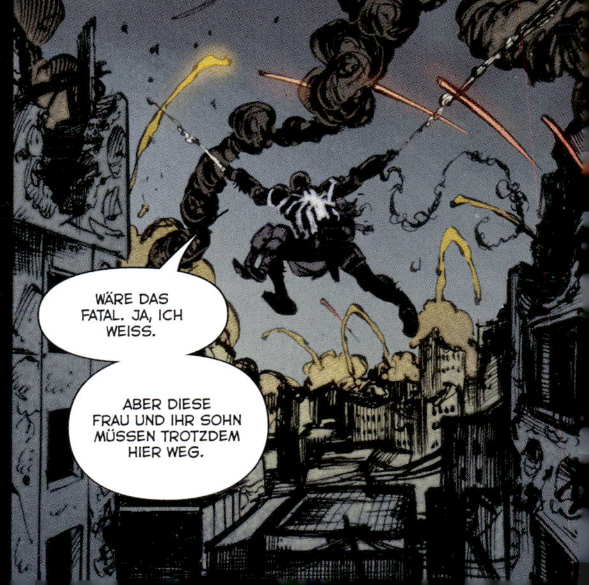
WÄRE DAS FATAL. JA, ICH WEISS.
ABER DIESE FRAU UND IHR SOHN MÜSSEN TROTZDEM HIER WEG.

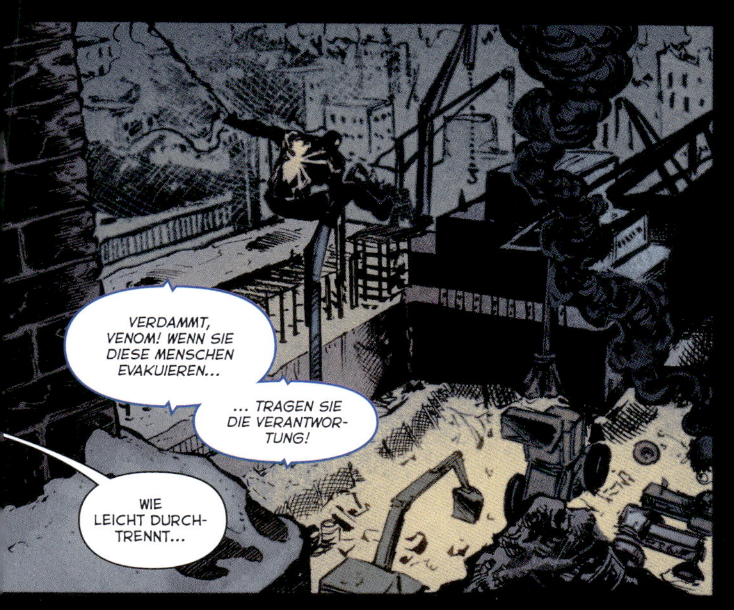
VERDAMMT, VENOM! WENN SIE DIESE MENSCHEN EVAKUIEREN...
... TRAGEN SIE DIE VERANTWORTUNG!
WIE LEICHT DURCHTRENNT...
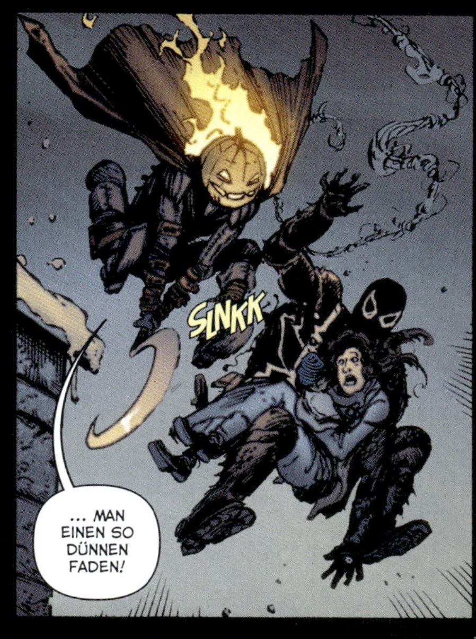
SINKK
... MAN EINEN SO DÜNNEN FADEN!
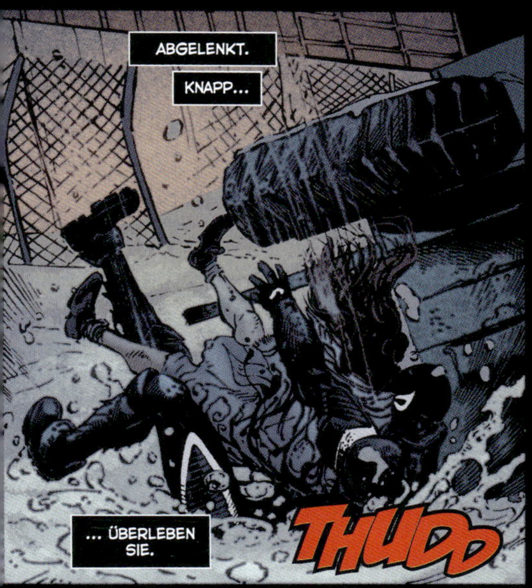
ABGELENKT.
KNAPP...
... ÜBERLEBEN SIE.
THUDD
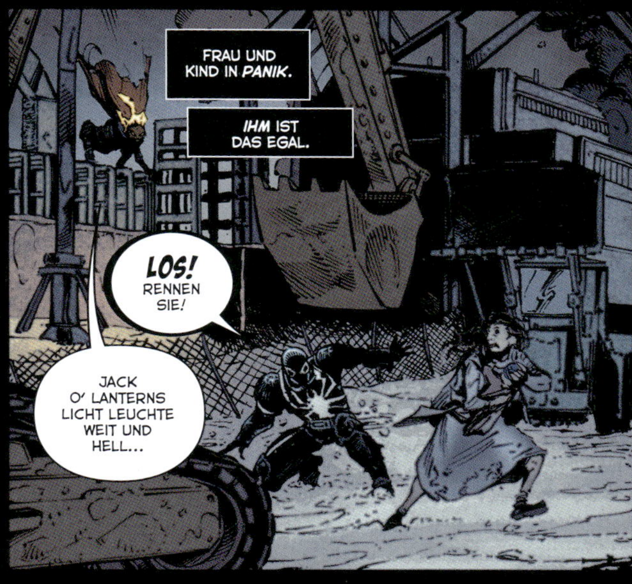
FRAU UND KIND IN PANIK.
IHM IST DAS EGAL.
LOS! RENNEN SIE!
JACK O' LANTERNS LICHT LEUCHTE WEIT UND HELL...
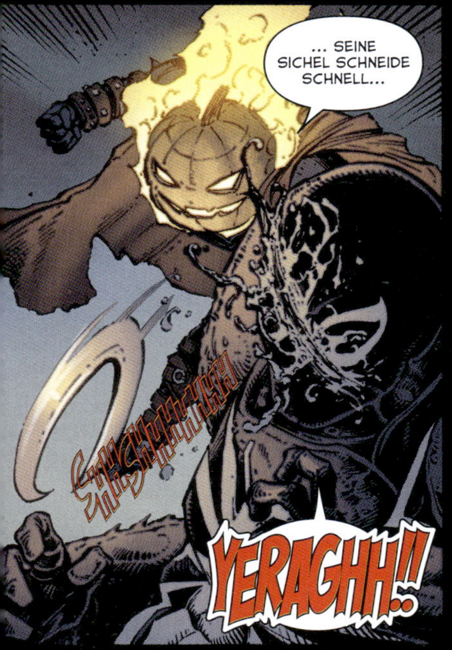
... SEINE SICHEL SCHNEIDE SCHNELL...
YERAGHH!!
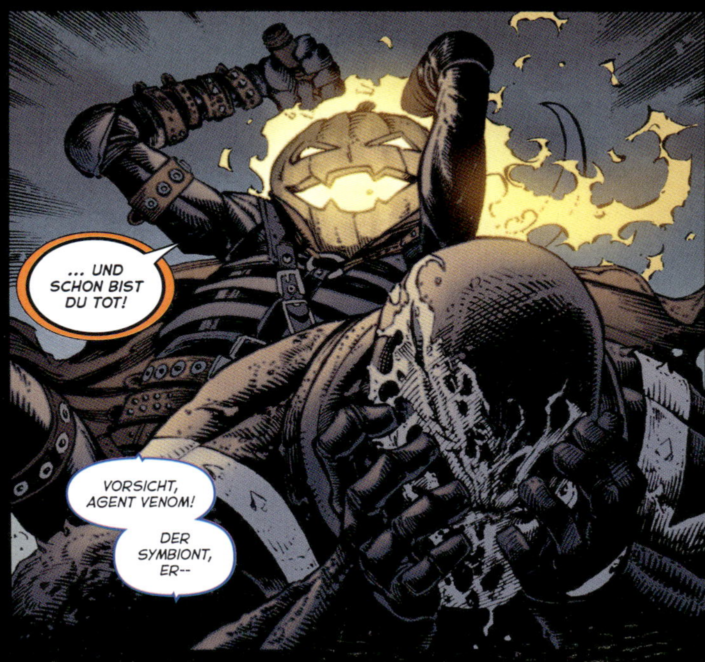
... UND SCHON BIST DU TOT!
VORSICHT, AGENT VENOM!
DER SYMBIONT, ER--

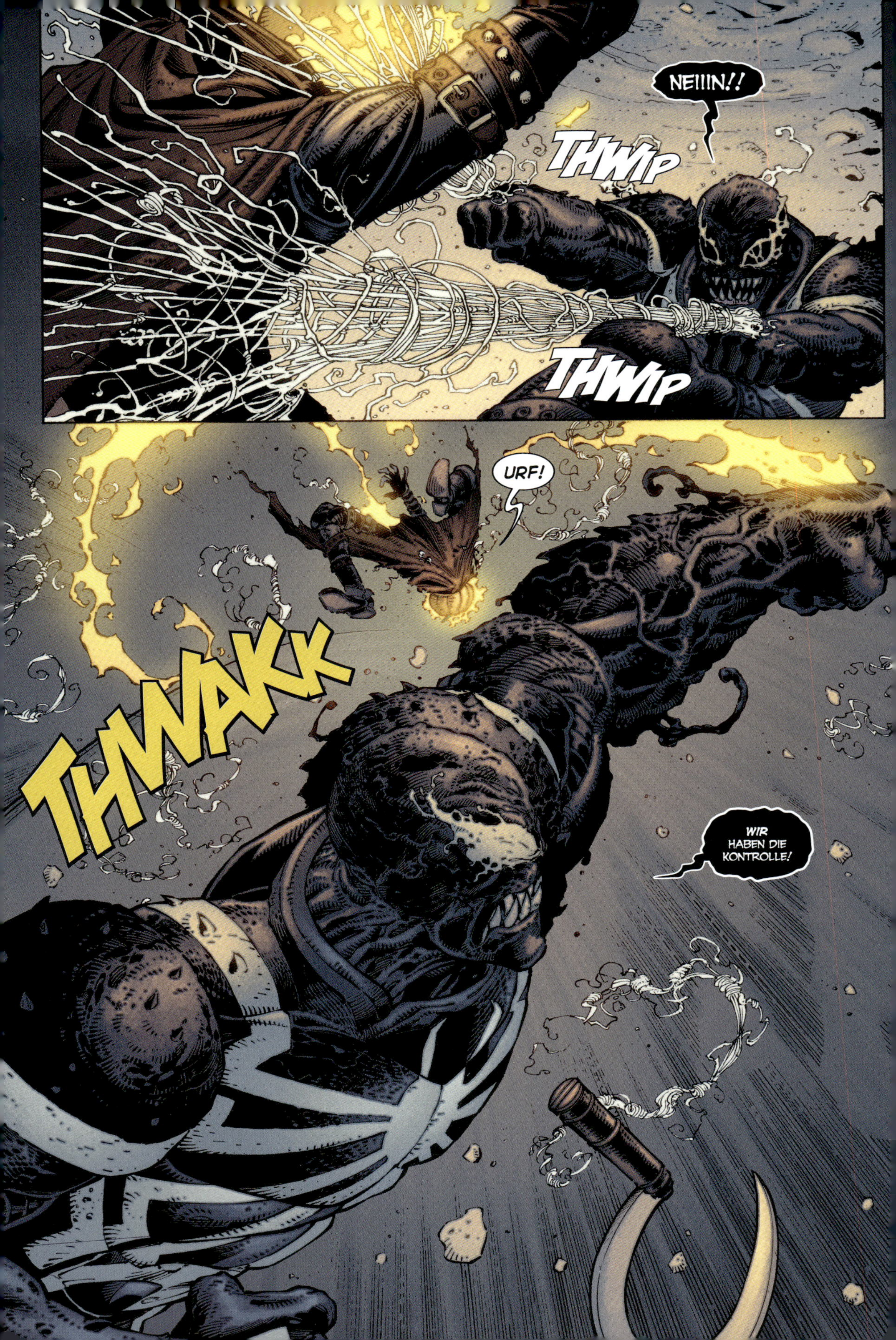
NEIIIN!!
THWIP
THWIP
URF!
THWAKK
WIR HABEN DIE KONTROLLE!

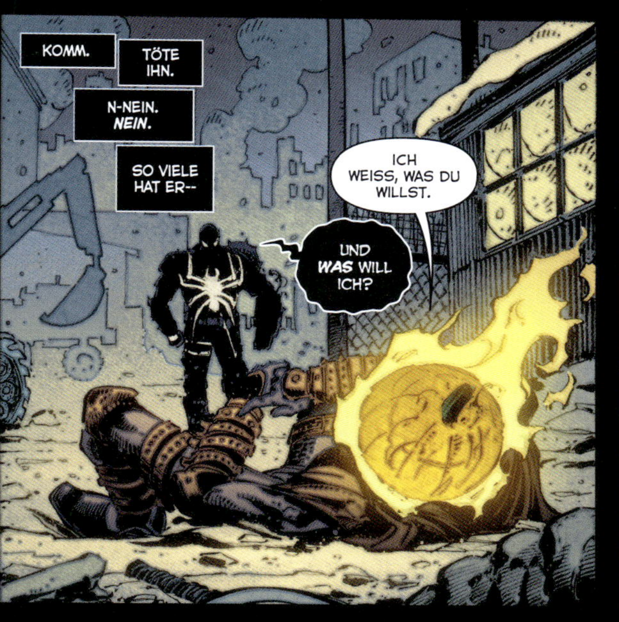
KOMM.
TÖTE IHN.
N-NEIN. NEIN.
SO VIELE HAT ER--
ICH WEISS, WAS DU WILLST.
UND WAS WILL ICH?

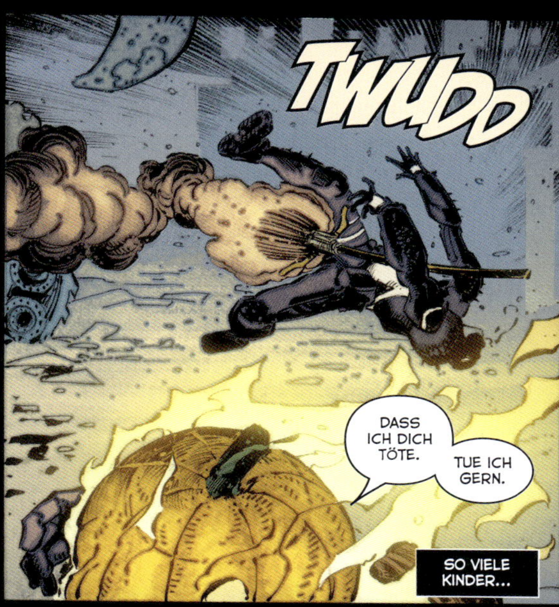
TWUDD
DASS ICH DICH TÖTE.
TUE ICH GERN.
SO VIELE KINDER...

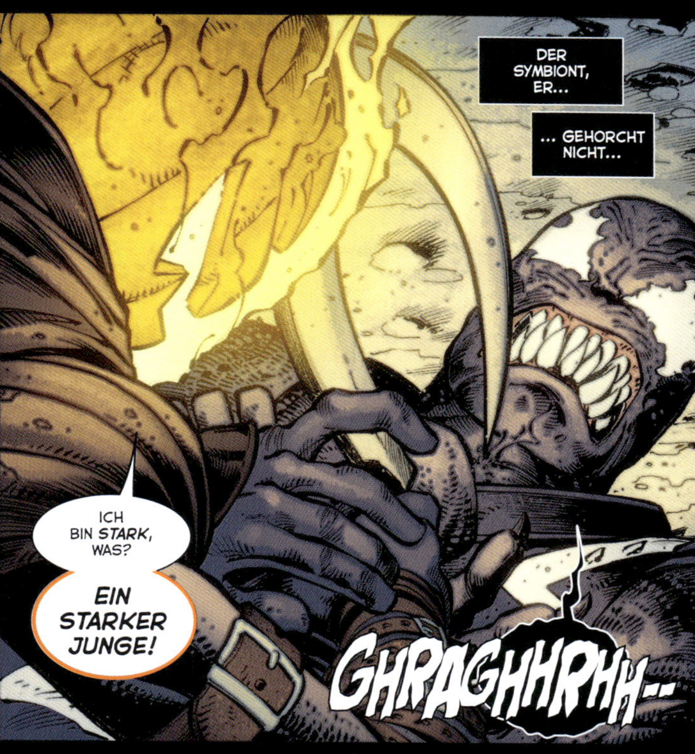
DER SYMBIONT, ER...
... GEHORCHT NICHT...
ICH BIN STARK, WAS?
EIN STARKER JUNGE!
GHRAGHHRHH--

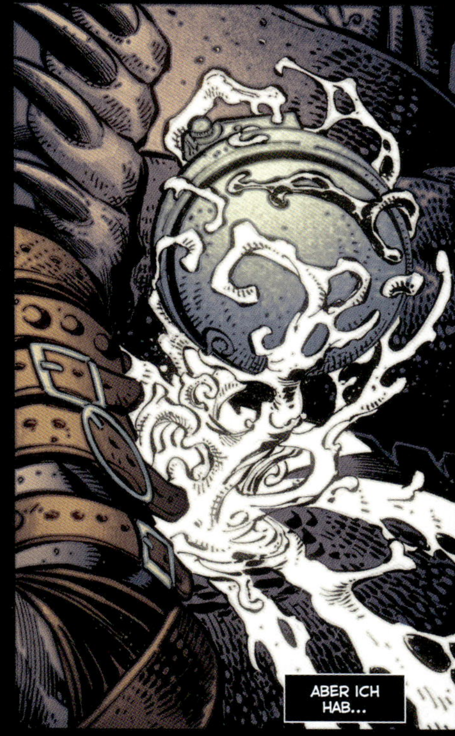
ABER ICH HAB...

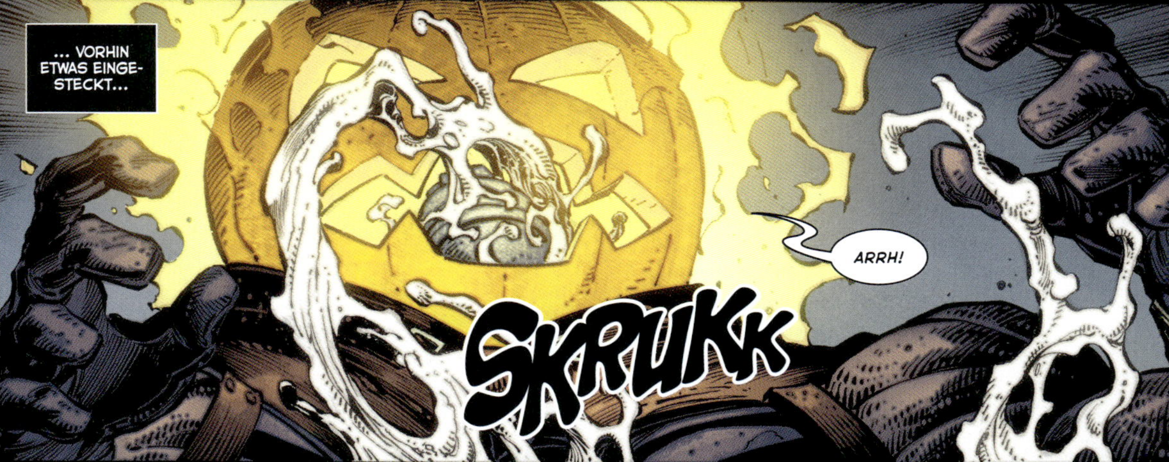
... VORHIN ETWAS EINGE-STECKT...
ARRH!
SKRUKK

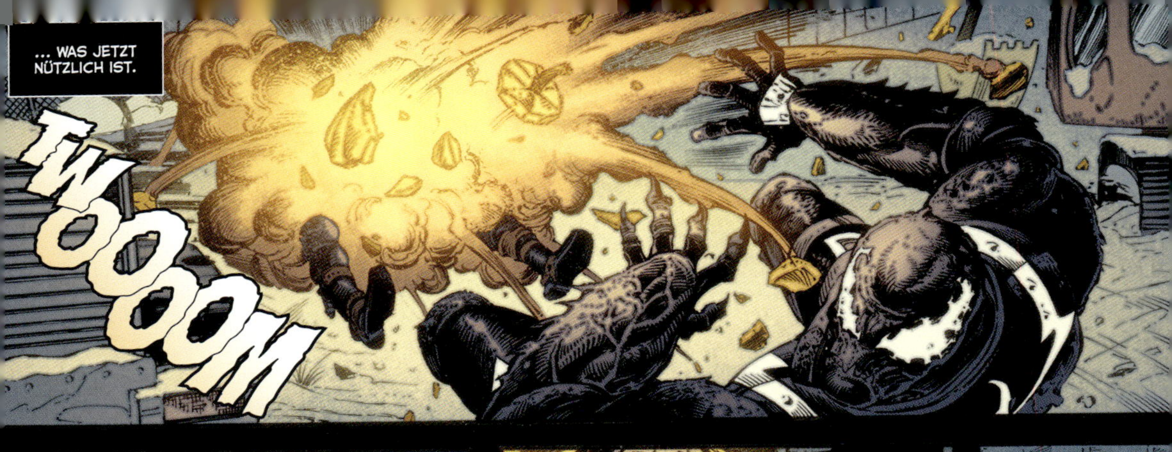
... WAS JETZT NÜTZLICH IST.
TWOOOOM

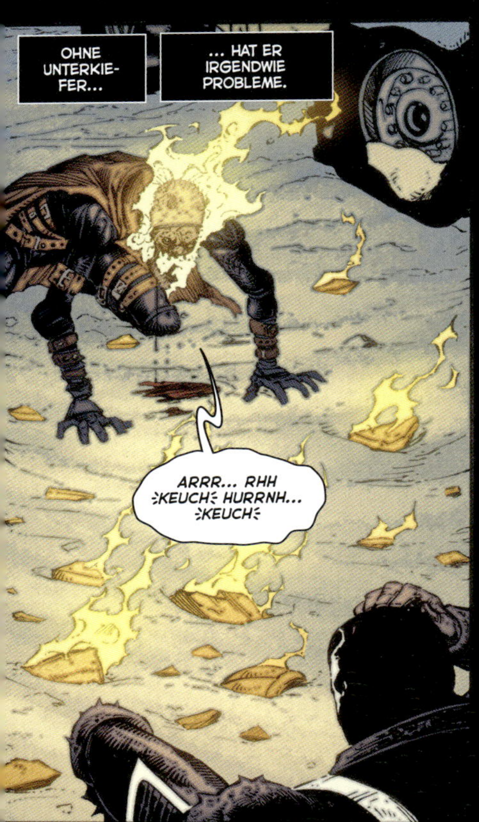
OHNE UNTERKIE-FER...
... HAT ER IRGENDWIE PROBLEME.
ARRR... RHH KEUCH HURRNH... KEUCH

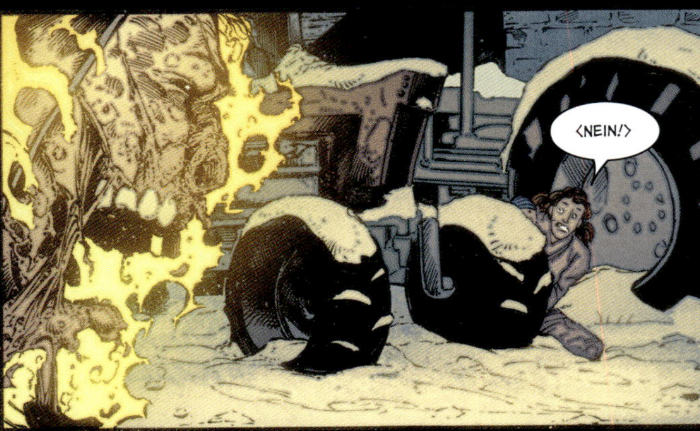
<NEIN!>

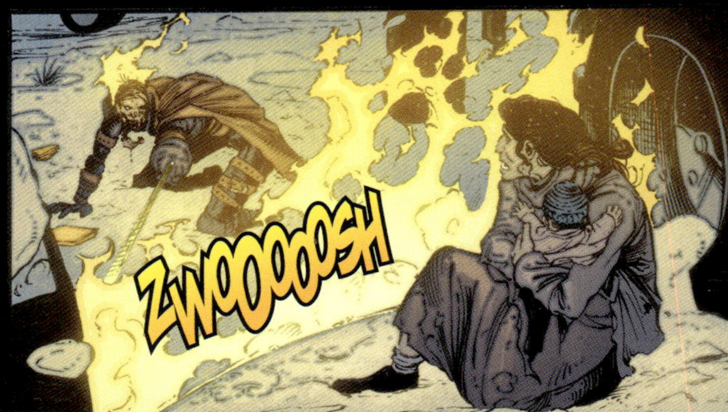
ZWOOOOOSH

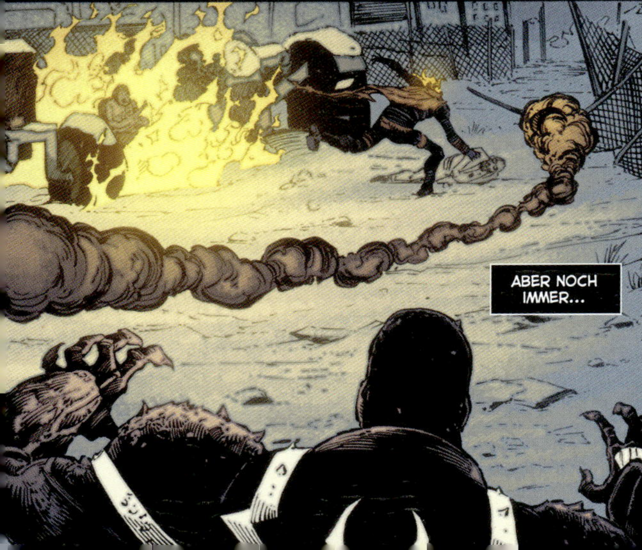
ABER NOCH IMMER...

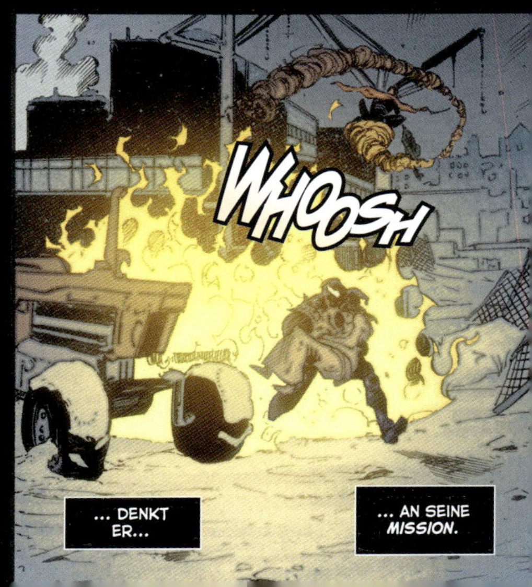
WHOOSH
... DENKT ER...
... AN SEINE *MISSION*.

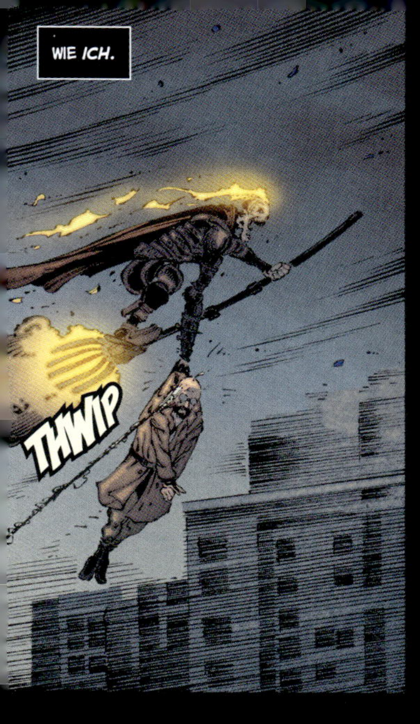
WIE ICH.
THWIP
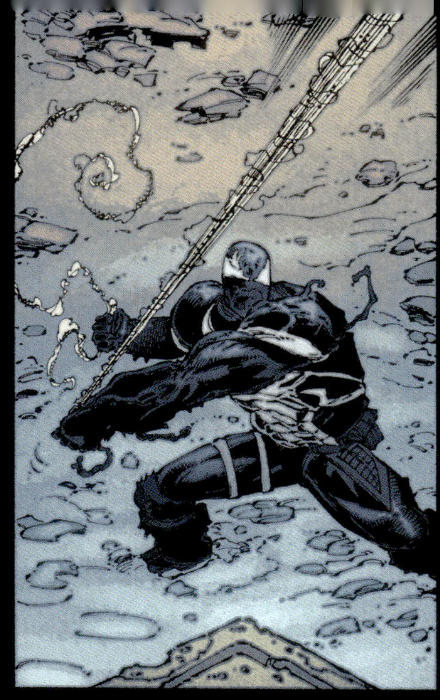
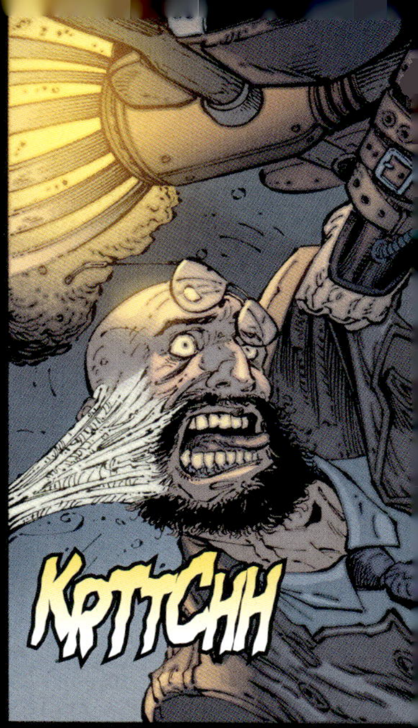
KRTTCHH
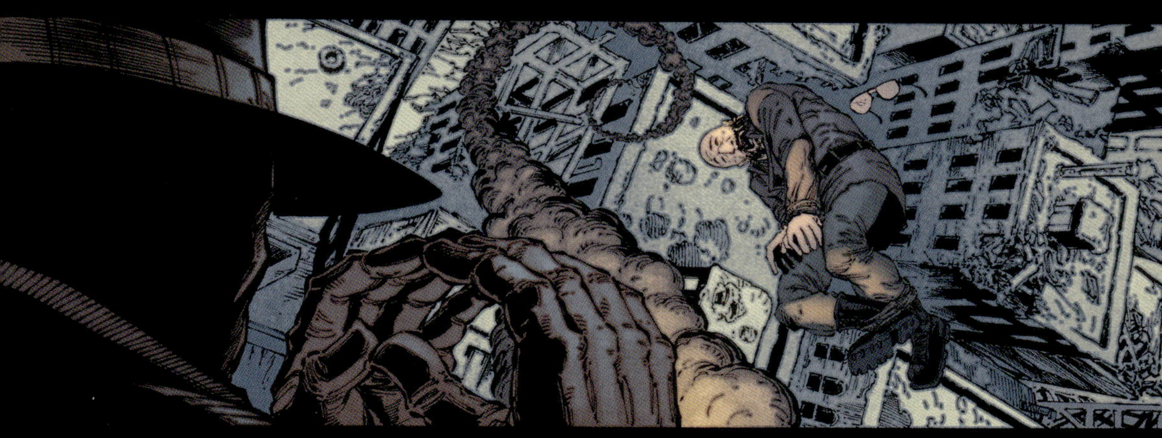
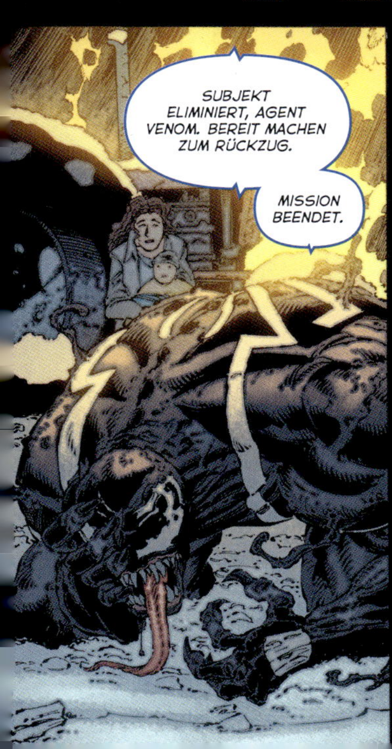
SUBJEKT ELIMINIERT, AGENT VENOM. BEREIT MACHEN ZUM RÜCKZUG.
MISSION BEENDET.
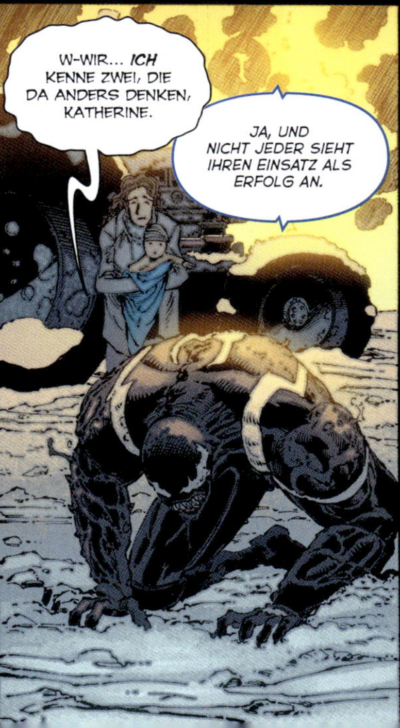
W-WIR... ICH KENNE ZWEI, DIE DA ANDERS DENKEN, KATHERINE.
JA, UND NICHT JEDER SIEHT IHREN EINSATZ ALS ERFOLG AN.
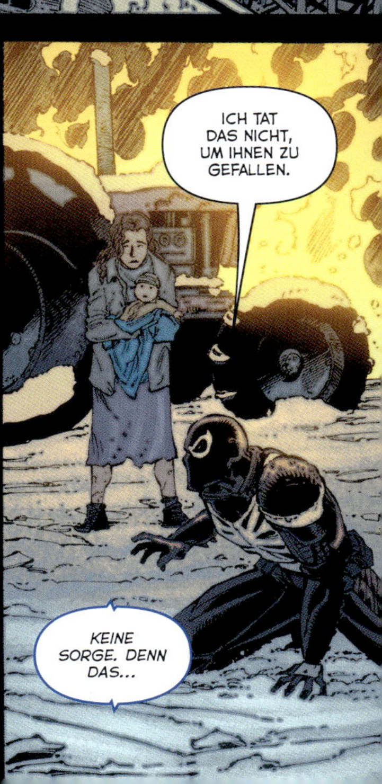
ICH TAT DAS NICHT, UM IHNEN ZU GEFALLEN.
KEINE SORGE. DENN DAS...

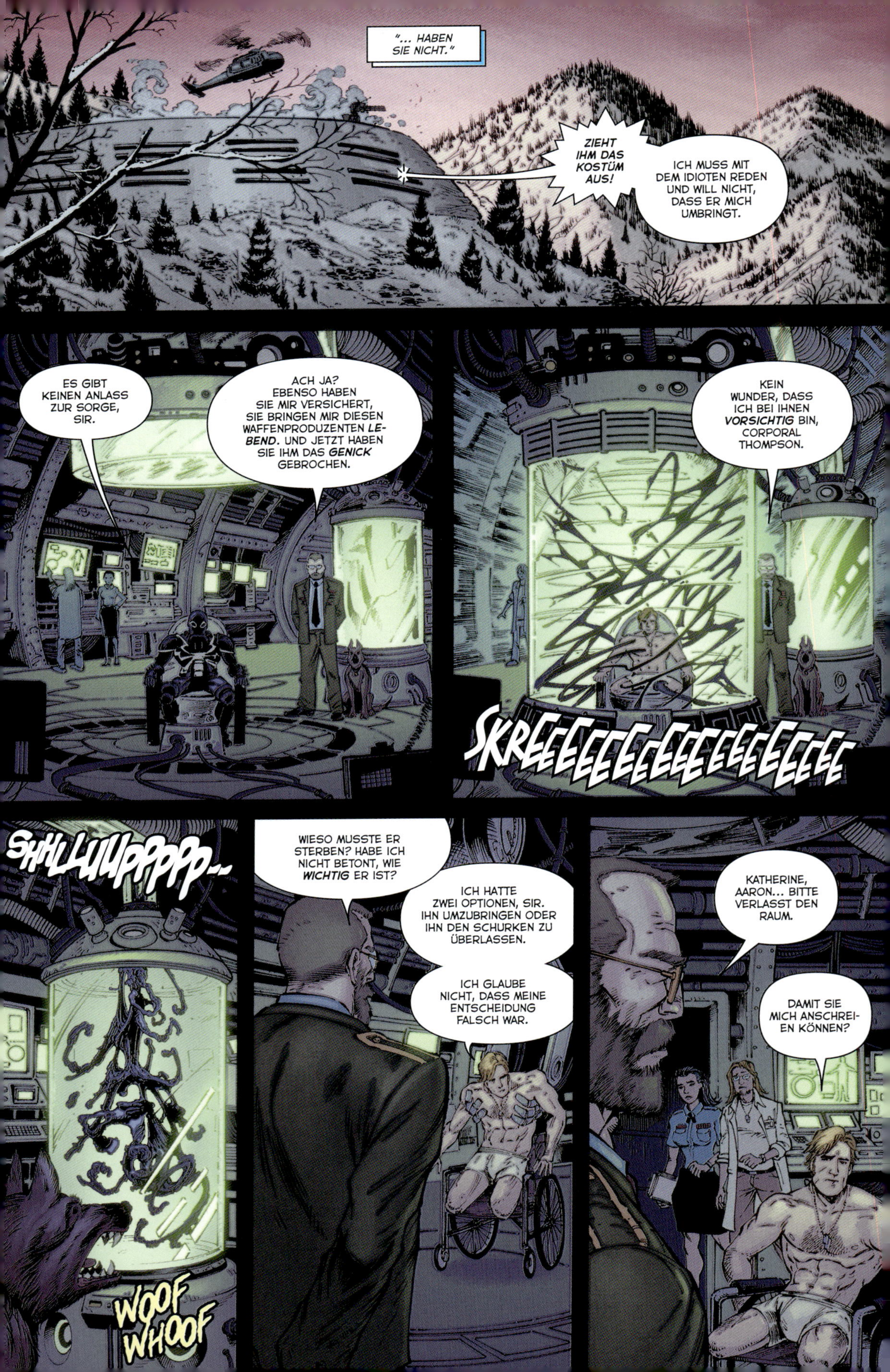

"... HABEN SIE NICHT."

ZIEHT IHM DAS KOSTÜM AUS!

ICH MUSS MIT DEM IDIOTEN REDEN UND WILL NICHT, DASS ER MICH UMBRINGT.

ES GIBT KEINEN ANLASS ZUR SORGE, SIR.

ACH JA? EBENSO HABEN SIE MIR VERSICHERT, SIE BRINGEN MIR DIESEN WAFFENPRODUZENTEN LEBEND. UND JETZT HABEN SIE IHM DAS GENICK GEBROCHEN.

KEIN WUNDER, DASS ICH BEI IHNEN VORSICHTIG BIN, CORPORAL THOMPSON.

SKREEEEEEEEEEEEEEEEEE

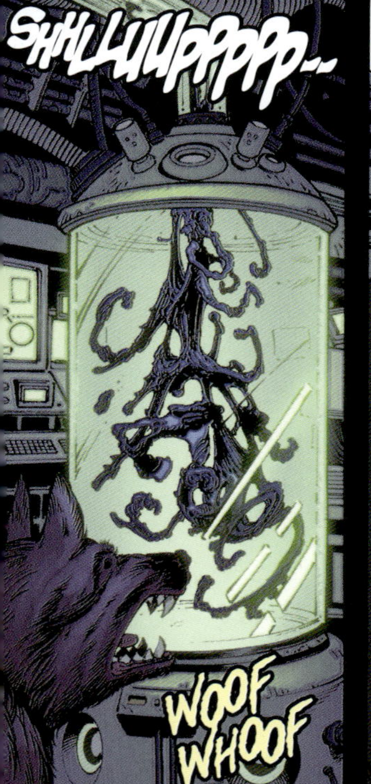

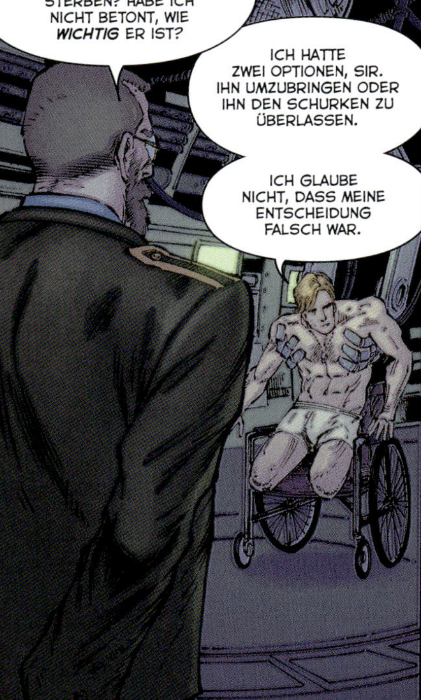

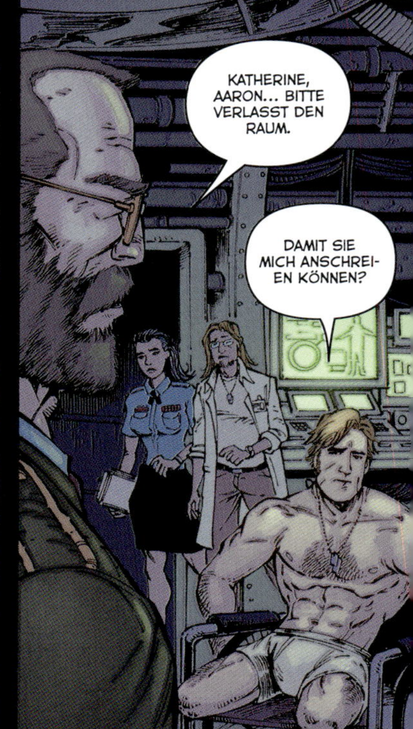

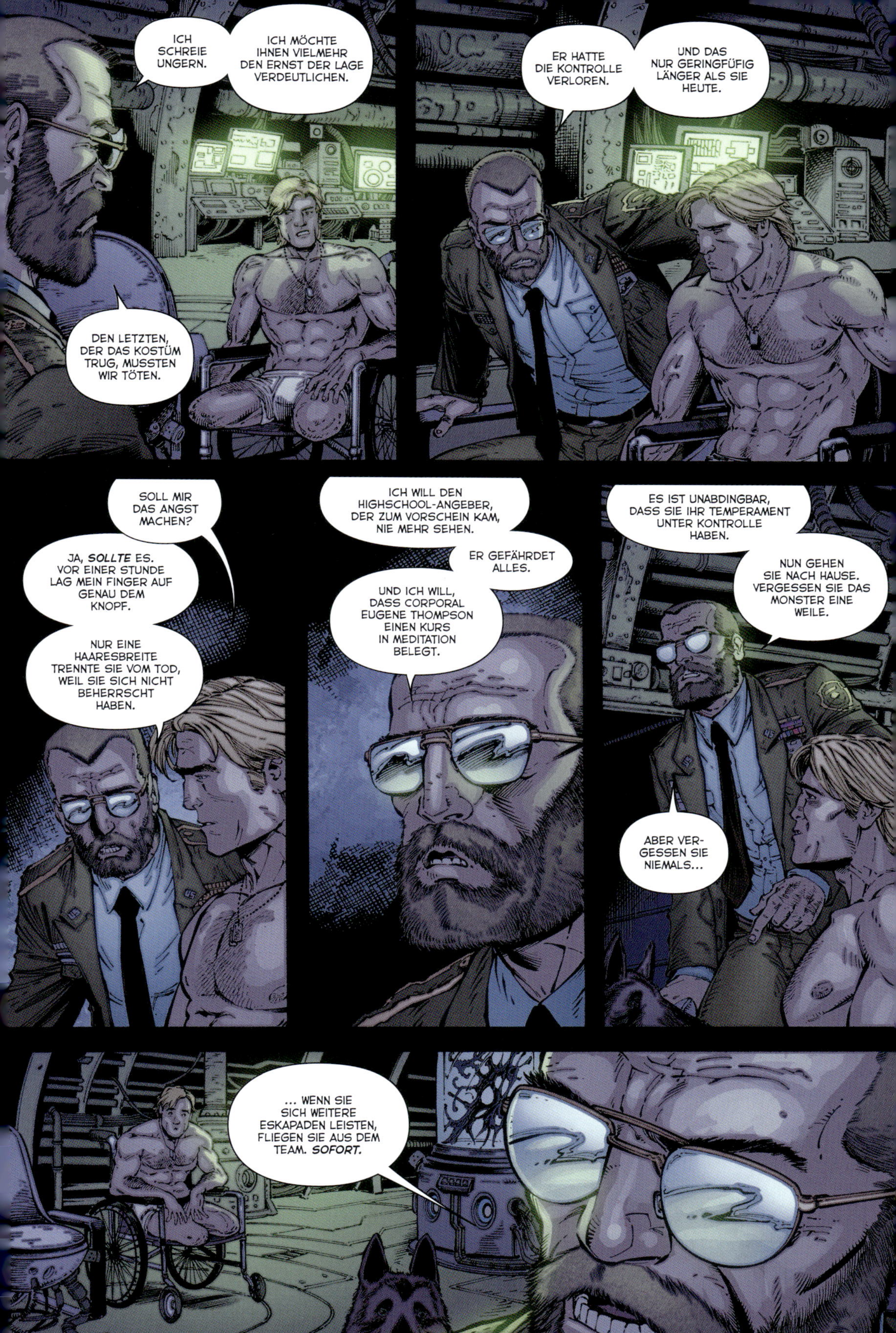
ICH SCHREIE UNGERN.
ICH MÖCHTE IHNEN VIELMEHR DEN ERNST DER LAGE VERDEUTLICHEN.
DEN LETZTEN, DER DAS KOSTÜM TRUG, MUSSTEN WIR TÖTEN.
ER HATTE DIE KONTROLLE VERLOREN.
UND DAS NUR GERINGFÜGIG LÄNGER ALS SIE HEUTE.
SOLL MIR DAS ANGST MACHEN?
JA, SOLLTE ES. VOR EINER STUNDE LAG MEIN FINGER AUF GENAU DEM KNOPF.
NUR EINE HAARESBREITE TRENNTE SIE VOM TOD, WEIL SIE SICH NICHT BEHERRSCHT HABEN.
ICH WILL DEN HIGHSCHOOL-ANGEBER, DER ZUM VORSCHEIN KAM, NIE MEHR SEHEN.
ER GEFÄHRDET ALLES.
UND ICH WILL, DASS CORPORAL EUGENE THOMPSON EINEN KURS IN MEDITATION BELEGT.
ES IST UNABDINGBAR, DASS SIE IHR TEMPERAMENT UNTER KONTROLLE HABEN.
NUN GEHEN SIE NACH HAUSE. VERGESSEN SIE DAS MONSTER EINE WEILE.
ABER VERGESSEN SIE NIEMALS...
... WENN SIE SICH WEITERE ESKAPADEN LEISTEN, FLIEGEN SIE AUS DEM TEAM. SOFORT.

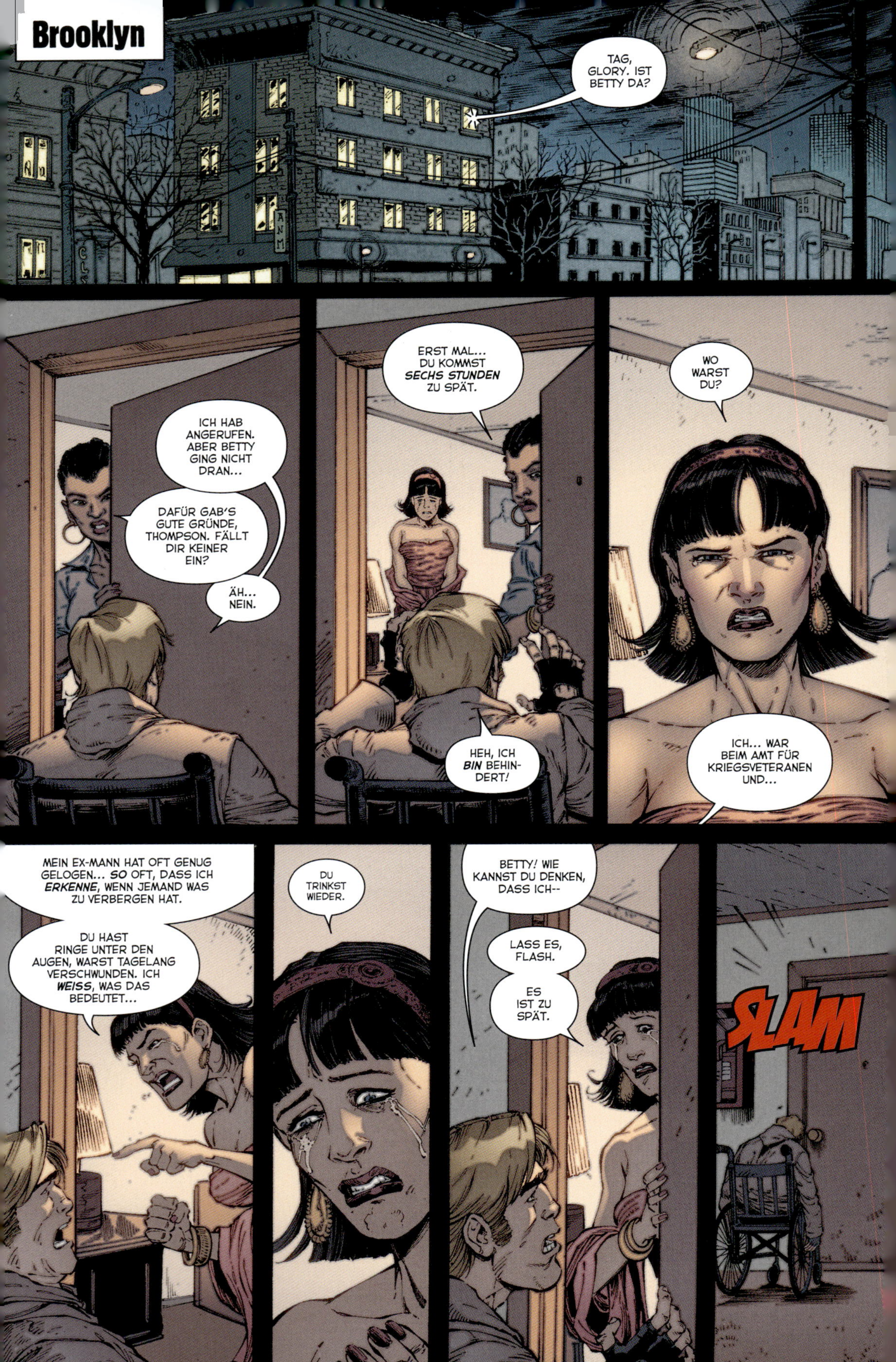
Brooklyn
TAG, GLORY. IST BETTY DA?
ICH HAB ANGERUFEN. ABER BETTY GING NICHT DRAN...
DAFÜR GAB'S GUTE GRÜNDE, THOMPSON. FÄLLT DIR KEINER EIN?
ÄH... NEIN.
ERST MAL... DU KOMMST SECHS STUNDEN ZU SPÄT.
HEH, ICH BIN BEHINDERT!
WO WARST DU?
ICH... WAR BEIM AMT FÜR KRIEGSVETERANEN UND...
MEIN EX-MANN HAT OFT GENUG GELOGEN... SO OFT, DASS ICH ERKENNE, WENN JEMAND WAS ZU VERBERGEN HAT.
DU HAST RINGE UNTER DEN AUGEN, WARST TAGELANG VERSCHWUNDEN. ICH WEISS, WAS DAS BEDEUTET...
DU TRINKST WIEDER.
BETTY! WIE KANNST DU DENKEN, DASS ICH--
LASS ES, FLASH.
ES IST ZU SPÄT.
SLAM

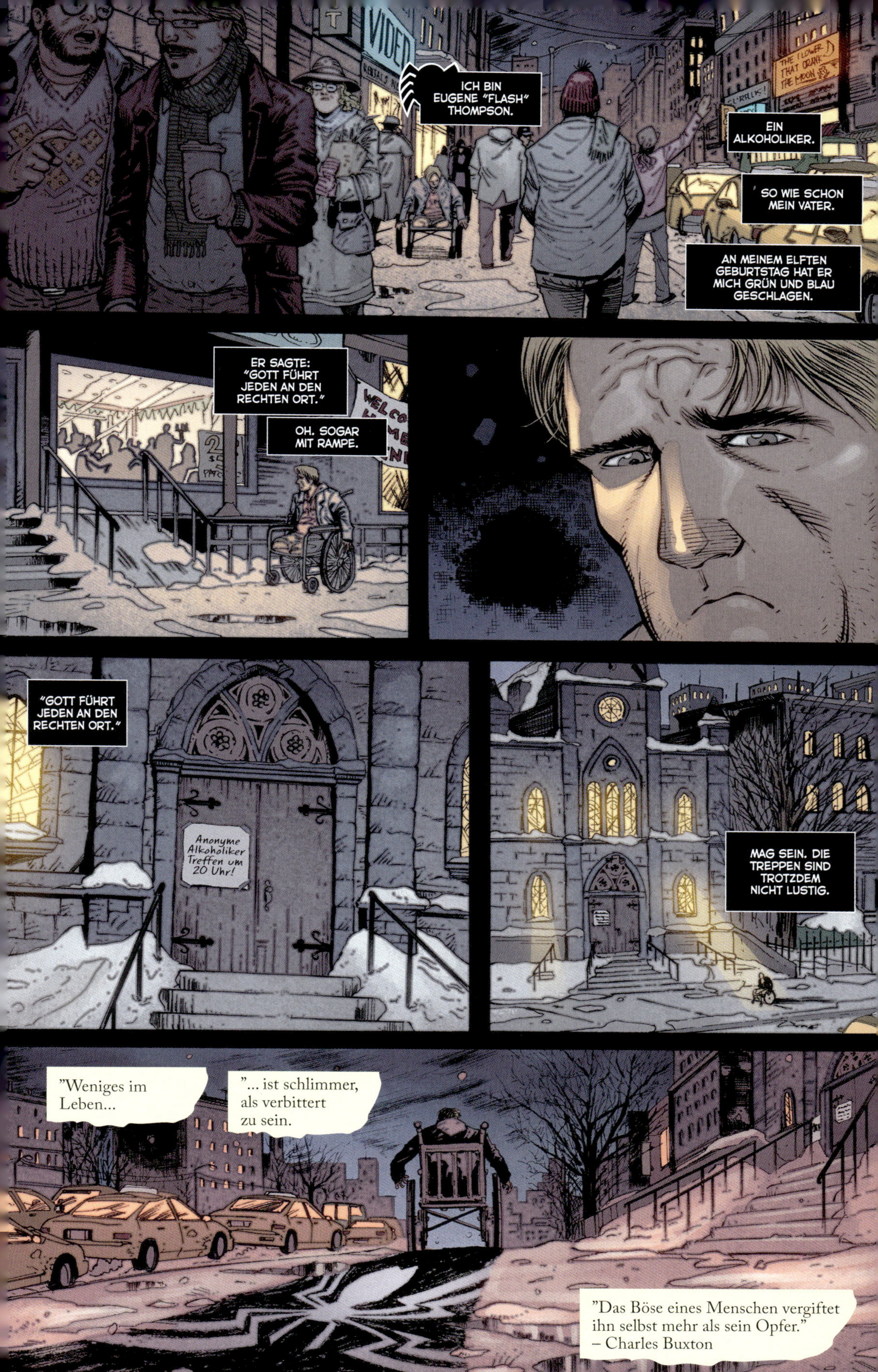
ICH BIN EUGENE "FLASH" THOMPSON.
EIN ALKOHOLIKER.
SO WIE SCHON MEIN VATER.
AN MEINEM ELFTEN GEBURTSTAG HAT ER MICH GRÜN UND BLAU GESCHLAGEN.
ER SAGTE: "GOTT FÜHRT JEDEN AN DEN RECHTEN ORT."
OH. SOGAR MIT RAMPE.
"GOTT FÜHRT JEDEN AN DEN RECHTEN ORT."
Anonyme Alkoholiker Treffen um 20 Uhr!
MAG SEIN. DIE TREPPEN SIND TROTZDEM NICHT LUSTIG.
"Weniges im Leben...
"... ist schlimmer, als verbittert zu sein.
"Das Böse eines Menschen vergiftet ihn selbst mehr als sein Opfer."
– Charles Buxton

DER JÄGER

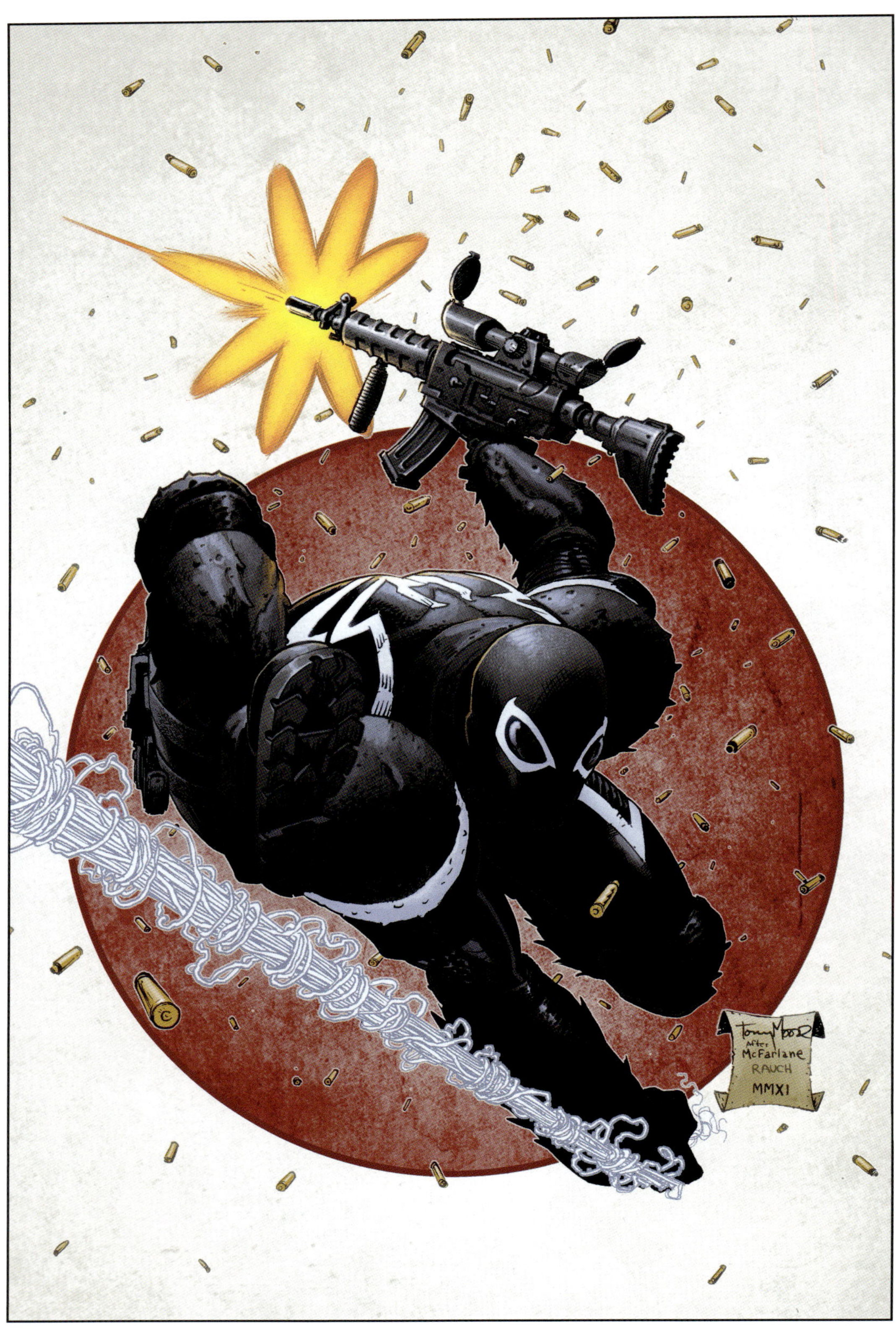

Venom (2011) 2
Cover von **TONY MOORE**

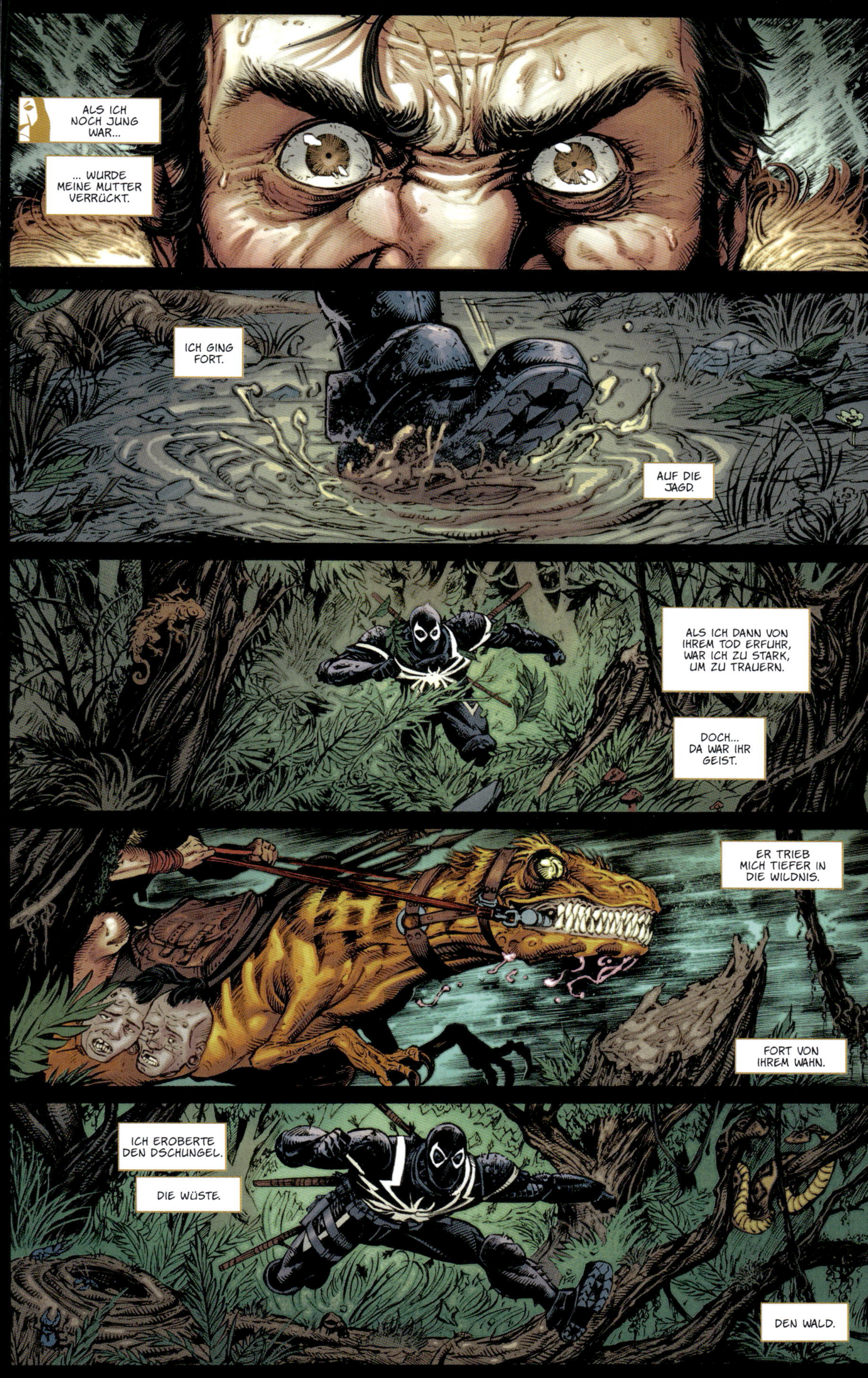
ALS ICH NOCH JUNG WAR...
... WURDE MEINE MUTTER VERRÜCKT.
ICH GING FORT.
AUF DIE JAGD.
ALS ICH DANN VON IHREM TOD ERFUHR, WAR ICH ZU STARK, UM ZU TRAUERN.
DOCH... DA WAR IHR GEIST.
ER TRIEB MICH TIEFER IN DIE WILDNIS.
FORT VON IHREM WAHN.
ICH EROBERTE DEN DSCHUNGEL.
DIE WÜSTE.
DEN WALD.

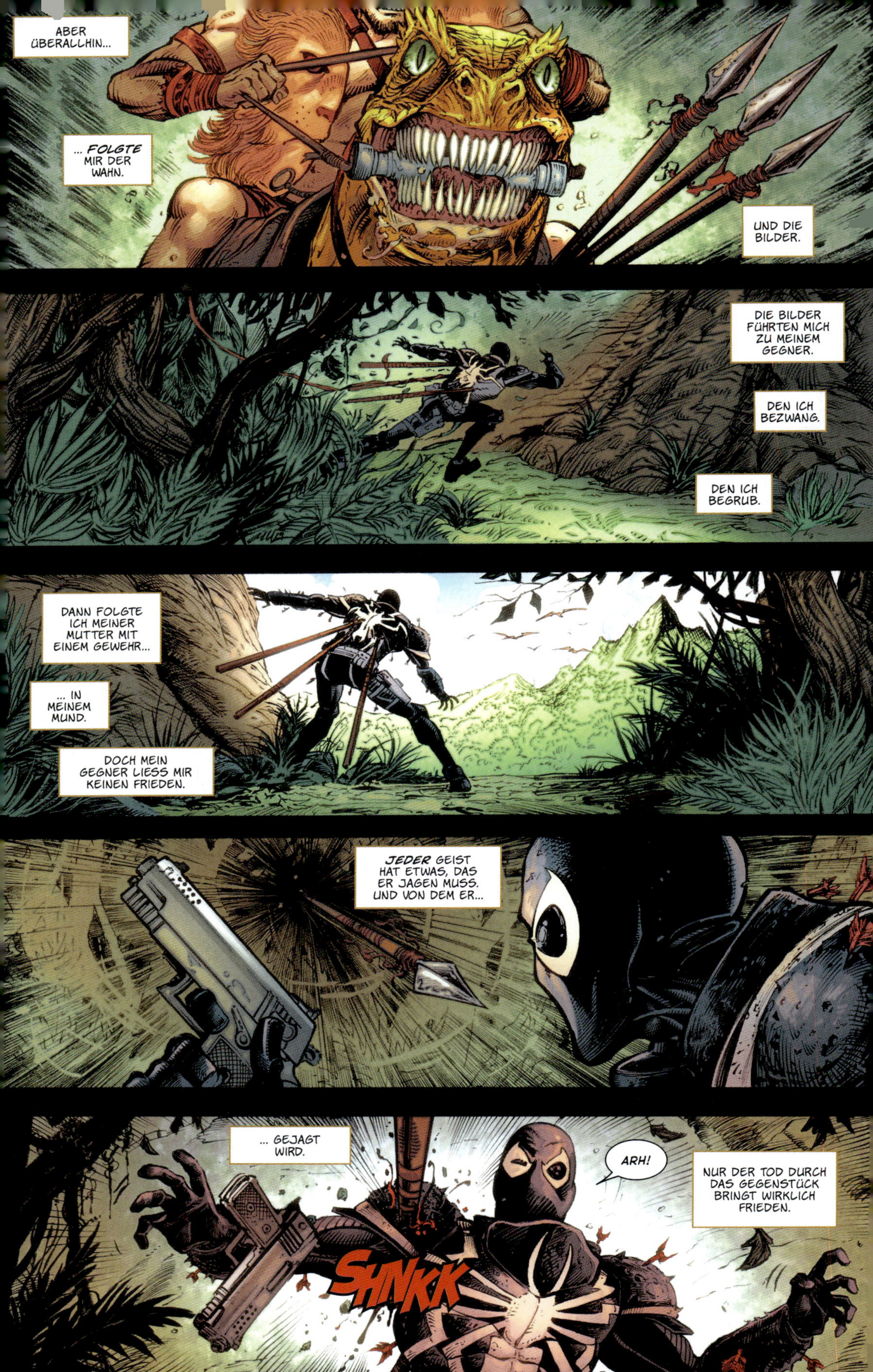
ABER ÜBERALLHIN...
... FOLGTE MIR DER WAHN.
UND DIE BILDER.
DIE BILDER FÜHRTEN MICH ZU MEINEM GEGNER.
DEN ICH BEZWANG.
DEN ICH BEGRUB.
DANN FOLGTE ICH MEINER MUTTER MIT EINEM GEWEHR...
... IN MEINEM MUND.
DOCH MEIN GEGNER LIESS MIR KEINEN FRIEDEN.
JEDER GEIST HAT ETWAS, DAS ER JAGEN MUSS. UND VON DEM ER...
... GEJAGT WIRD.
ARH!
NUR DER TOD DURCH DAS GEGENSTÜCK BRINGT WIRKLICH FRIEDEN.
SHNKK

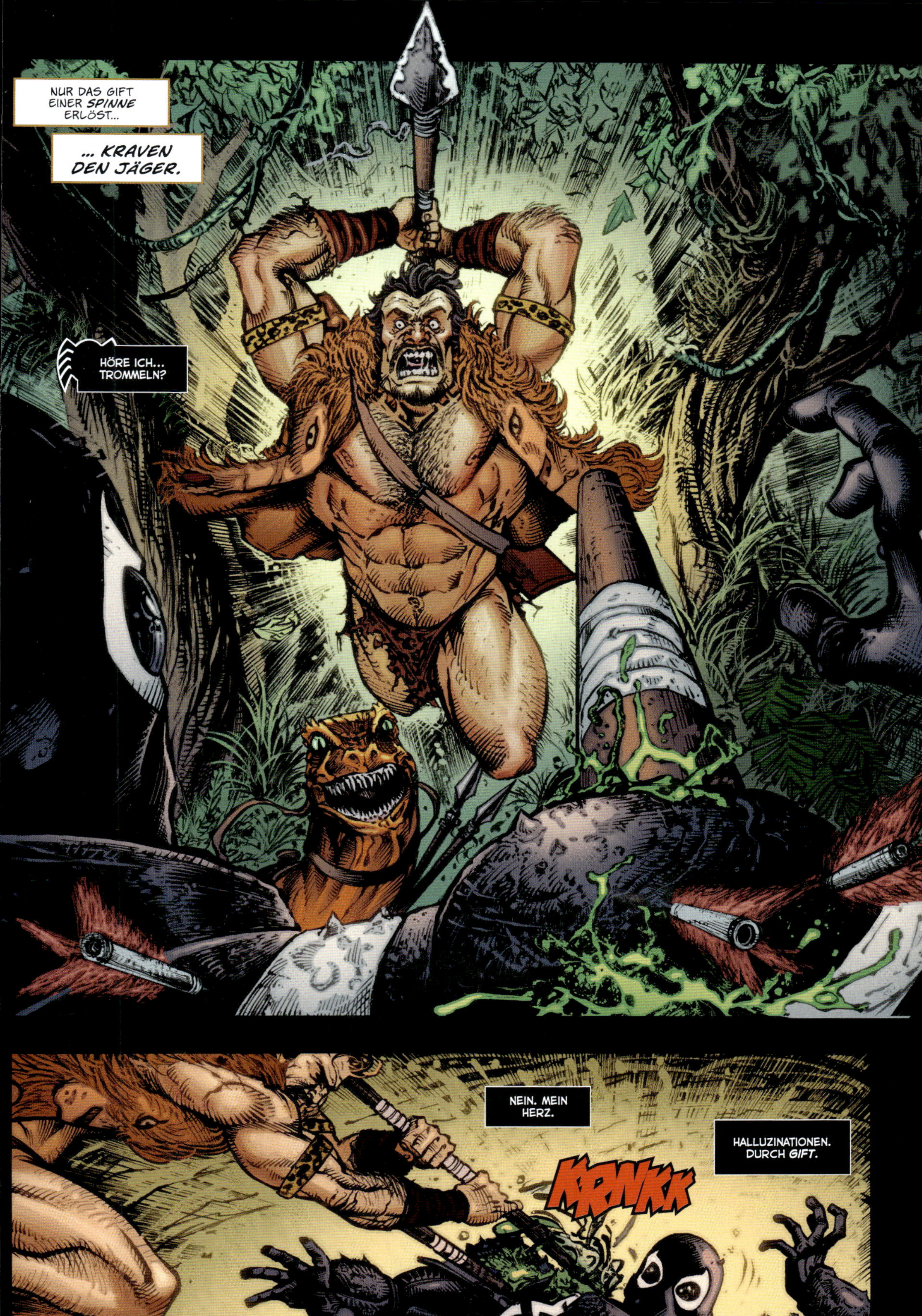
NUR DAS GIFT EINER SPINNE ERLÖST...
... KRAVEN DEN JÄGER.
HÖRE ICH... TROMMELN?
NEIN. MEIN HERZ.
HALLUZINATIONEN. DURCH GIFT.
KRNKK

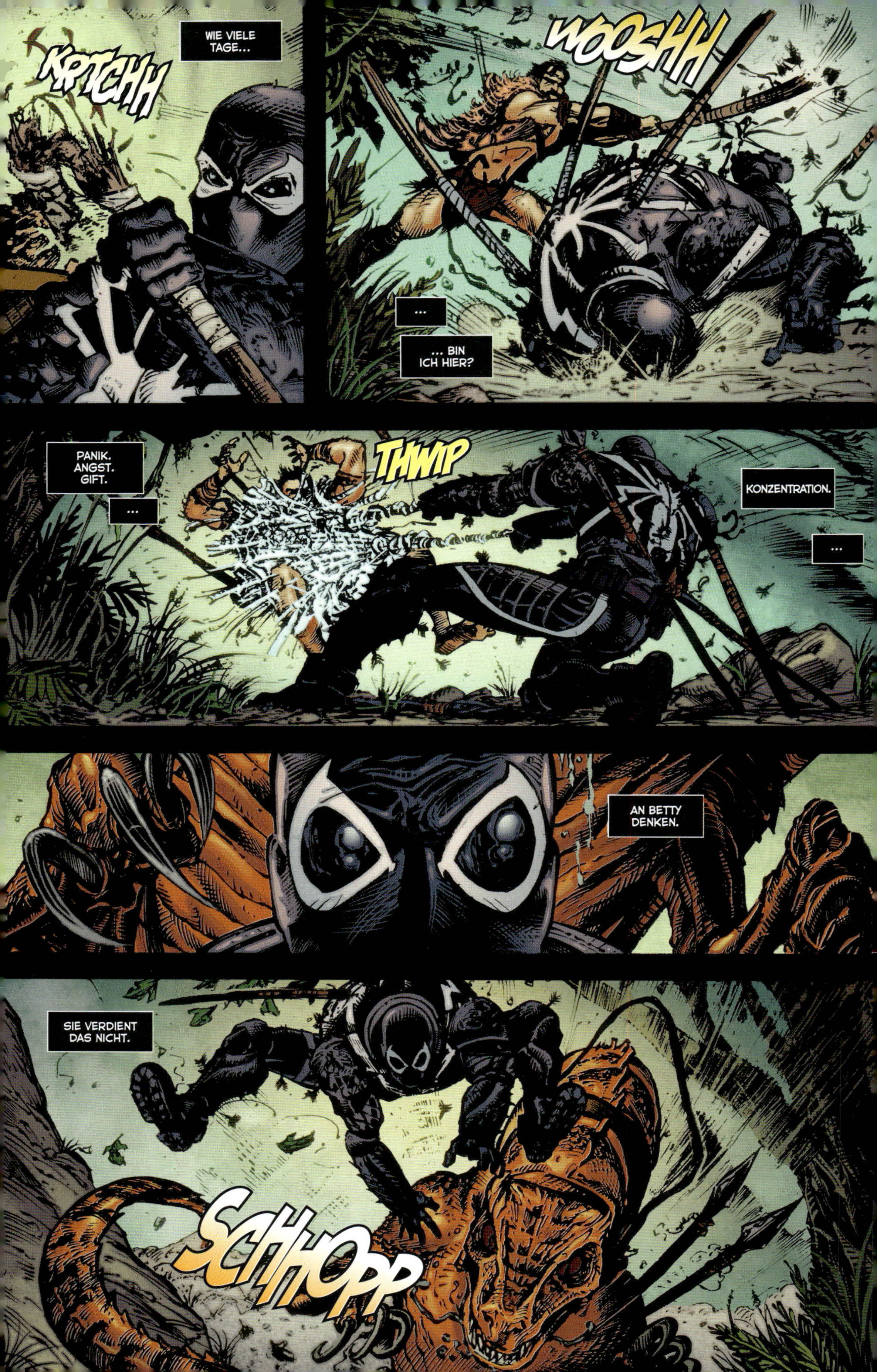
KRTCHH
WIE VIELE TAGE...
WOOSHH
...
... BIN ICH HIER?
PANIK. ANGST. GIFT.
...
THWIP
KONZENTRATION.
...
AN BETTY DENKEN.
SIE VERDIENT DAS NICHT.
SCHHOPP

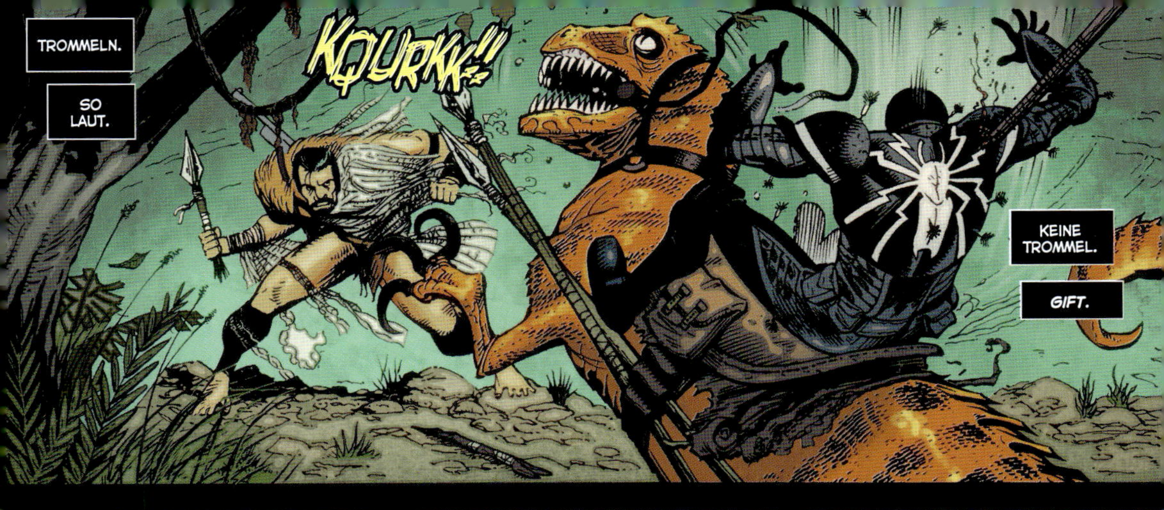
TROMMELN.
SO LAUT.
KQURKK!!
KEINE TROMMEL.
GIFT.

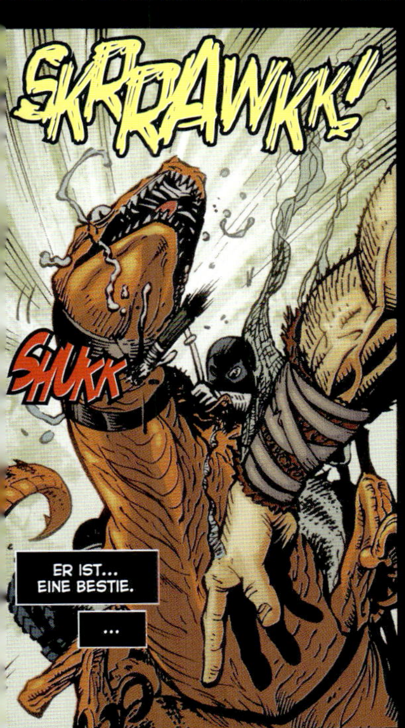
SKRDAWKK!
SHUKK
ER IST... EINE BESTIE.
...

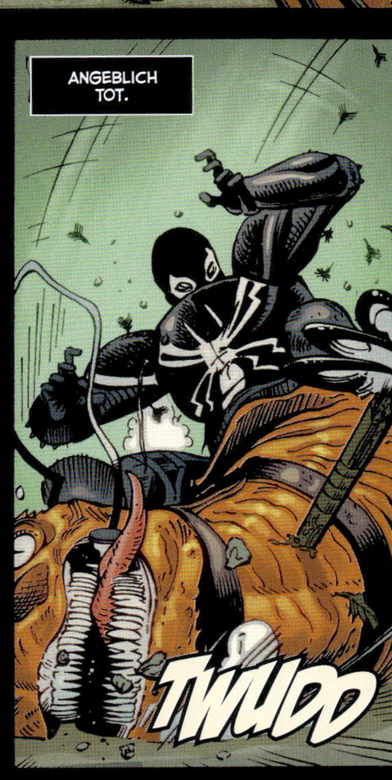
ANGEBLICH TOT.
TWUDD

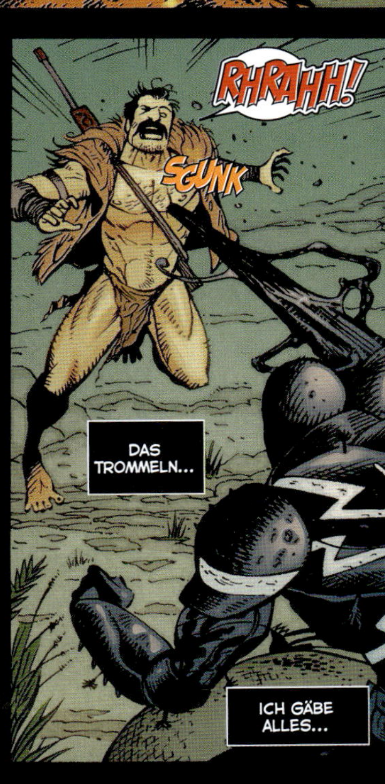
RHRAHH!
SGUNK
DAS TROMMELN...
ICH GÄBE ALLES...

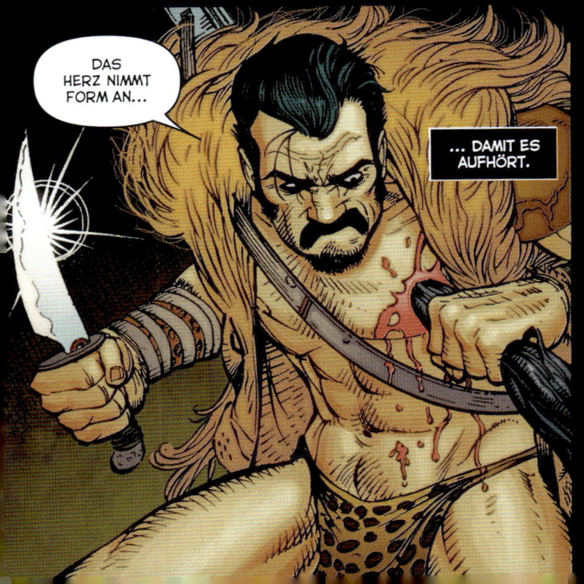
DAS HERZ NIMMT FORM AN...
... DAMIT ES AUFHÖRT.

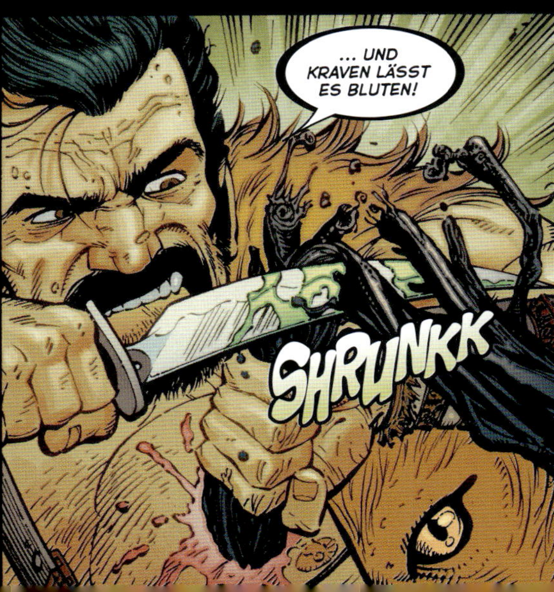
... UND KRAVEN LÄSST ES BLUTEN!
SHRUNKK

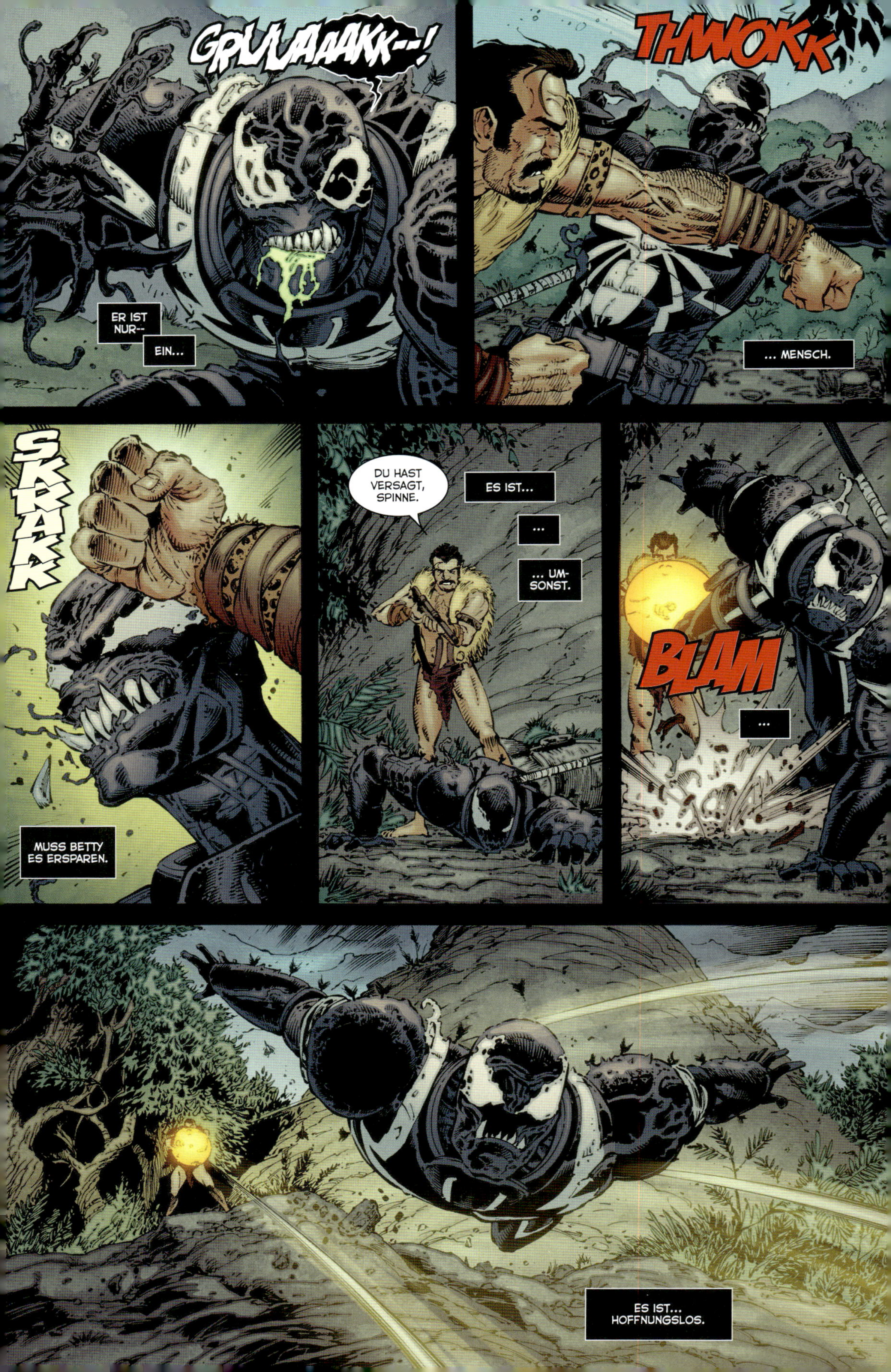

GRUUAAAKK--!

ER IST NUR--

EIN...

THWOKK

... MENSCH.

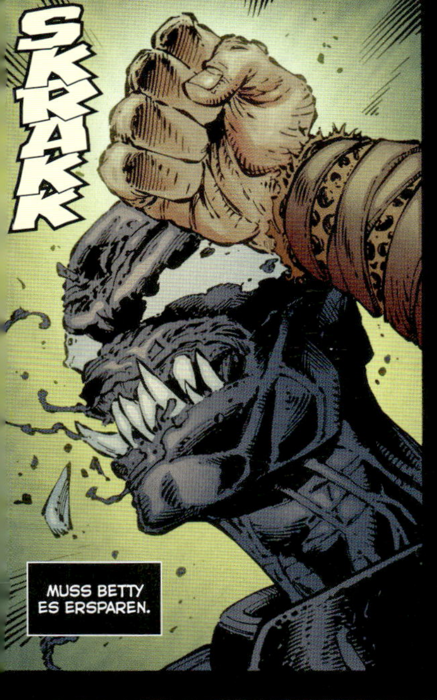

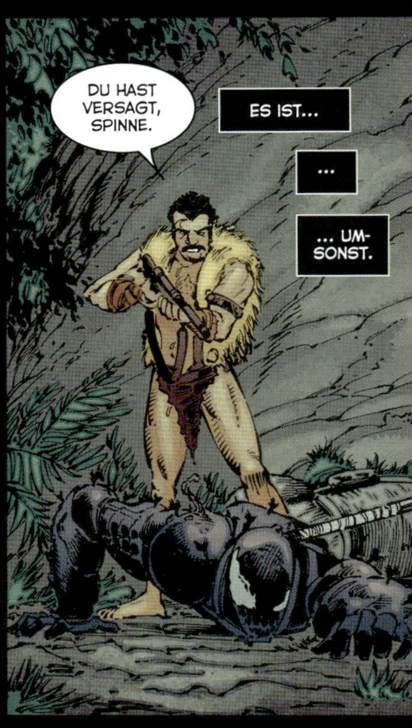

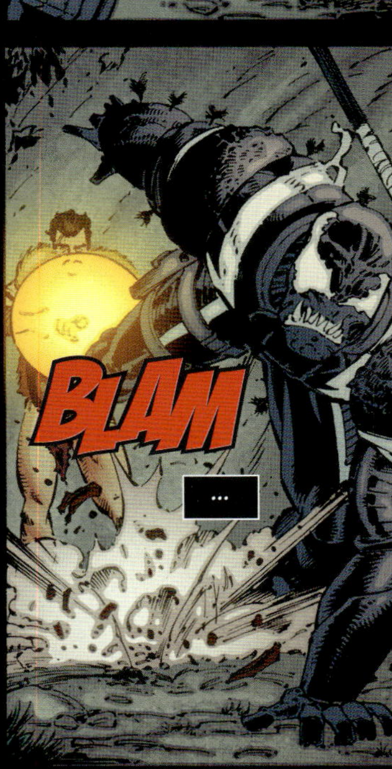

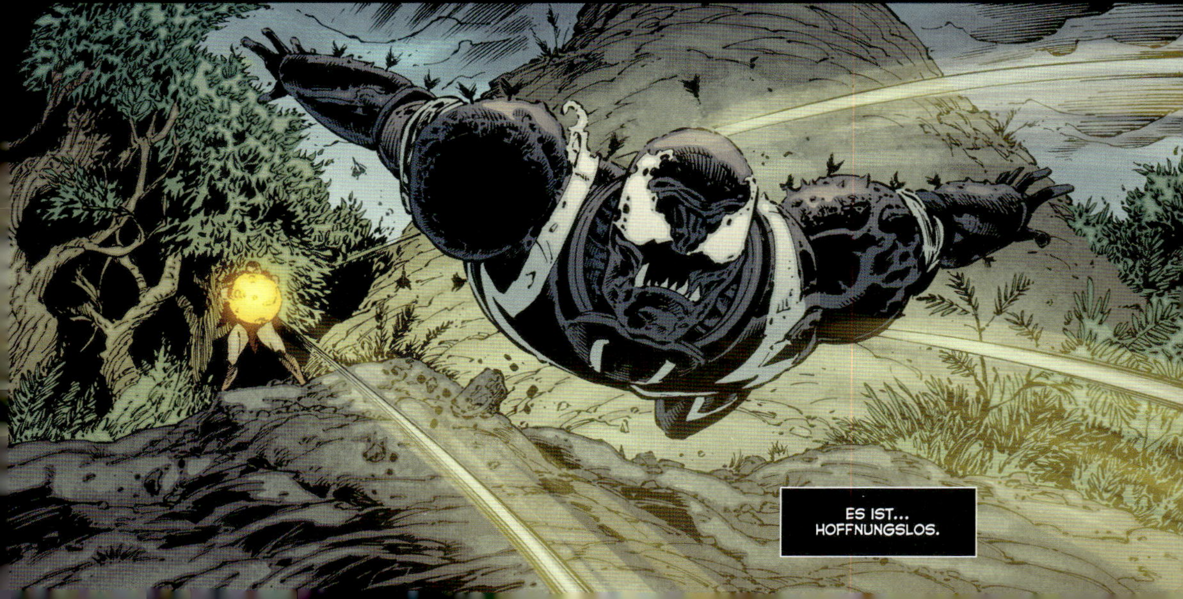

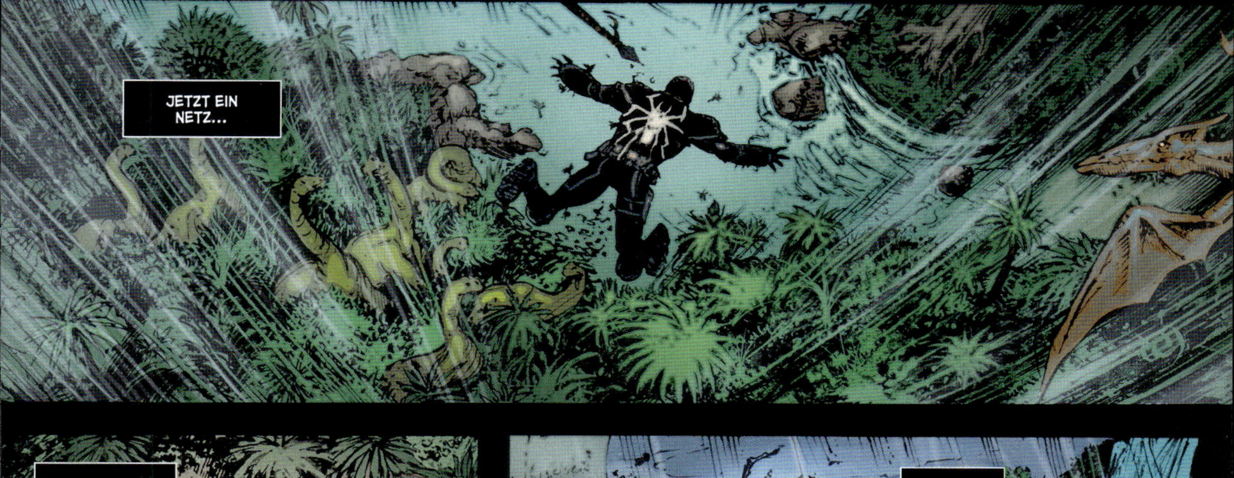
JETZT EIN NETZ...

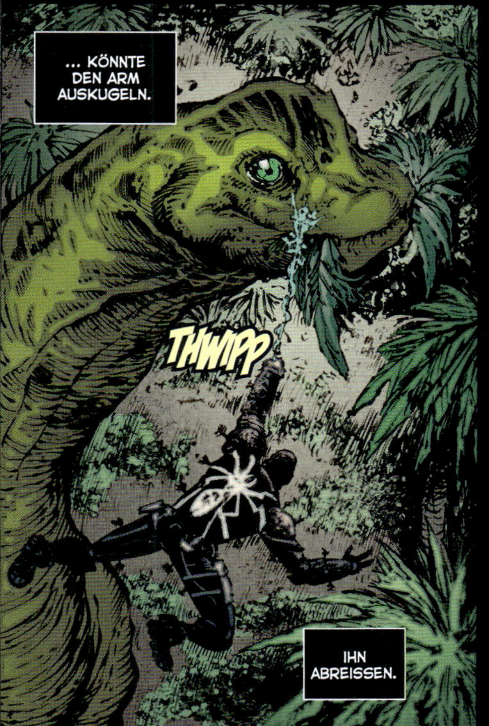
... KÖNNTE DEN ARM AUSKUGELN.
THWIPP
IHN ABREISSEN.

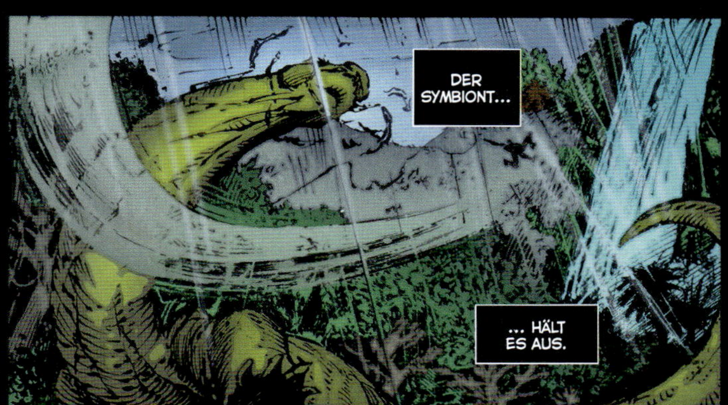
DER SYMBIONT...
... HÄLT ES AUS.

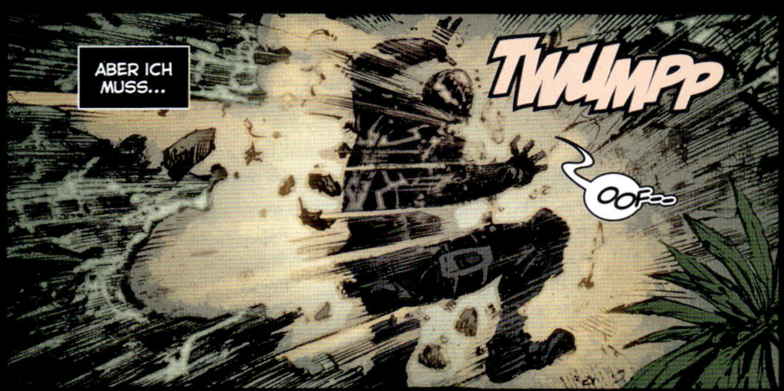
ABER ICH MUSS...
TWUMPP
OOF

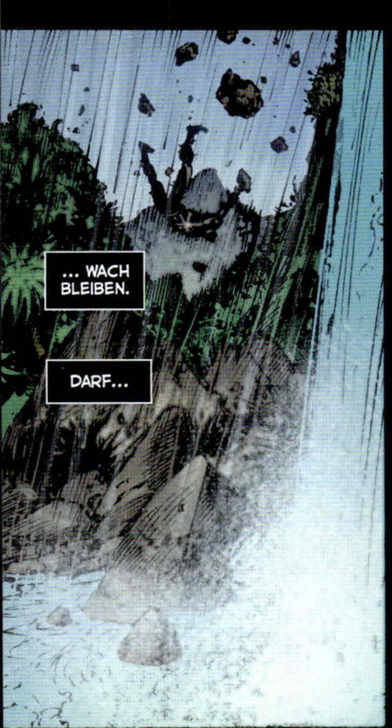
... WACH BLEIBEN.
DARF...

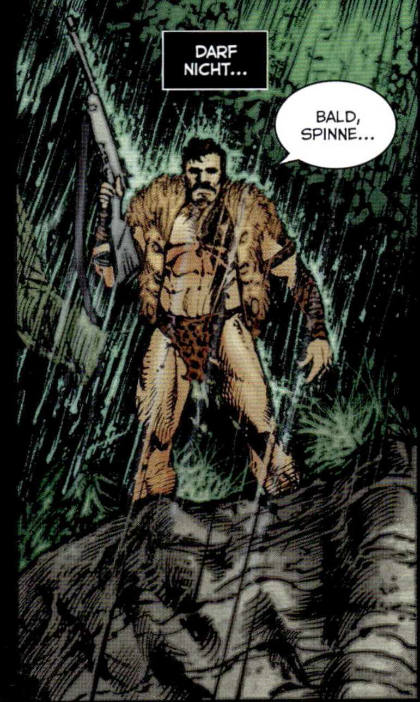
DARF NICHT...
BALD, SPINNE...

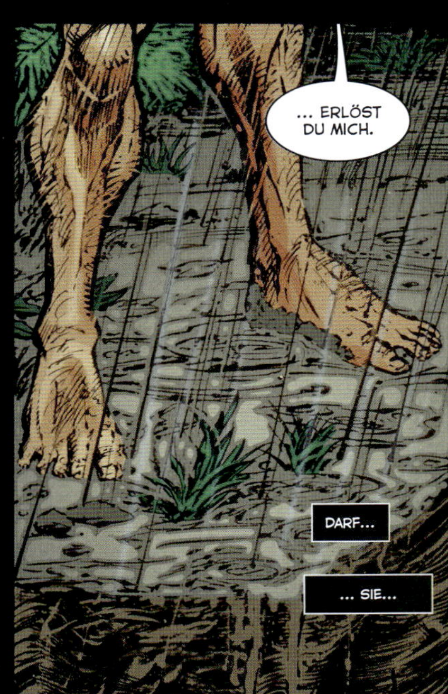
... ERLÖST DU MICH.
DARF...
... SIE...

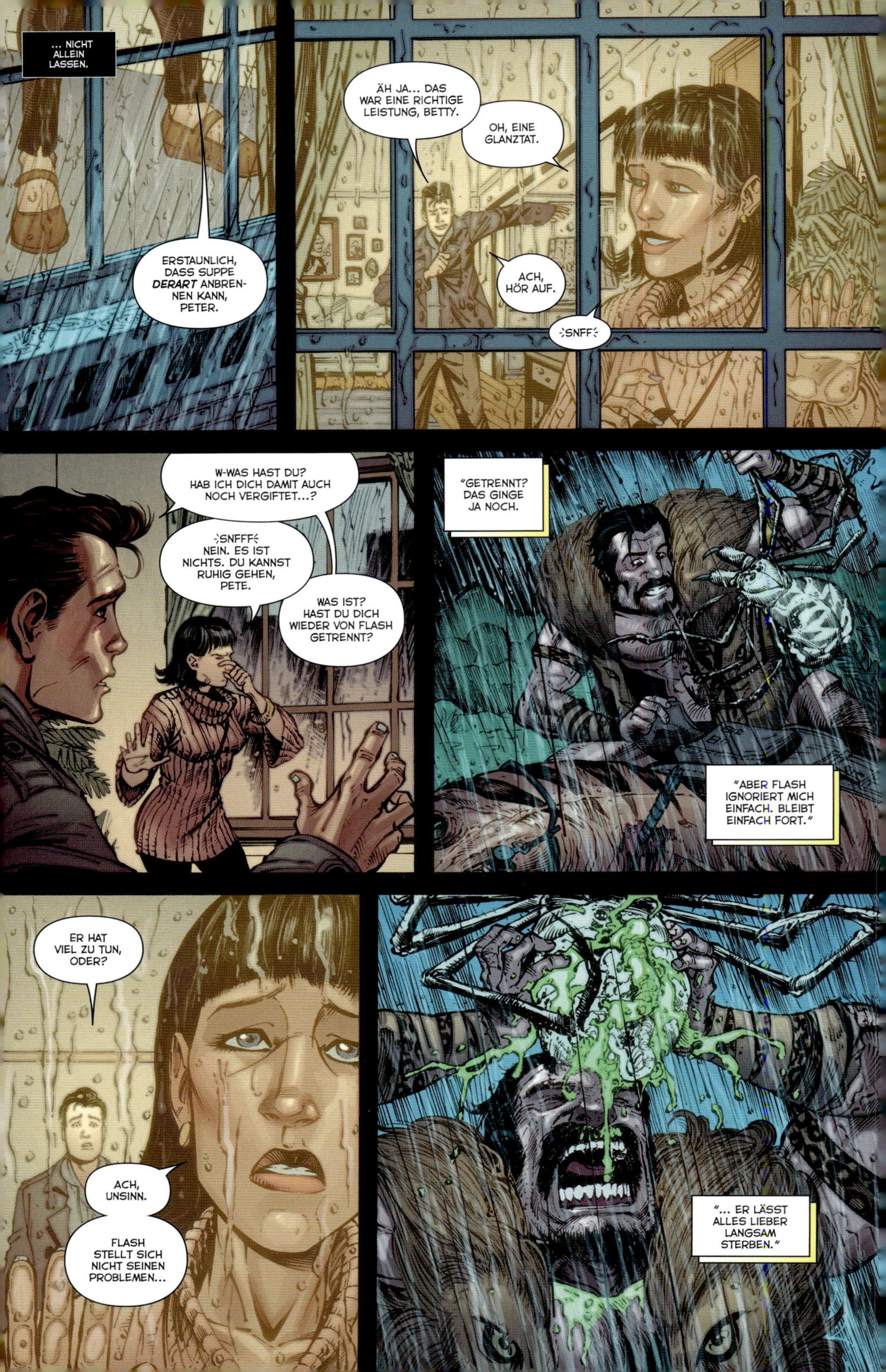
... NICHT ALLEIN LASSEN.
ERSTAUNLICH, DASS SUPPE DERART ANBRENNEN KANN, PETER.
ÄH JA... DAS WAR EINE RICHTIGE LEISTUNG, BETTY.
OH, EINE GLANZTAT.
ACH, HÖR AUF.
SNFF
W-WAS HAST DU? HAB ICH DICH DAMIT AUCH NOCH VERGIFTET...?
SNFFF NEIN. ES IST NICHTS. DU KANNST RUHIG GEHEN, PETE.
WAS IST? HAST DU DICH WIEDER VON FLASH GETRENNT?
"GETRENNT? DAS GINGE JA NOCH.
"ABER FLASH IGNORIERT MICH EINFACH. BLEIBT EINFACH FORT."
ER HAT VIEL ZU TUN, ODER?
ACH, UNSINN.
FLASH STELLT SICH NICHT SEINEN PROBLEMEN...
"... ER LÄSST ALLES LIEBER LANGSAM STERBEN."

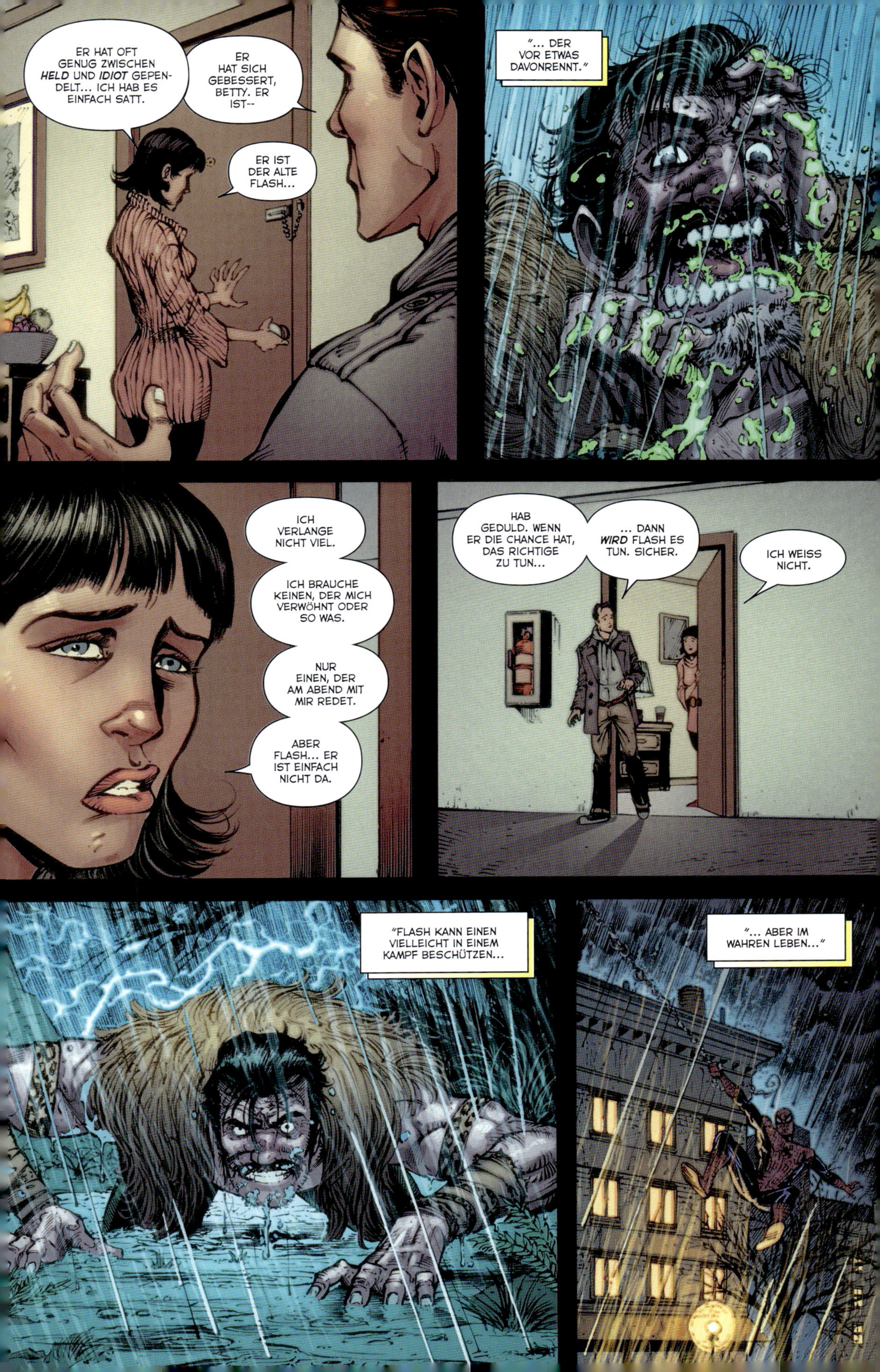

ER HAT OFT GENUG ZWISCHEN ***HELD*** UND ***IDIOT*** GEPENDELT... ICH HAB ES EINFACH SATT.

ER HAT SICH GEBESSERT, BETTY. ER IST--

ER IST DER ALTE FLASH...

"... DER VOR ETWAS DAVONRENNT."

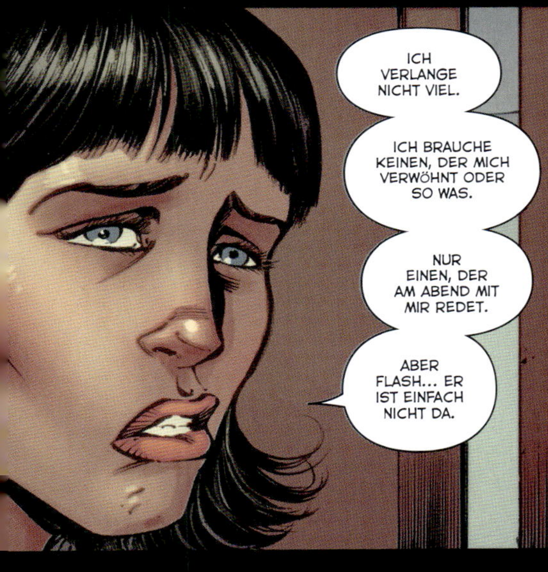

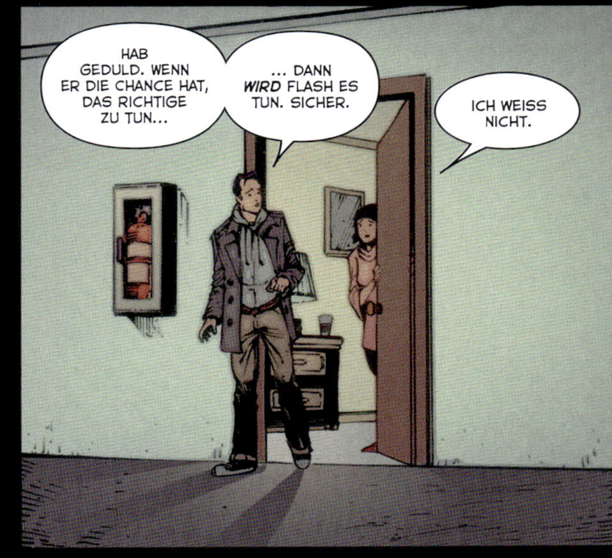

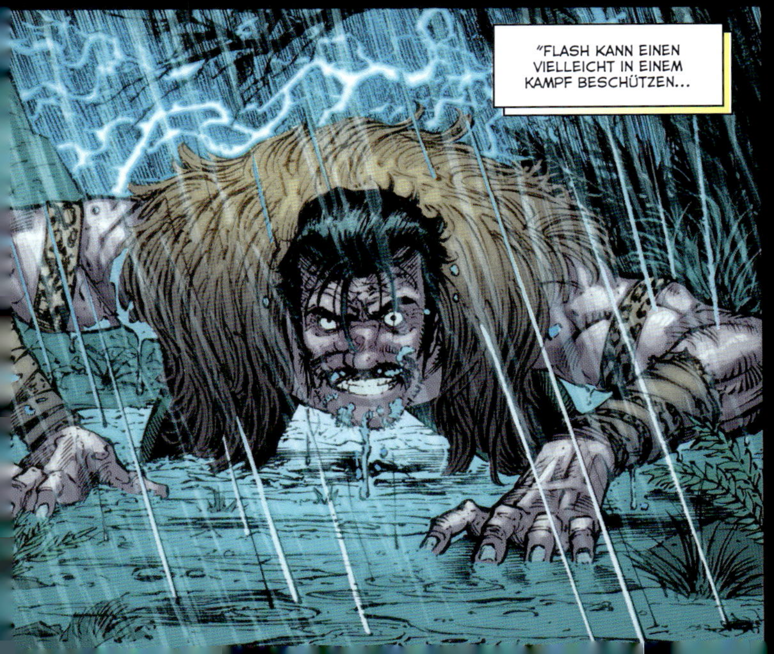

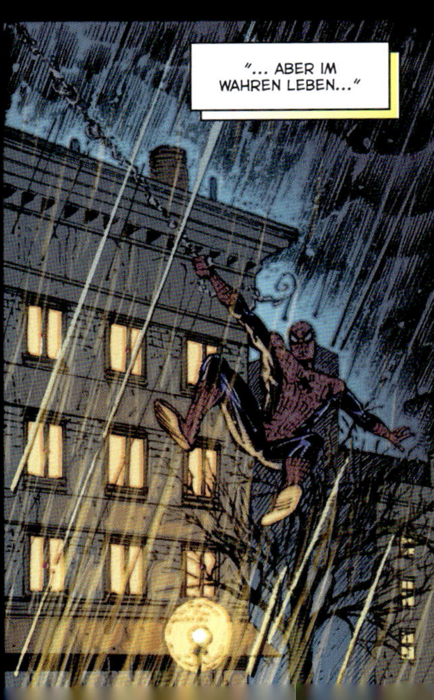

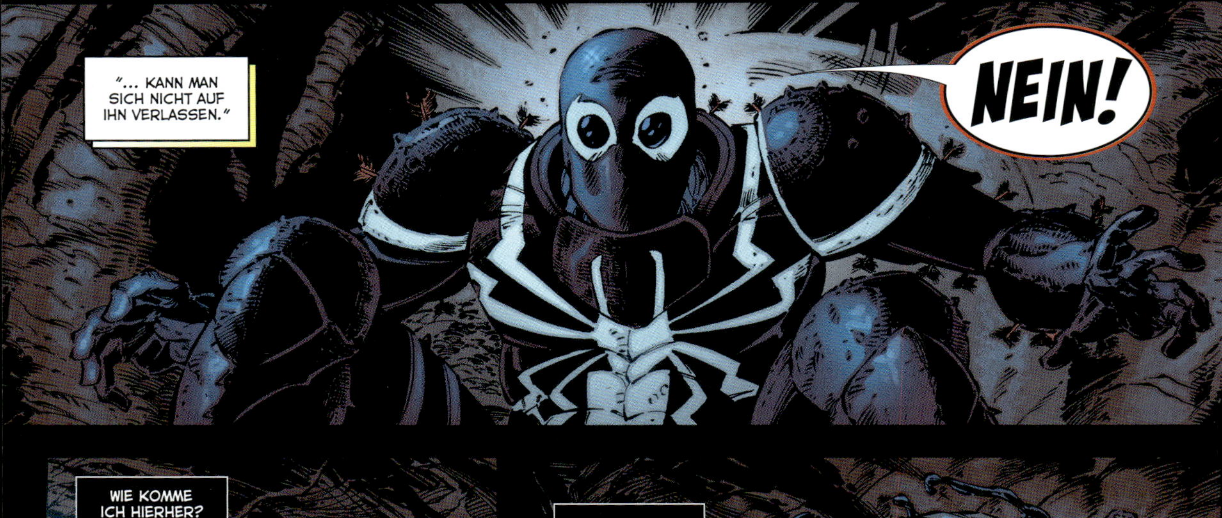
"... KANN MAN SICH NICHT AUF IHN VERLASSEN."
NEIN!

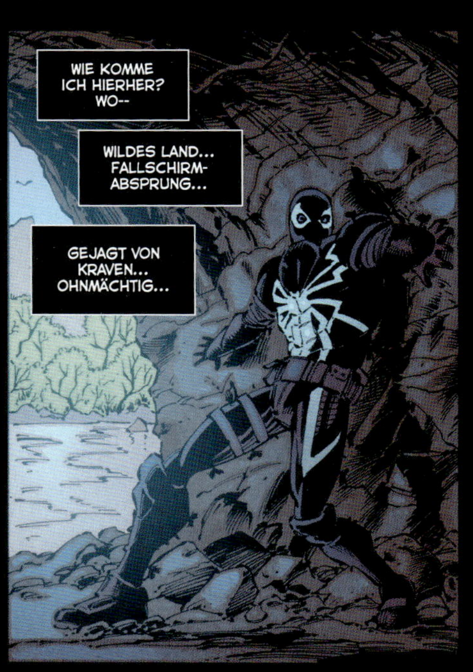
WIE KOMME ICH HIERHER? WO--
WILDES LAND... FALLSCHIRM-ABSPRUNG...
GEJAGT VON KRAVEN... OHNMÄCHTIG...

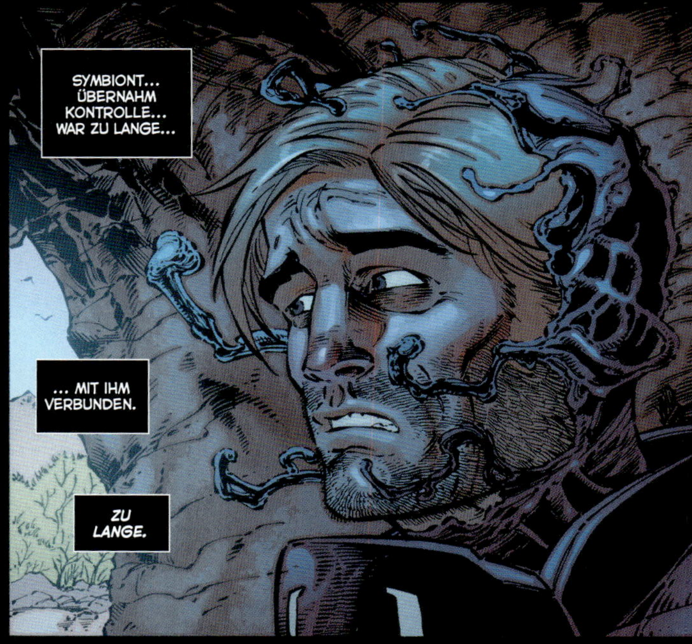
SYMBIONT... ÜBERNAHM KONTROLLE... WAR ZU LANGE...
... MIT IHM VERBUNDEN.
ZU LANGE.

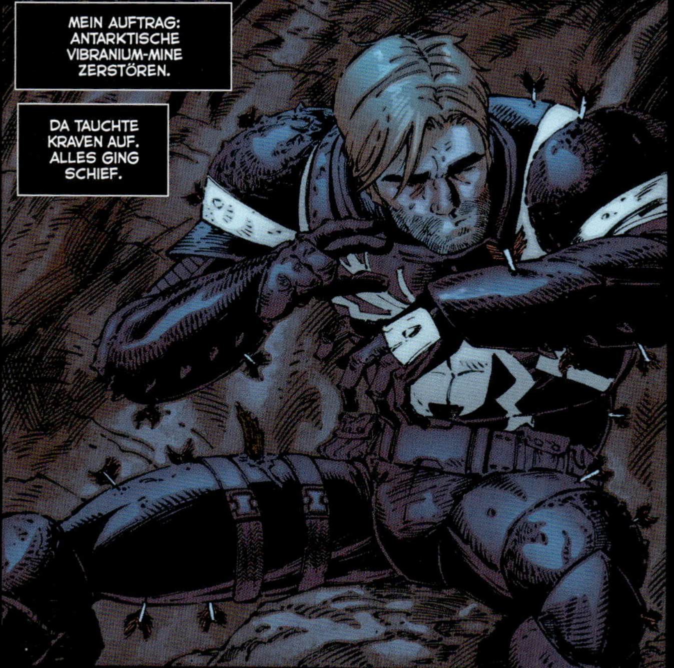
MEIN AUFTRAG: ANTARKTISCHE VIBRANIUM-MINE ZERSTÖREN.
DA TAUCHTE KRAVEN AUF. ALLES GING SCHIEF.

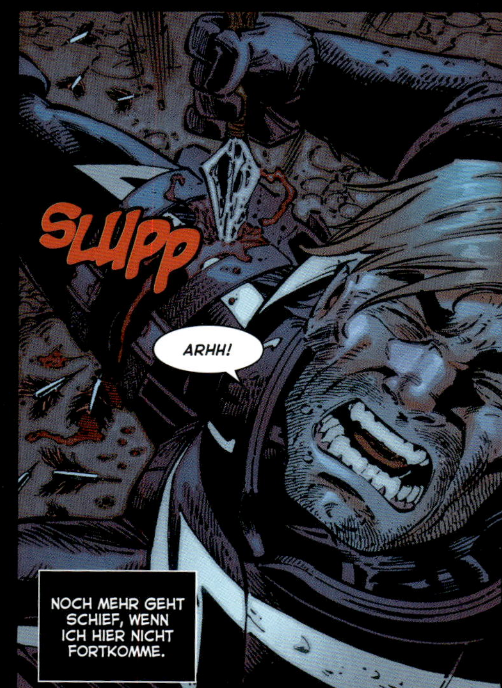
SLUPP
ARHH!
NOCH MEHR GEHT SCHIEF, WENN ICH HIER NICHT FORTKOMME.

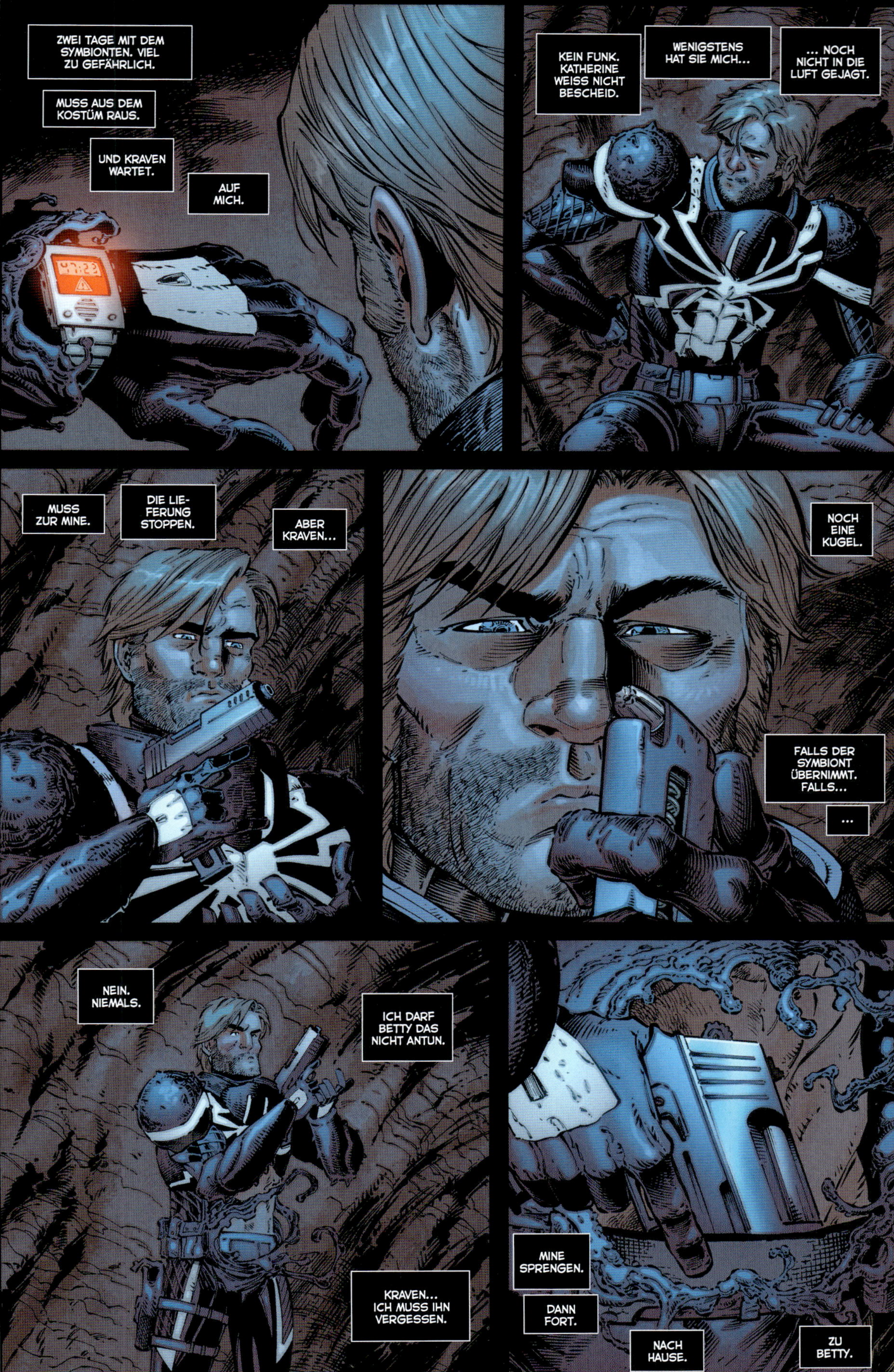
ZWEI TAGE MIT DEM SYMBIONTEN. VIEL ZU GEFÄHRLICH.
MUSS AUS DEM KOSTÜM RAUS.
UND KRAVEN WARTET.
AUF MICH.
KEIN FUNK. KATHERINE WEISS NICHT BESCHEID.
WENIGSTENS HAT SIE MICH...
... NOCH NICHT IN DIE LUFT GEJAGT.
MUSS ZUR MINE.
DIE LIE-FERUNG STOPPEN.
ABER KRAVEN...
NOCH EINE KUGEL.
FALLS DER SYMBIONT ÜBERNIMMT. FALLS...
...
NEIN. NIEMALS.
ICH DARF BETTY DAS NICHT ANTUN.
KRAVEN... ICH MUSS IHN VERGESSEN.
MINE SPRENGEN.
DANN FORT.
NACH HAUSE.
ZU BETTY.

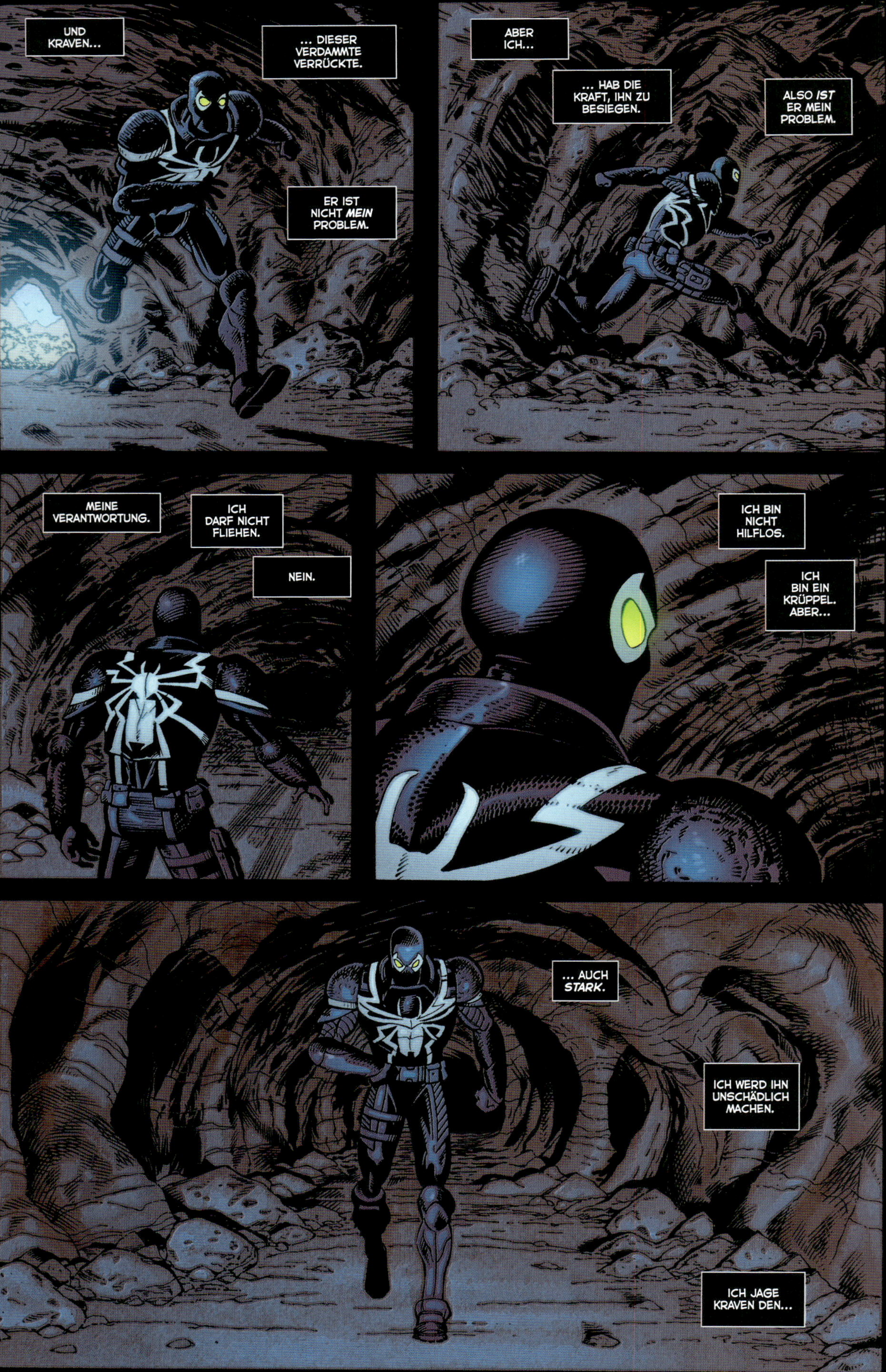

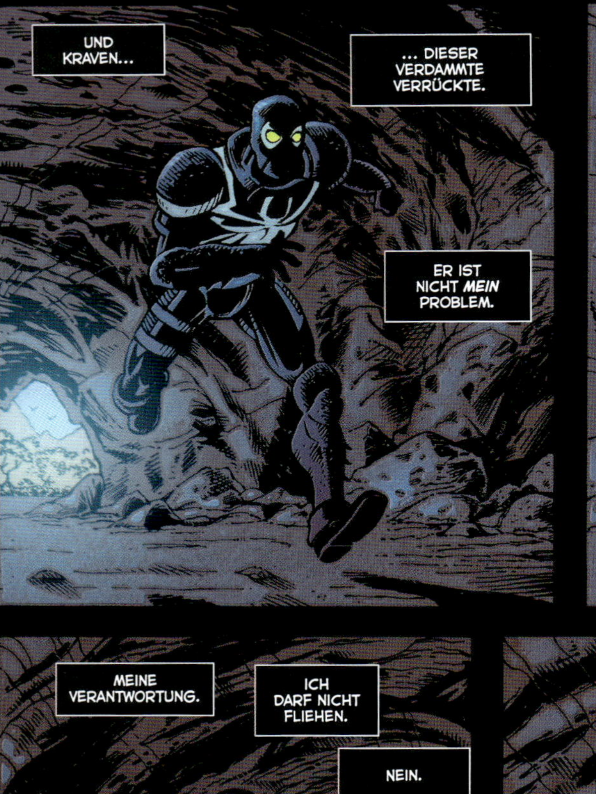

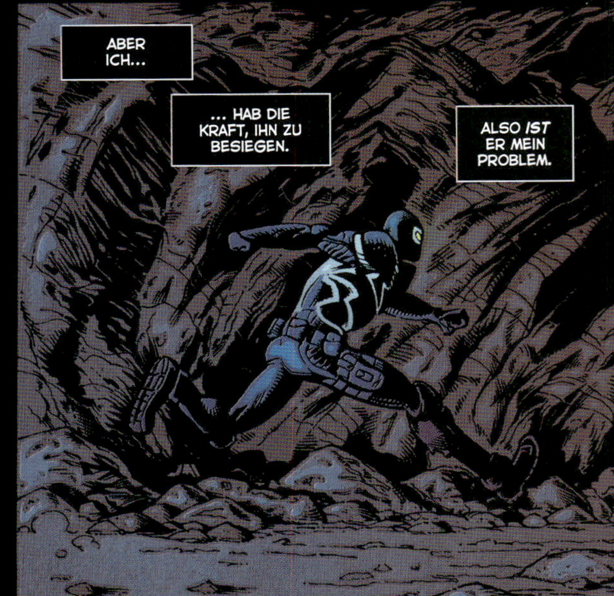

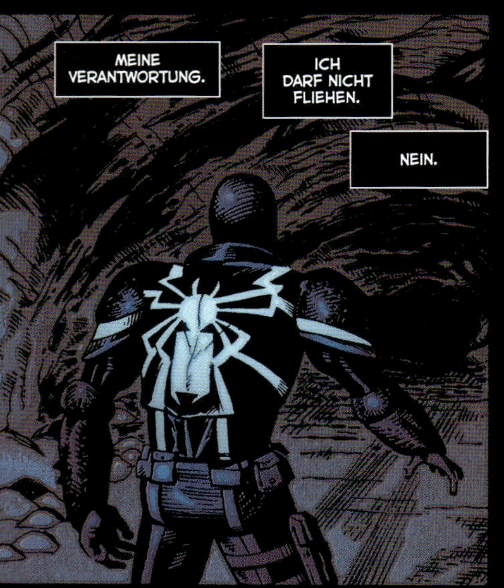

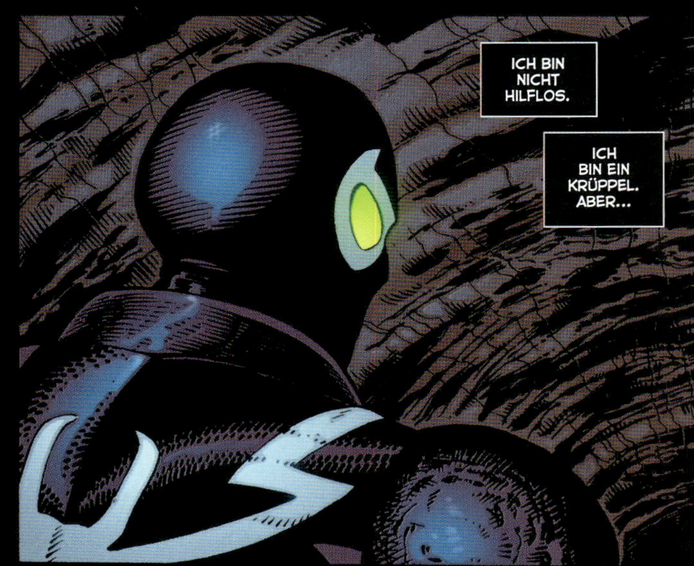

... AUCH *STARK.*
ICH WERD IHN UNSCHÄDLICH MACHEN.
ICH JAGE KRAVEN DEN...

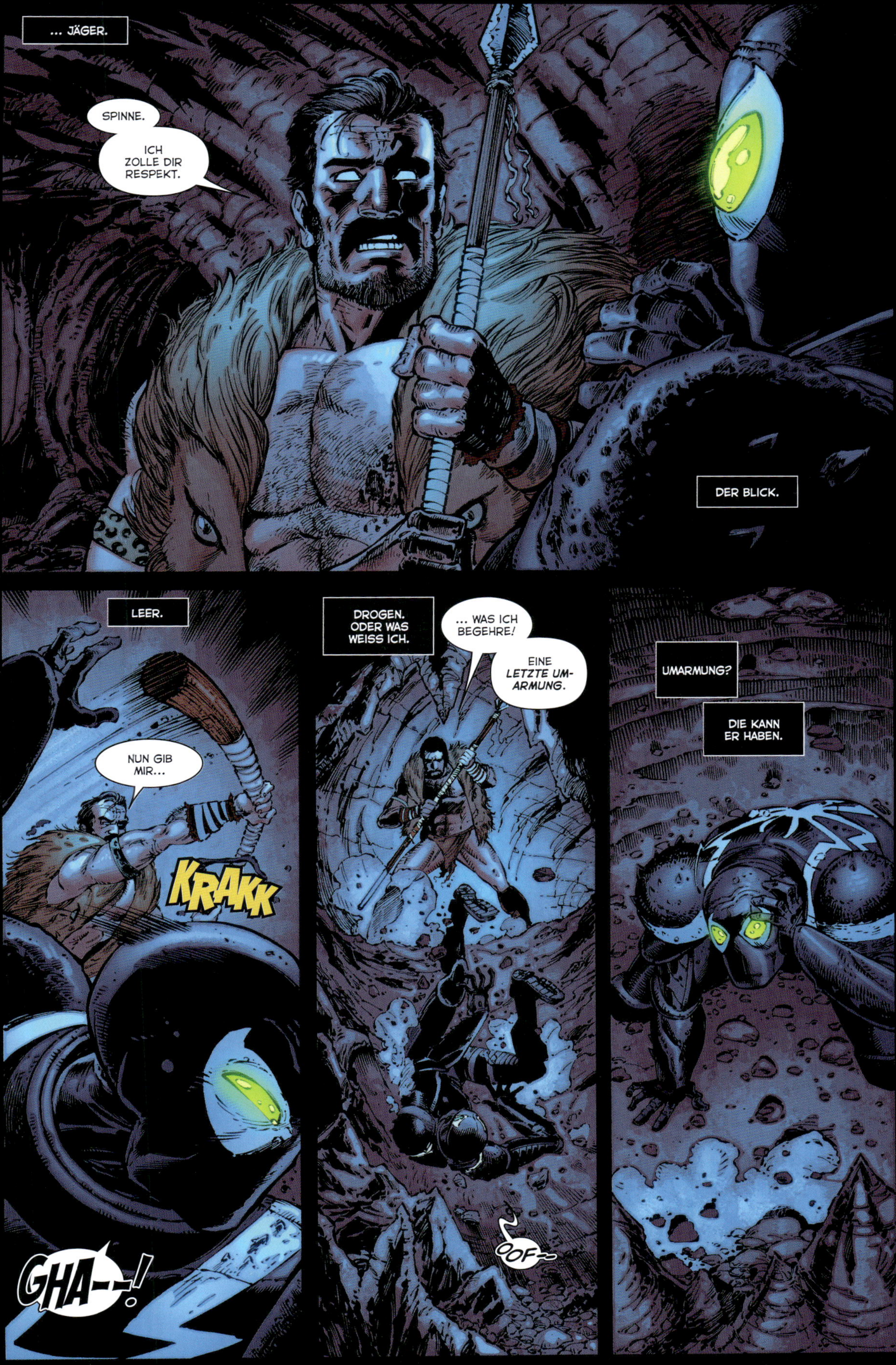

... JÄGER.

SPINNE.

ICH ZOLLE DIR RESPEKT.

DER BLICK.

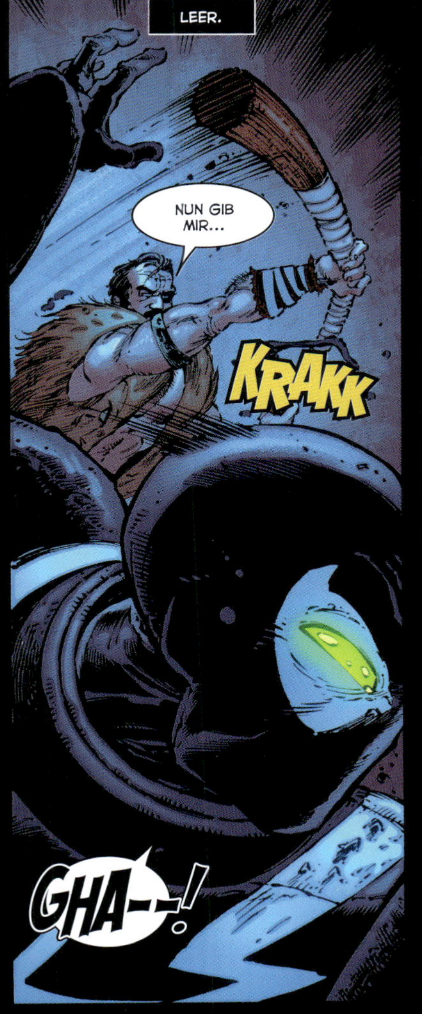

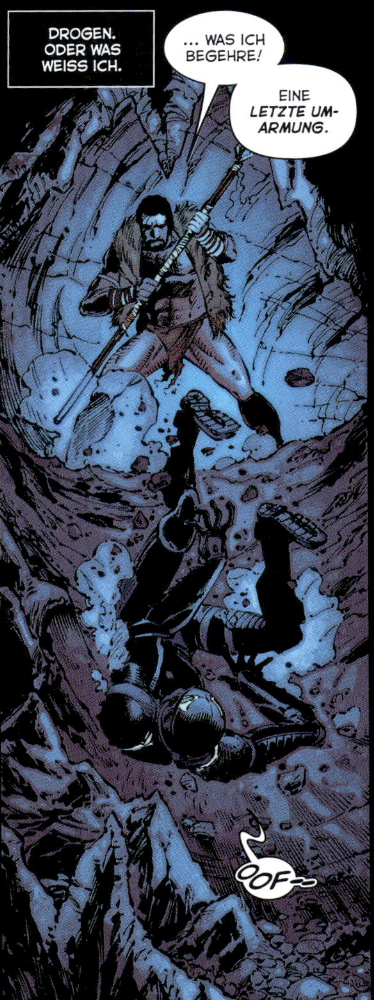

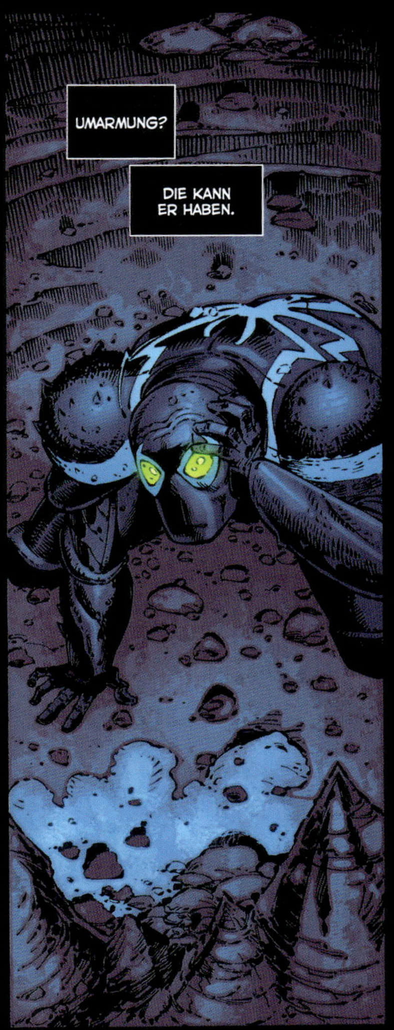

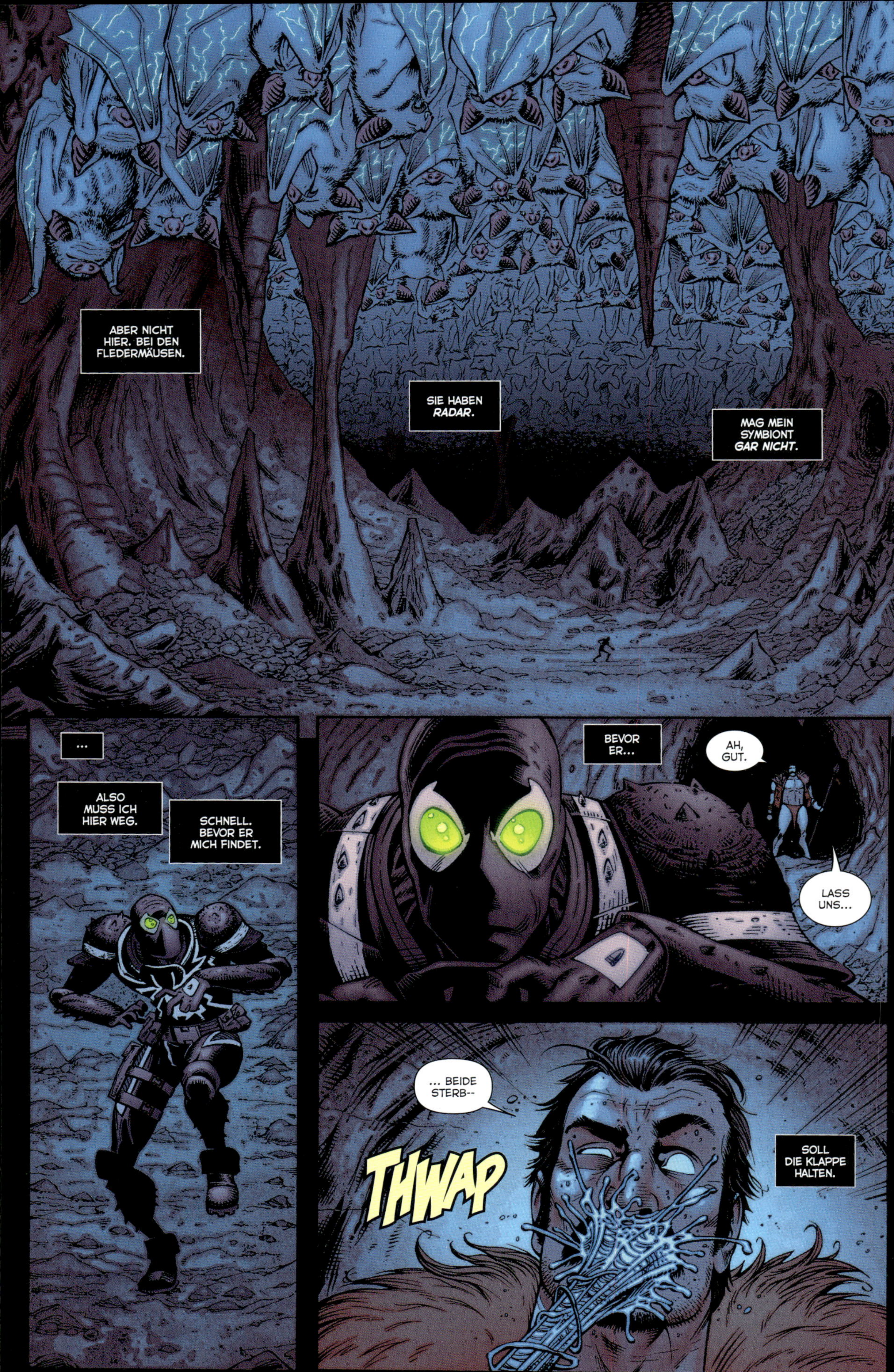
ABER NICHT HIER. BEI DEN FLEDERMÄUSEN.
SIE HABEN *RADAR*.
MAG MEIN SYMBIONT *GAR NICHT*.
...
ALSO MUSS ICH HIER WEG.
SCHNELL. BEVOR ER MICH FINDET.
BEVOR ER...
AH, GUT.
LASS UNS...
... BEIDE STERB--
THWAP
SOLL DIE KLAPPE HALTEN.

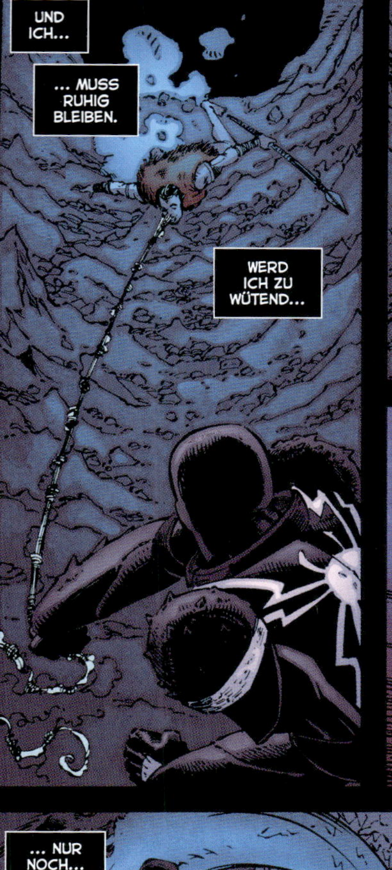
UND ICH...
... MUSS RUHIG BLEIBEN.
WERD ICH ZU WÜTEND...

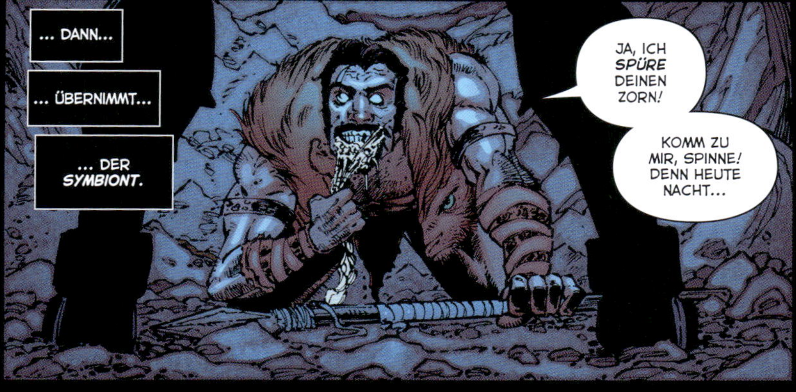
... DANN...
... ÜBERNIMMT...
... DER SYMBIONT.
JA, ICH SPÜRE DEINEN ZORN!
KOMM ZU MIR, SPINNE! DENN HEUTE NACHT...

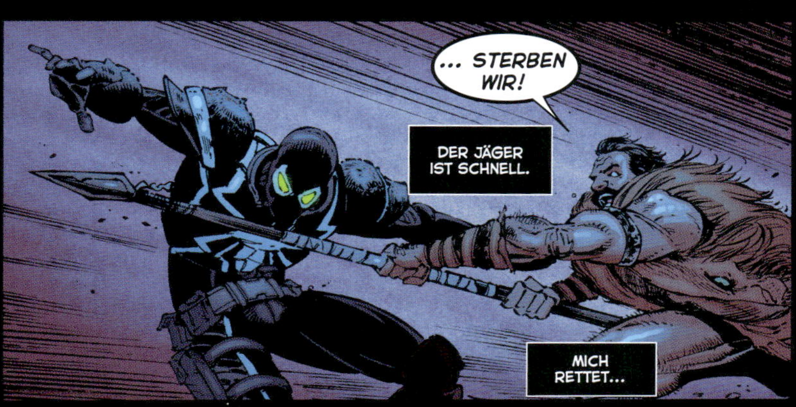
... STERBEN WIR!
DER JÄGER IST SCHNELL.
MICH RETTET...

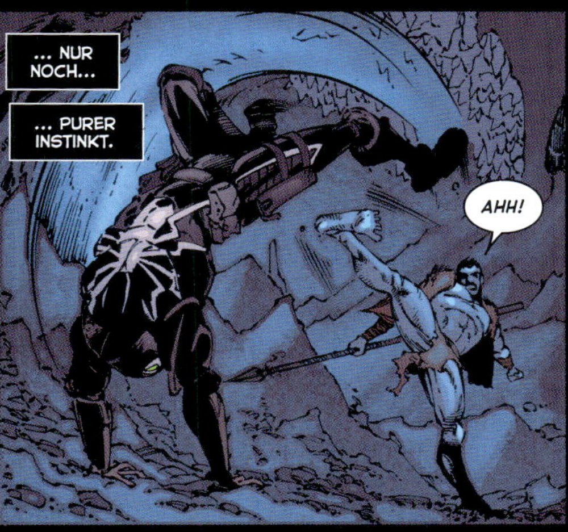
... NUR NOCH...
... PURER INSTINKT.
AHH!

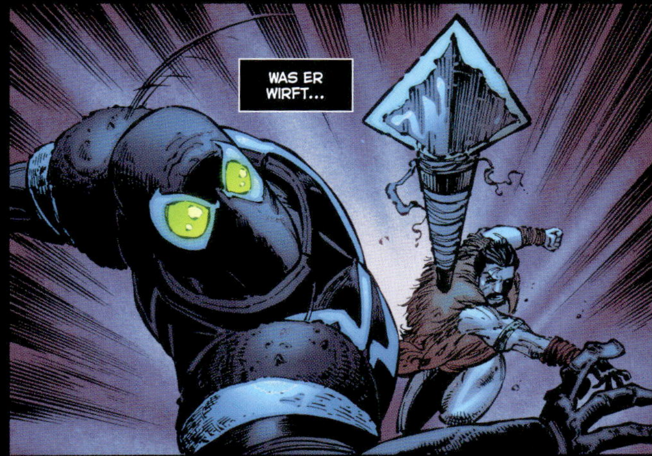
WAS ER WIRFT...

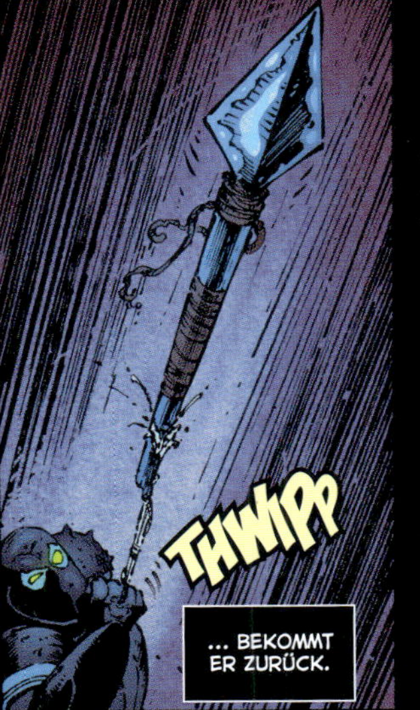
THWIPP
... BEKOMMT ER ZURÜCK.

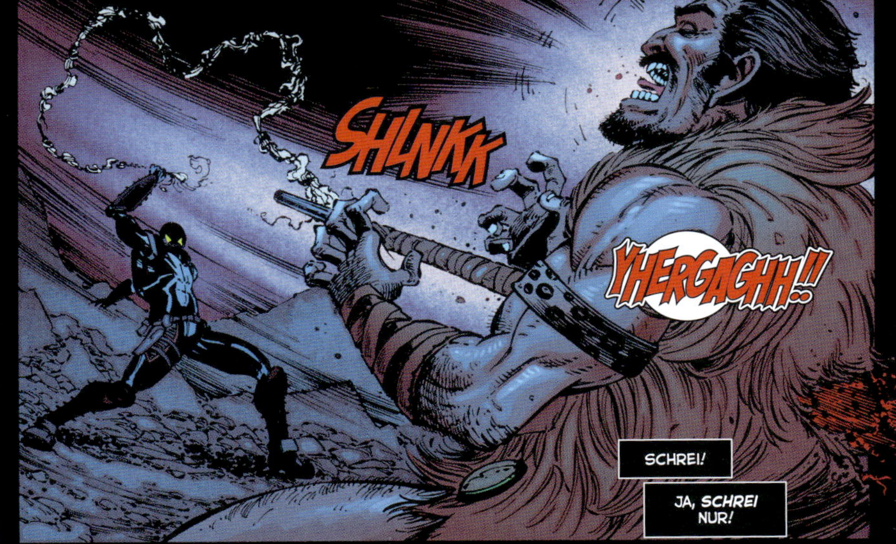
SHLNKK
YHERGAGHH!!
SCHREI!
JA, SCHREI NUR!

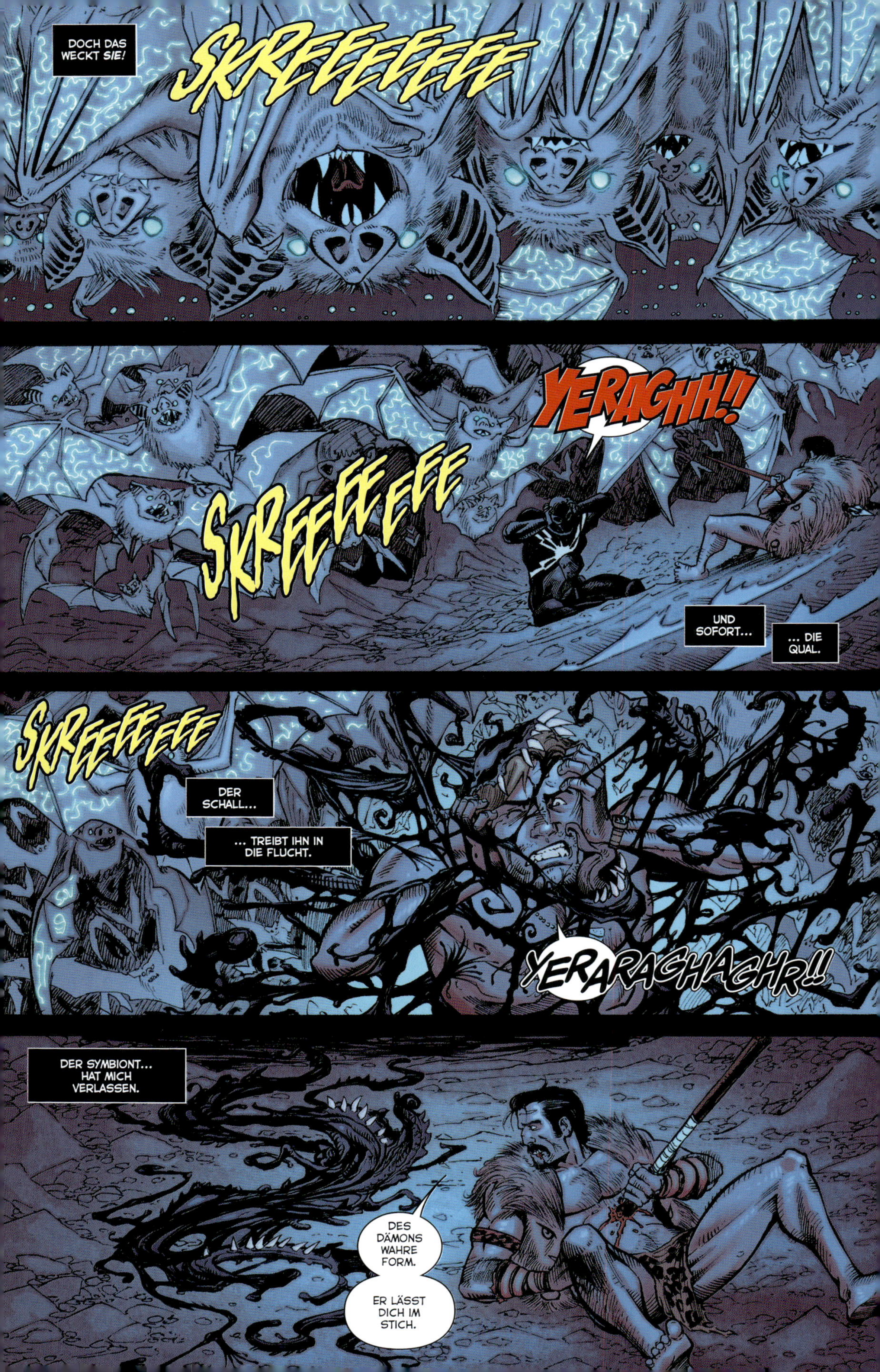
DOCH DAS WECKT *SIE!*
SKREEEEEEEE
YERAGHH!!
SKREEEEEEE
UND SOFORT...
... DIE QUAL.
SKREEEEEEE
DER SCHALL...
... TREIBT IHN IN DIE FLUCHT.
YERARAGHAGHR!!
DER SYMBIONT... HAT MICH VERLASSEN.
DES DÄMONS WAHRE FORM.
ER LÄSST DICH IM STICH.

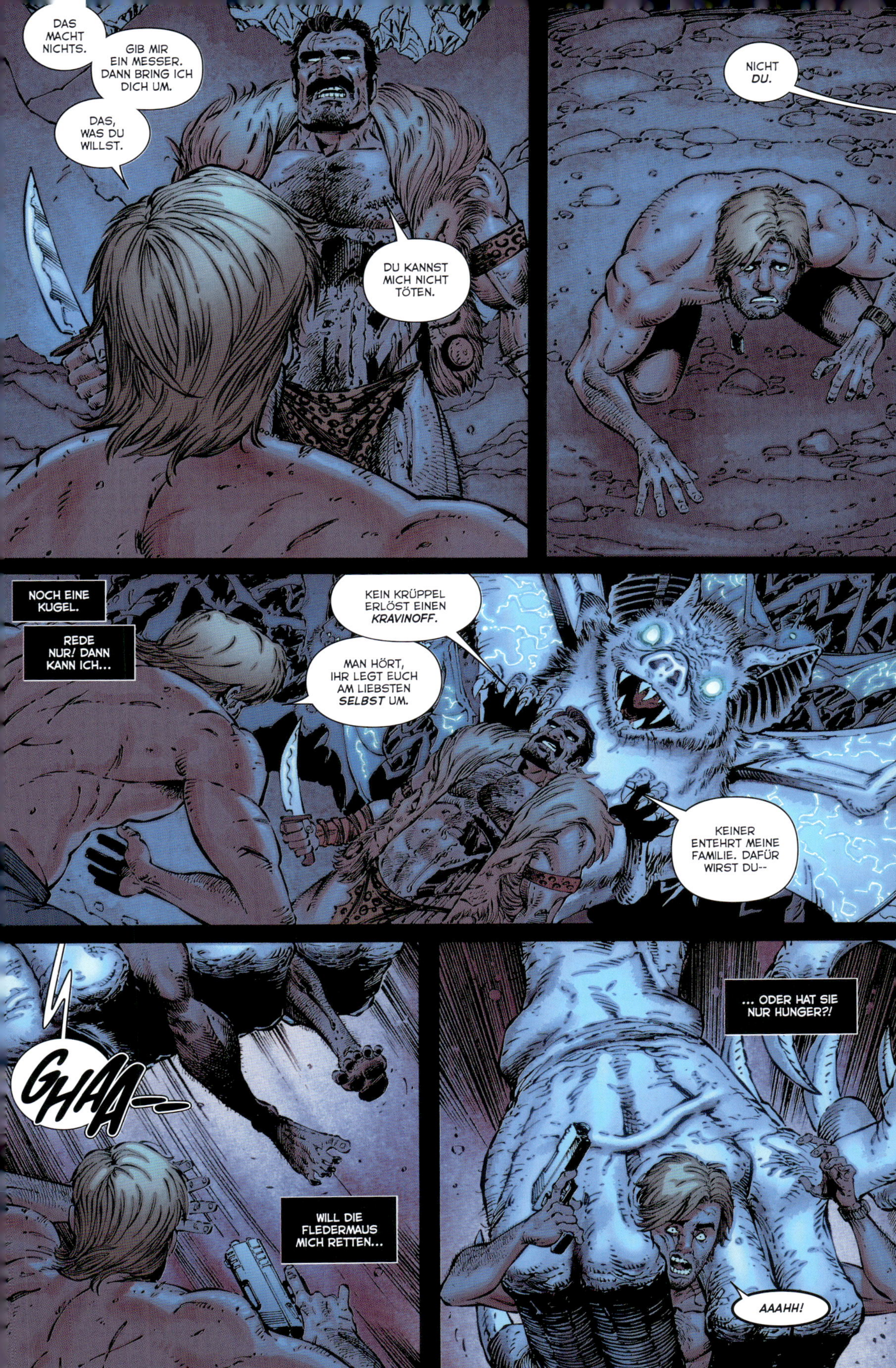
DAS MACHT NICHTS.
GIB MIR EIN MESSER. DANN BRING ICH DICH UM.
DAS, WAS DU WILLST.
DU KANNST MICH NICHT TÖTEN.
NICHT DU.
NOCH EINE KUGEL.
REDE NUR! DANN KANN ICH...
KEIN KRÜPPEL ERLÖST EINEN KRAVINOFF.
MAN HÖRT, IHR LEGT EUCH AM LIEBSTEN SELBST UM.
KEINER ENTEHRT MEINE FAMILIE. DAFÜR WIRST DU--
GHAA--
WILL DIE FLEDERMAUS MICH RETTEN...
... ODER HAT SIE NUR HUNGER?!
AAAHH!

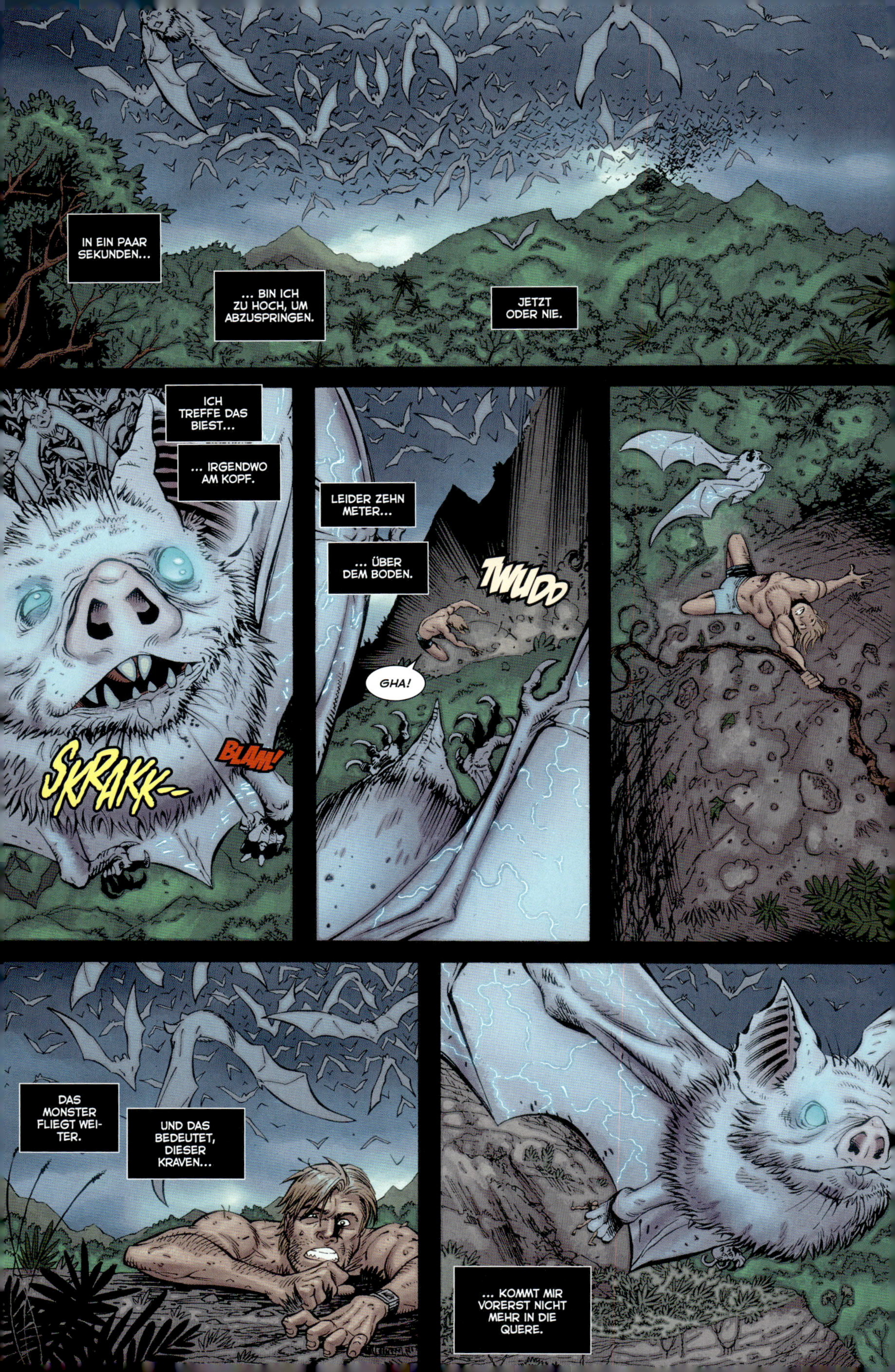

IN EIN PAAR SEKUNDEN...

... BIN ICH ZU HOCH, UM ABZUSPRINGEN.

JETZT ODER NIE.

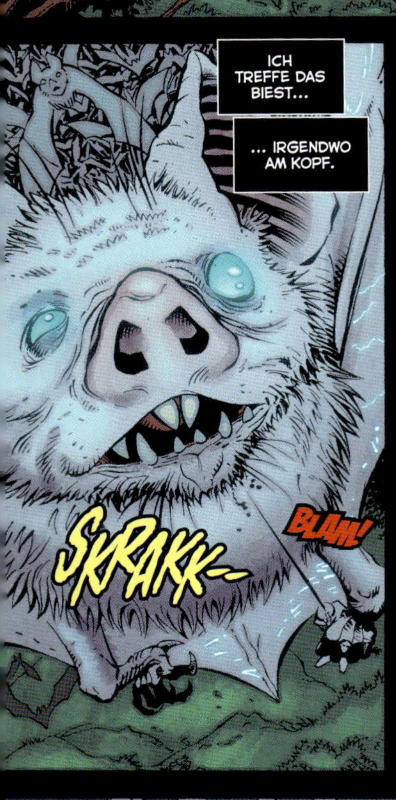

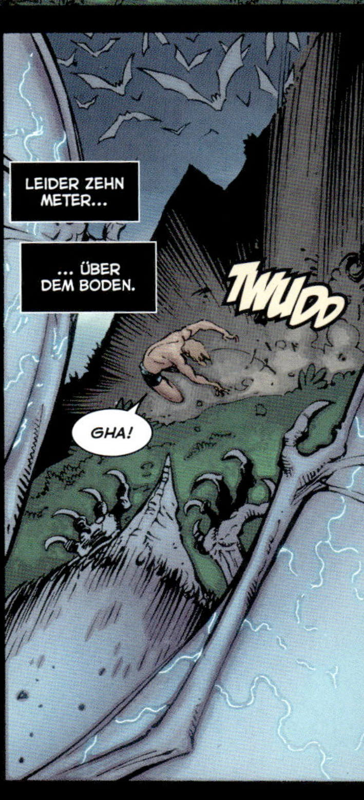

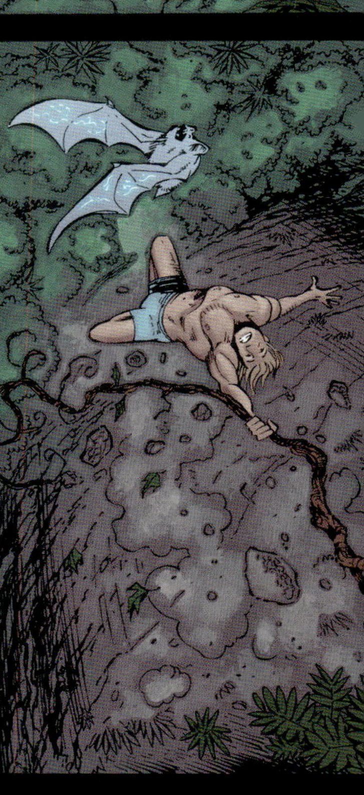

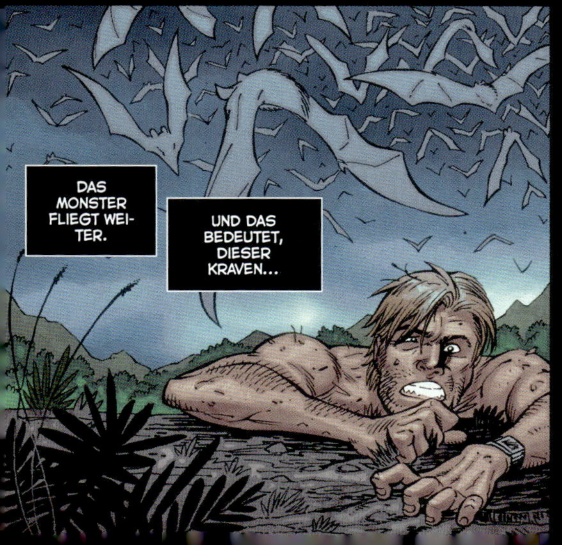

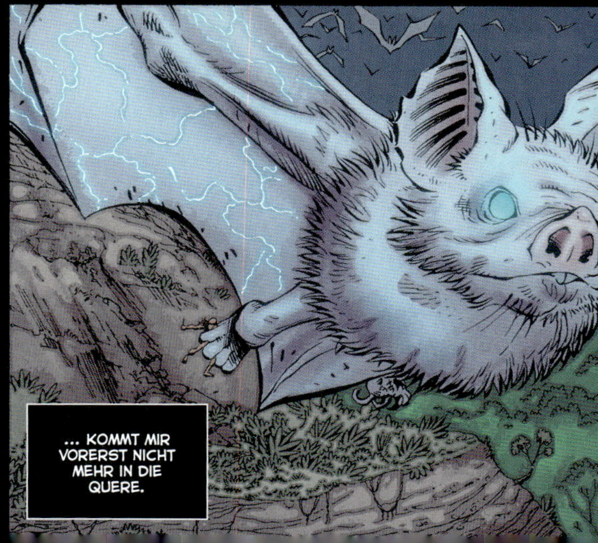

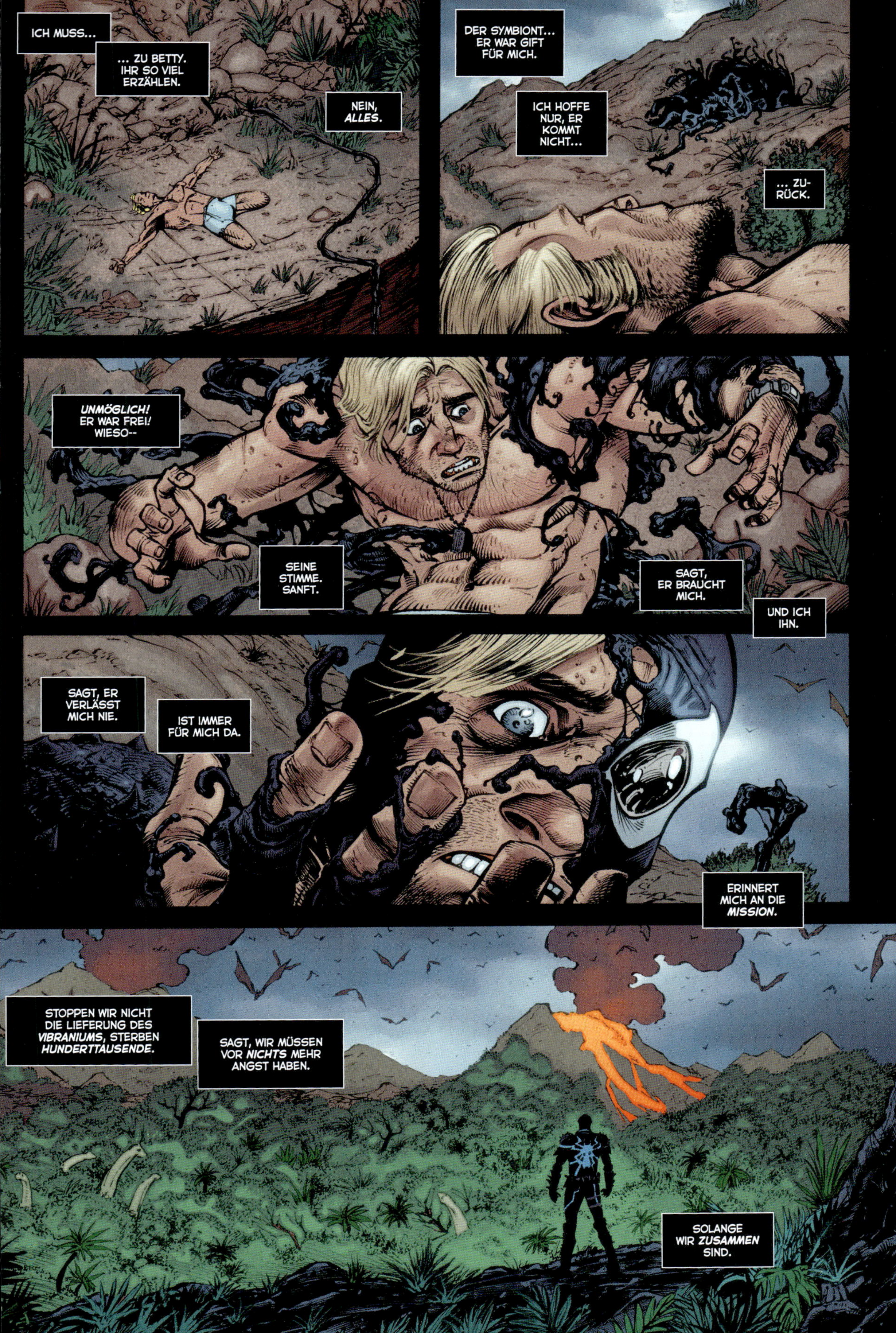
ICH MUSS...
... ZU BETTY. IHR SO VIEL ERZÄHLEN.
NEIN, *ALLES.*
DER SYMBIONT... ER WAR GIFT FÜR MICH.
ICH HOFFE NUR, ER KOMMT NICHT...
... ZU-RÜCK.
UNMÖGLICH! ER WAR FREI! WIESO--
SEINE STIMME. SANFT.
SAGT, ER BRAUCHT MICH.
UND ICH IHN.
SAGT, ER VERLÄSST MICH NIE.
IST IMMER FÜR MICH DA.
ERINNERT MICH AN DIE *MISSION.*
STOPPEN WIR NICHT DIE LIEFERUNG DES *VIBRANIUMS*, STERBEN *HUNDERTTAUSENDE.*
SAGT, WIR MÜSSEN VOR *NICHTS* MEHR ANGST HABEN.
SOLANGE WIR *ZUSAMMEN* SIND.

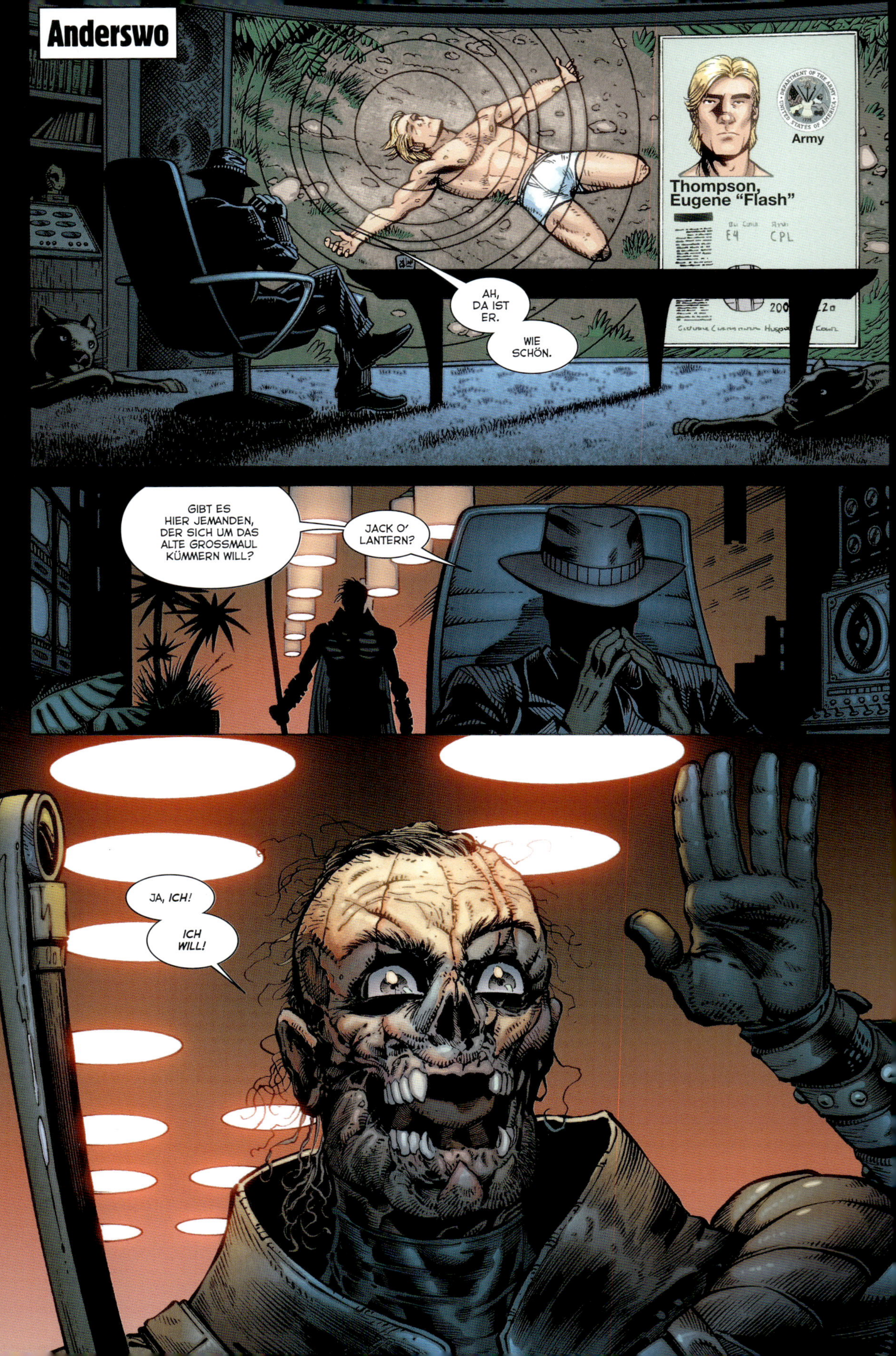
Anderswo
Army
Thompson, Eugene "Flash"
AH, DA IST ER.
WIE SCHÖN.
GIBT ES HIER JEMANDEN, DER SICH UM DAS ALTE GROSSMAUL KÜMMERN WILL?
JACK O' LANTERN?
JA, ICH!
ICH WILL!

NETZ DES TODES

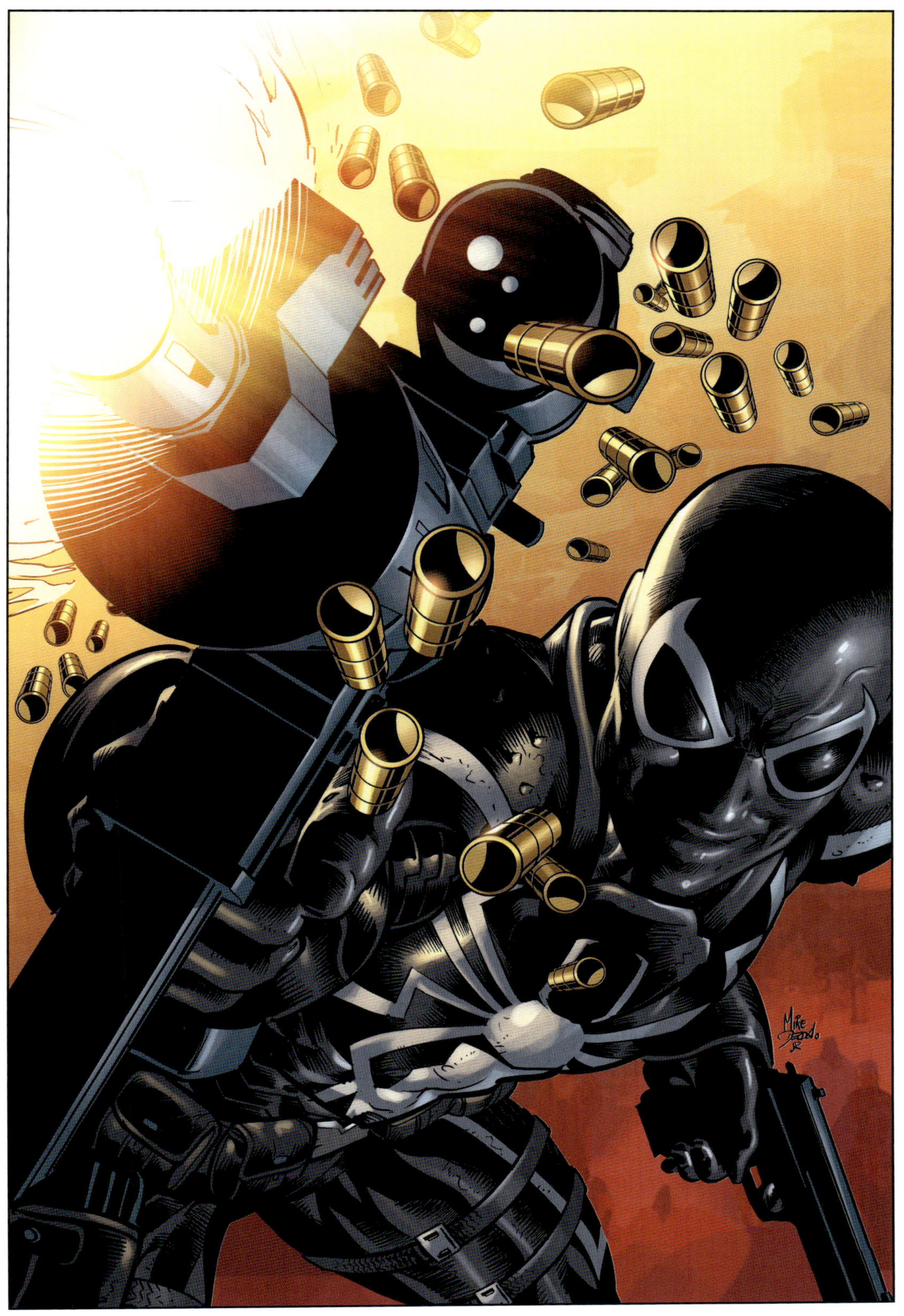

Venom (2011) 3
Cover von **MIKE DEODATO JR.**

WISSEN SIE, WAS MAN ÜBER SIE SAGT, BETTY?
W-WER IST DA?
WENN SIE NICHT DA SIND.
WAS MAN HINTER IHREM RÜCKEN SO SAGT.

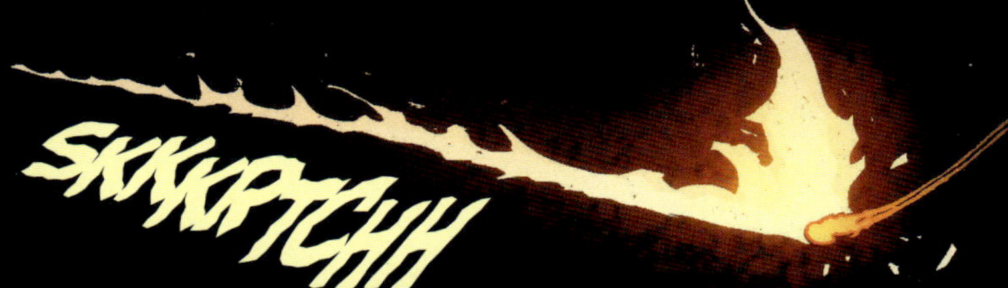
SKKKPTCHH
W-WAS... WAS WOLLEN SIE?

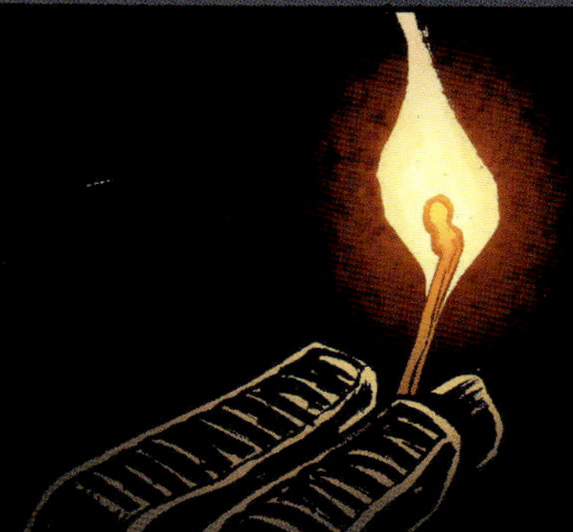
WENN IHRE "FREUNDE" DENKEN, SIE SEIEN UNGESTÖRT.

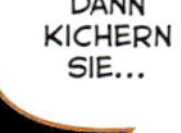
DANN KICHERN SIE...
... UND STELLEN SICH DIE EINE FRAGE...

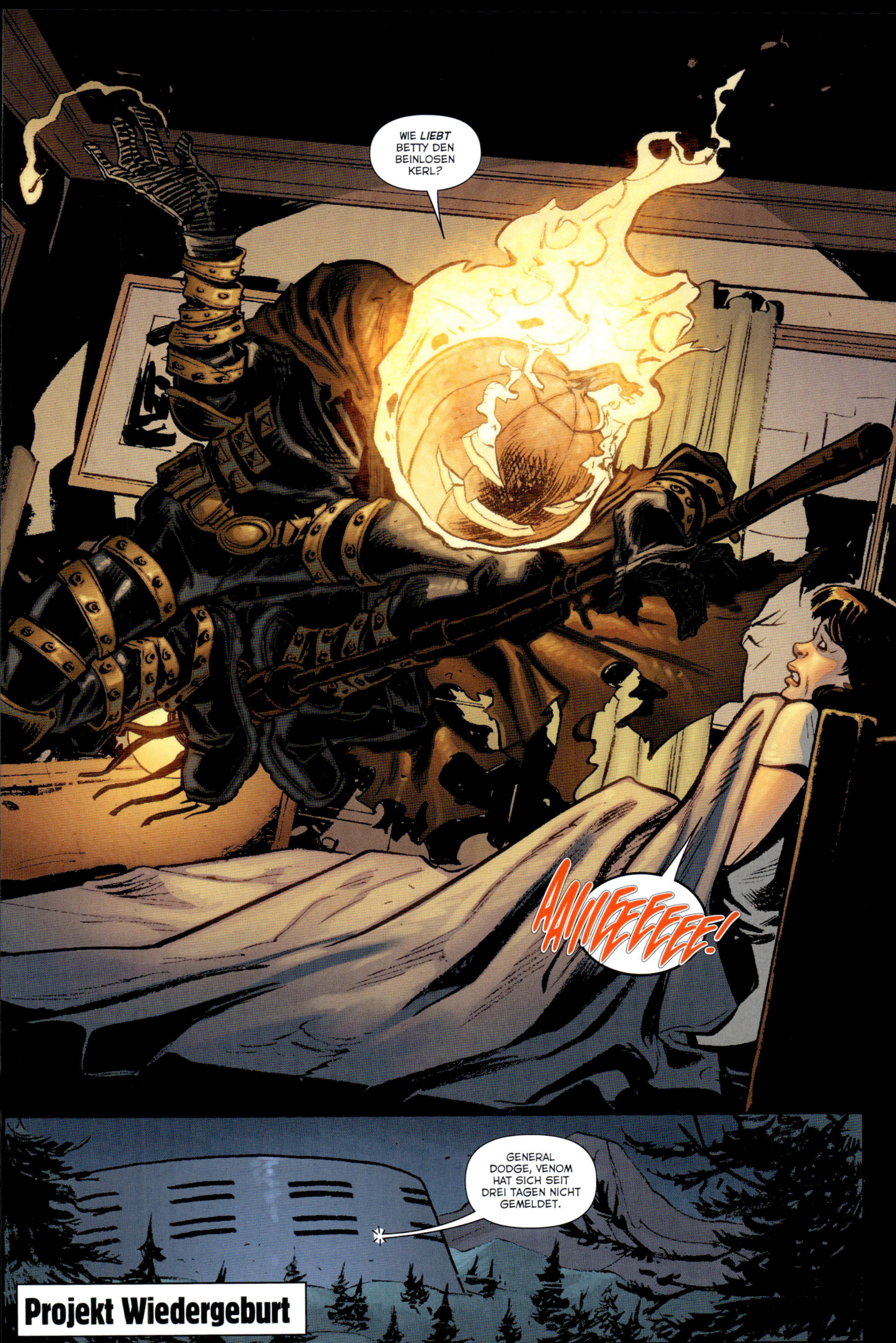
WIE *LIEBT* BETTY DEN BEINLOSEN KERL?
AAIIIEEEEEE!
GENERAL DODGE, VENOM HAT SICH SEIT DREI TAGEN NICHT GEMELDET.
Projekt Wiedergeburt

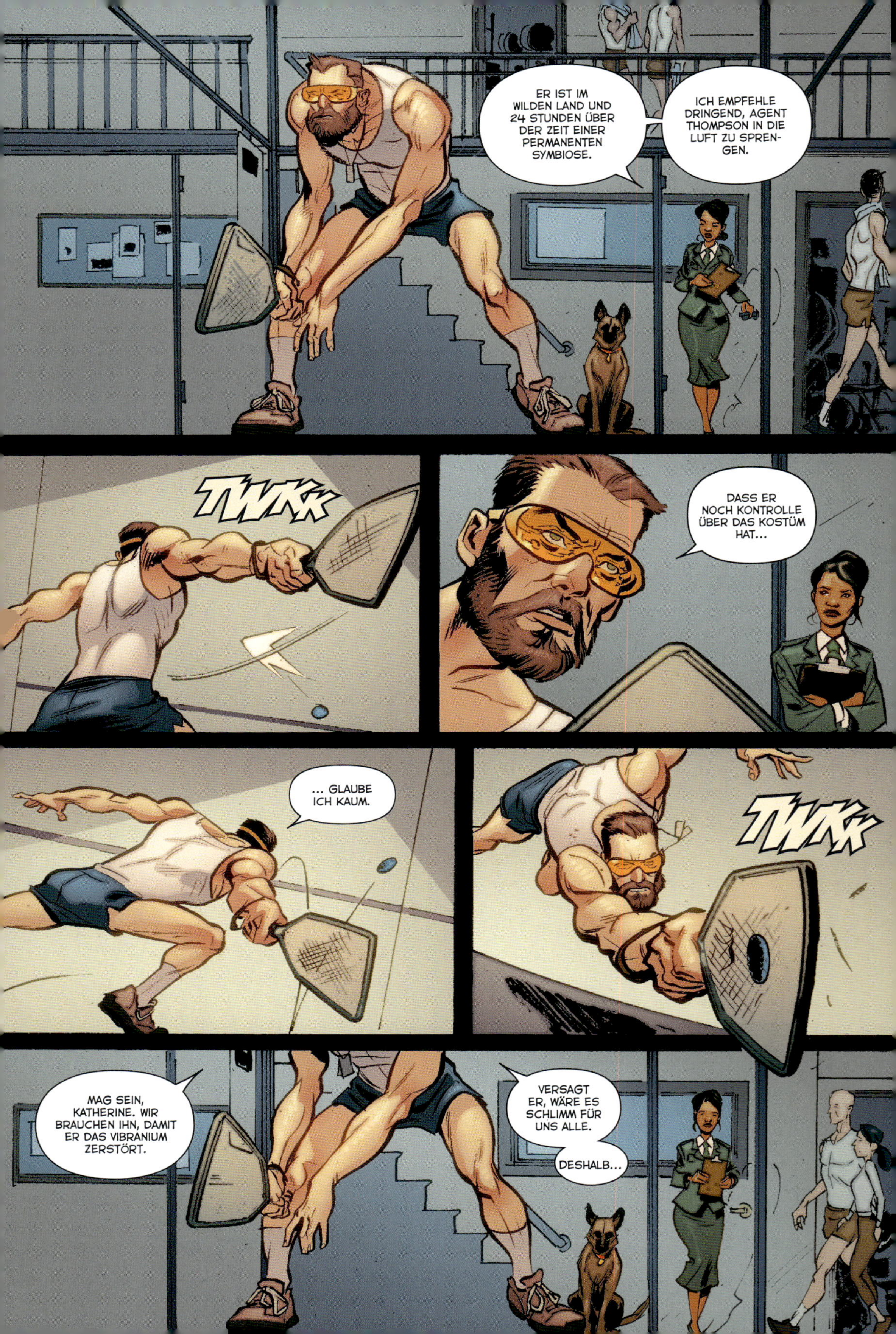
ER IST IM WILDEN LAND UND 24 STUNDEN ÜBER DER ZEIT EINER PERMANENTEN SYMBIOSE.
ICH EMPFEHLE DRINGEND, AGENT THOMPSON IN DIE LUFT ZU SPRENGEN.
TWKK
DASS ER NOCH KONTROLLE ÜBER DAS KOSTÜM HAT...
... GLAUBE ICH KAUM.
TWKK
MAG SEIN, KATHERINE. WIR BRAUCHEN IHN, DAMIT ER DAS VIBRANIUM ZERSTÖRT.
VERSAGT ER, WÄRE ES SCHLIMM FÜR UNS ALLE.
DESHALB...

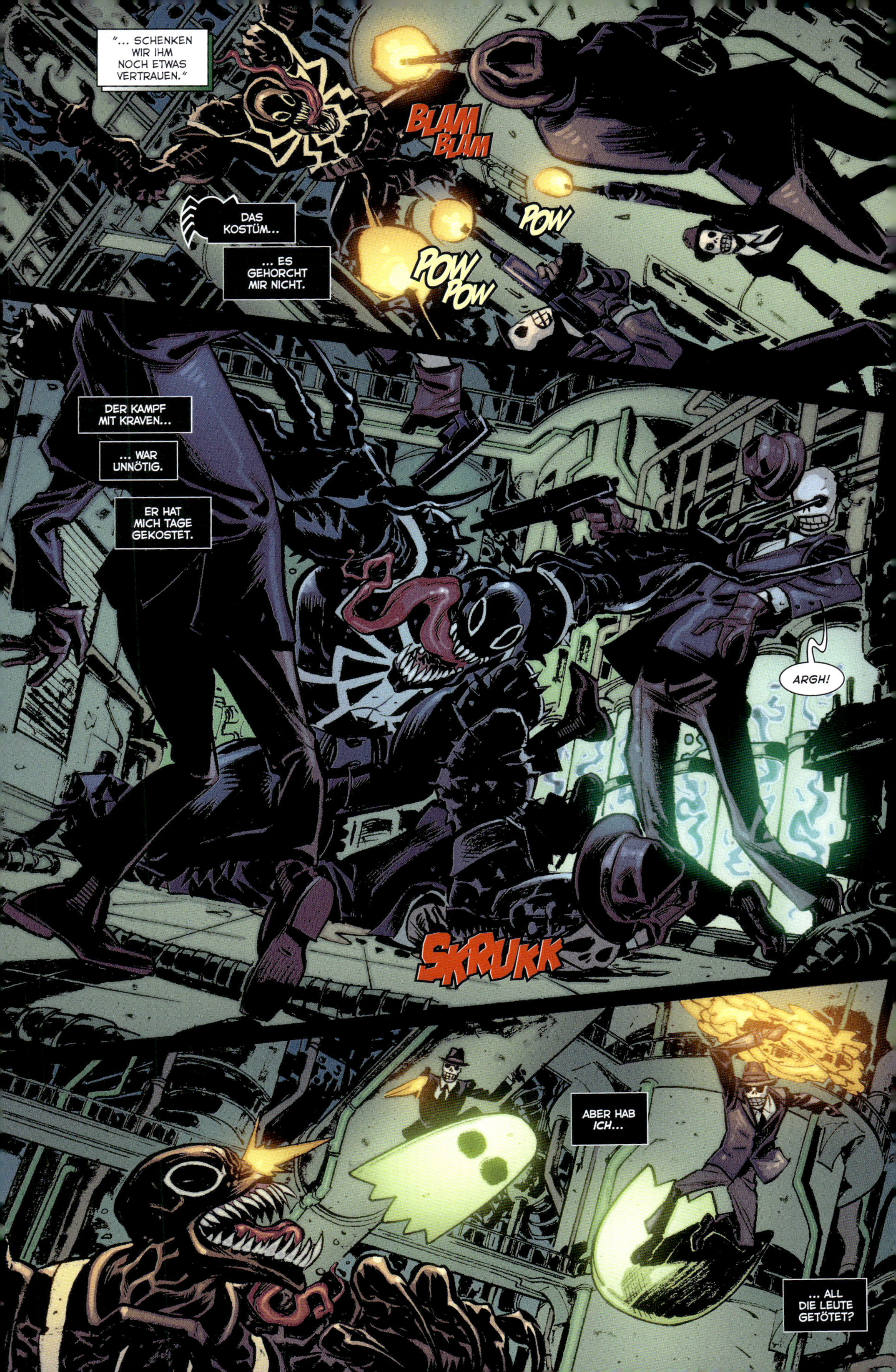
"... SCHENKEN WIR IHM NOCH ETWAS VERTRAUEN."
BLAM BLAM
DAS KOSTÜM...
... ES GEHORCHT MIR NICHT.
POW
POW POW
DER KAMPF MIT KRAVEN...
... WAR UNNÖTIG.
ER HAT MICH TAGE GEKOSTET.
ARGH!
SKRUKK
ABER HAB ICH...
... ALL DIE LEUTE GETÖTET?

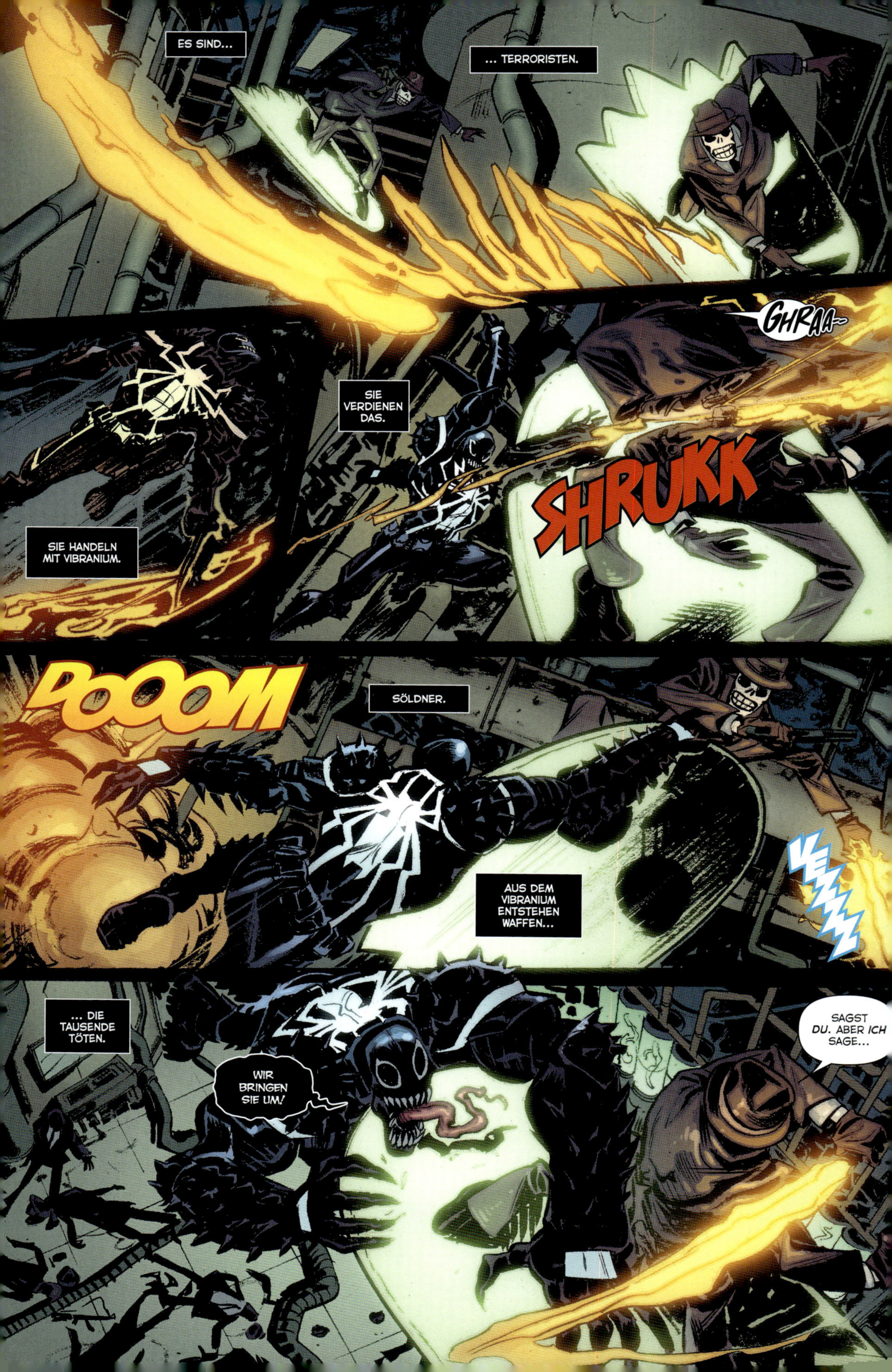
ES SIND...
... TERRORISTEN.
GHRAA~
SIE VERDIENEN DAS.
SIE HANDELN MIT VIBRANIUM.
SHRUKK
DOOOM
SÖLDNER.
AUS DEM VIBRANIUM ENTSTEHEN WAFFEN...
... DIE TAUSENDE TÖTEN.
WIR BRINGEN SIE UM!
SAGST *DU*. ABER *ICH* SAGE...

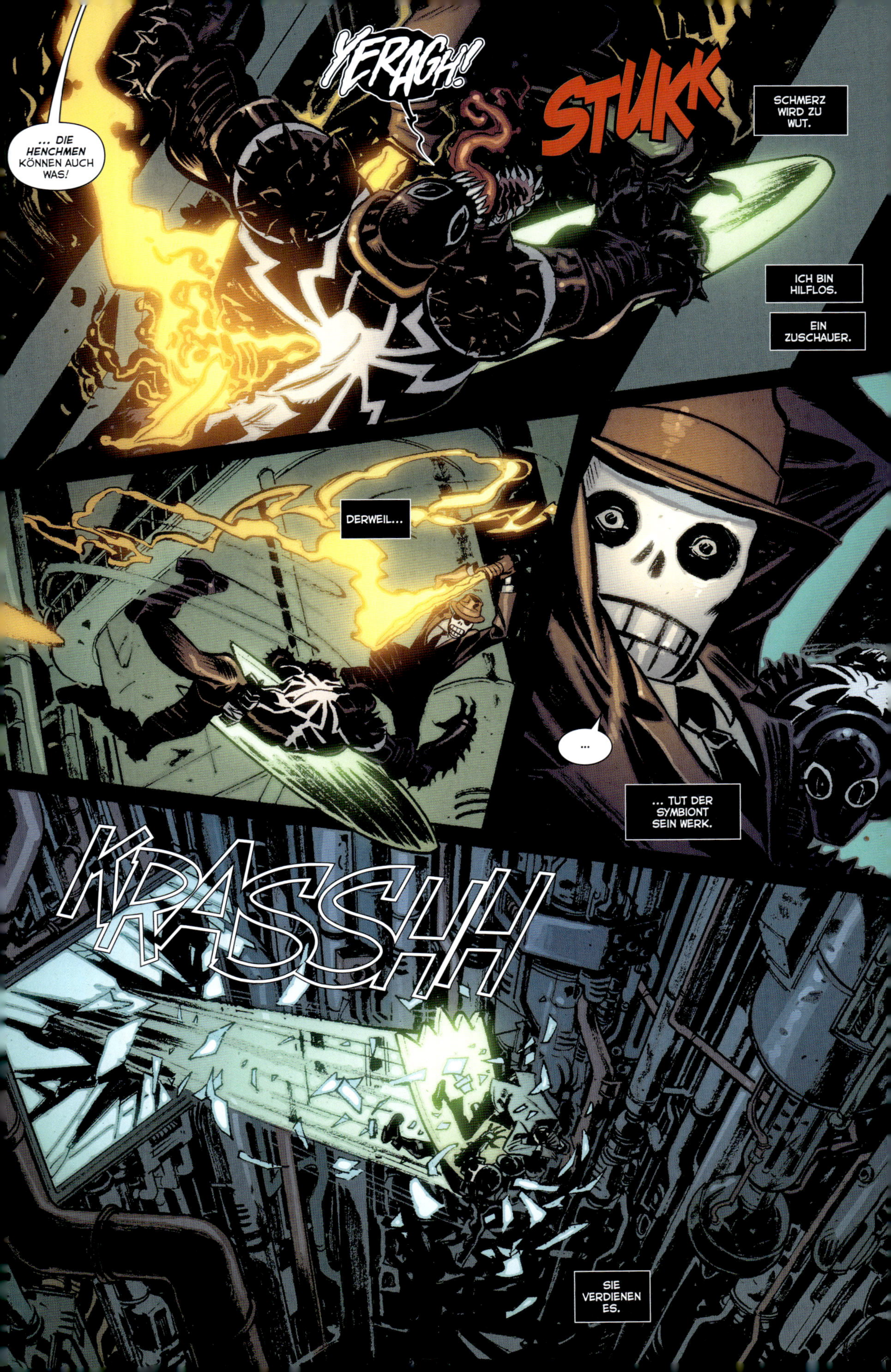
... DIE HENCHMEN KÖNNEN AUCH WAS!
YERAGH!
STUKK
SCHMERZ WIRD ZU WUT.
ICH BIN HILFLOS.
EIN ZUSCHAUER.
DERWEIL...
...
... TUT DER SYMBIONT SEIN WERK.
KRASHH
SIE VERDIENEN ES.

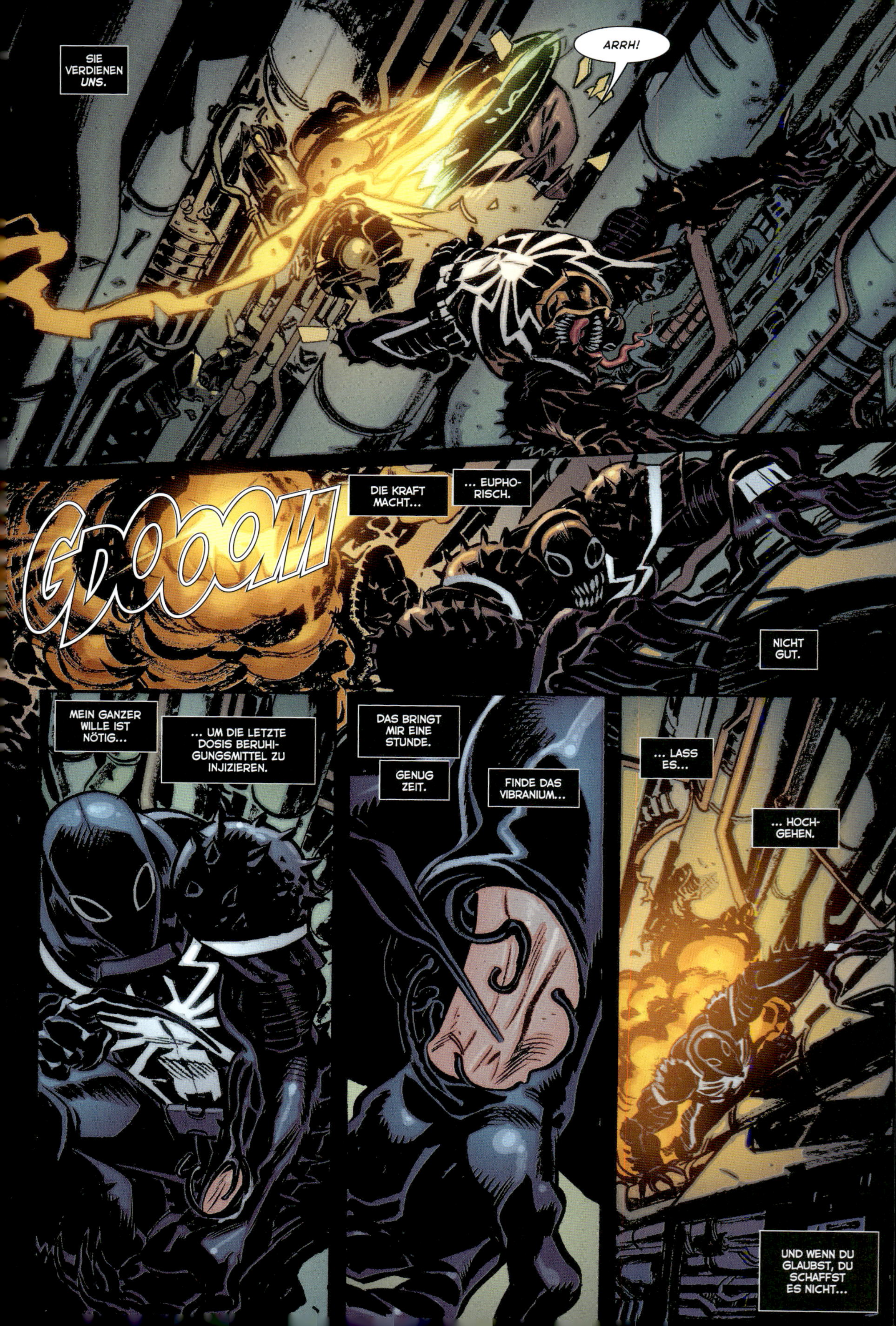
SIE VERDIENEN *UNS.*
ARRH!
GDOOOM
DIE KRAFT MACHT...
... EUPHORISCH.
NICHT GUT.
MEIN GANZER WILLE IST NÖTIG...
... UM DIE LETZTE DOSIS BERUHIGUNGSMITTEL ZU INJIZIEREN.
DAS BRINGT MIR EINE STUNDE.
GENUG ZEIT.
FINDE DAS VIBRANIUM...
... LASS ES...
... HOCHGEHEN.
UND WENN DU GLAUBST, DU SCHAFFST ES NICHT...

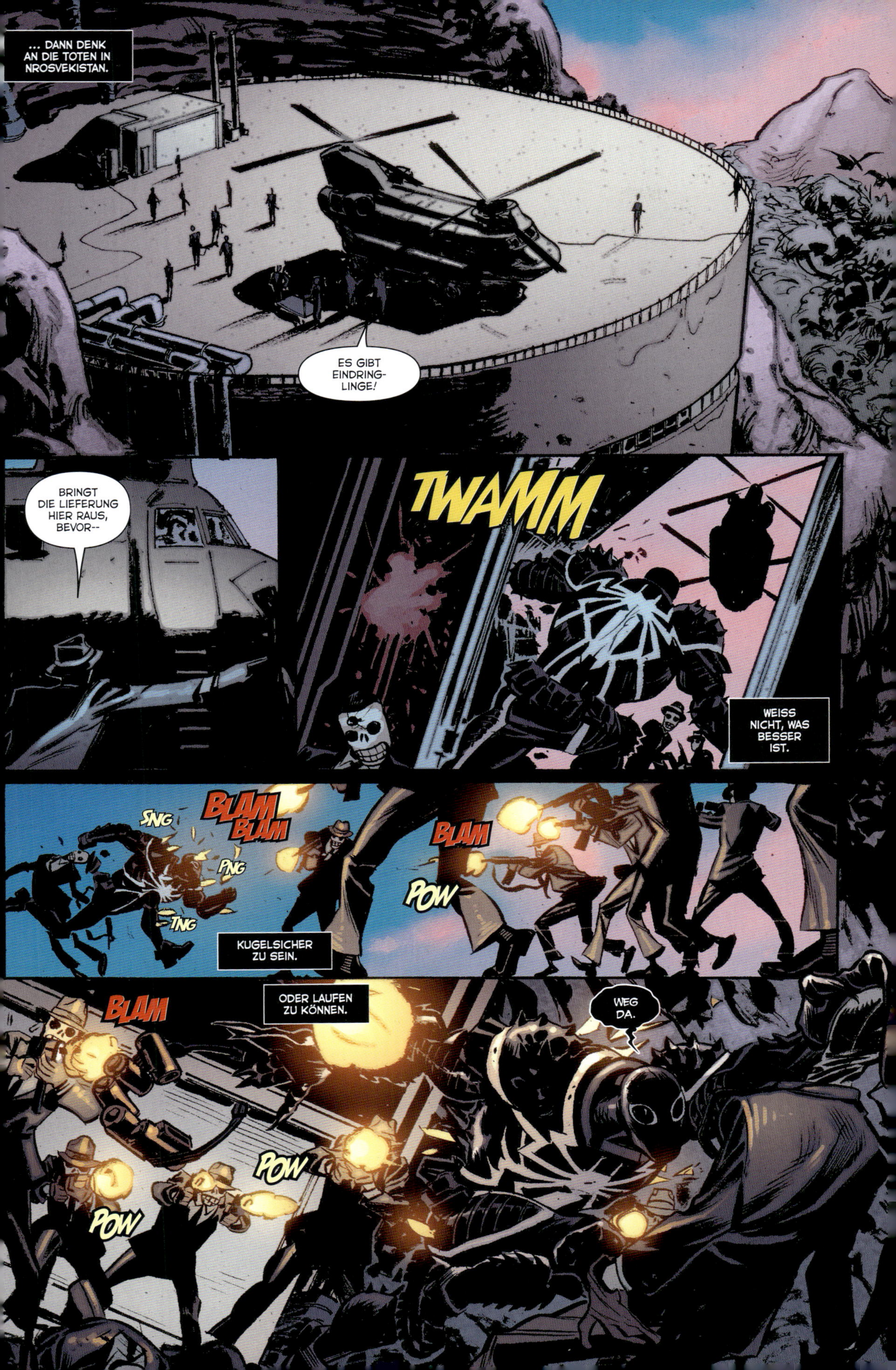
... DANN DENK AN DIE TOTEN IN NROSVEKISTAN.
ES GIBT EINDRING-LINGE!
BRINGT DIE LIEFERUNG HIER RAUS, BEVOR--
TWAMM
WEISS NICHT, WAS BESSER IST.
SNG
BLAM BLAM
PNG
TNG
BLAM
POW
KUGELSICHER ZU SEIN.
BLAM
ODER LAUFEN ZU KÖNNEN.
WEG DA.
POW
POW

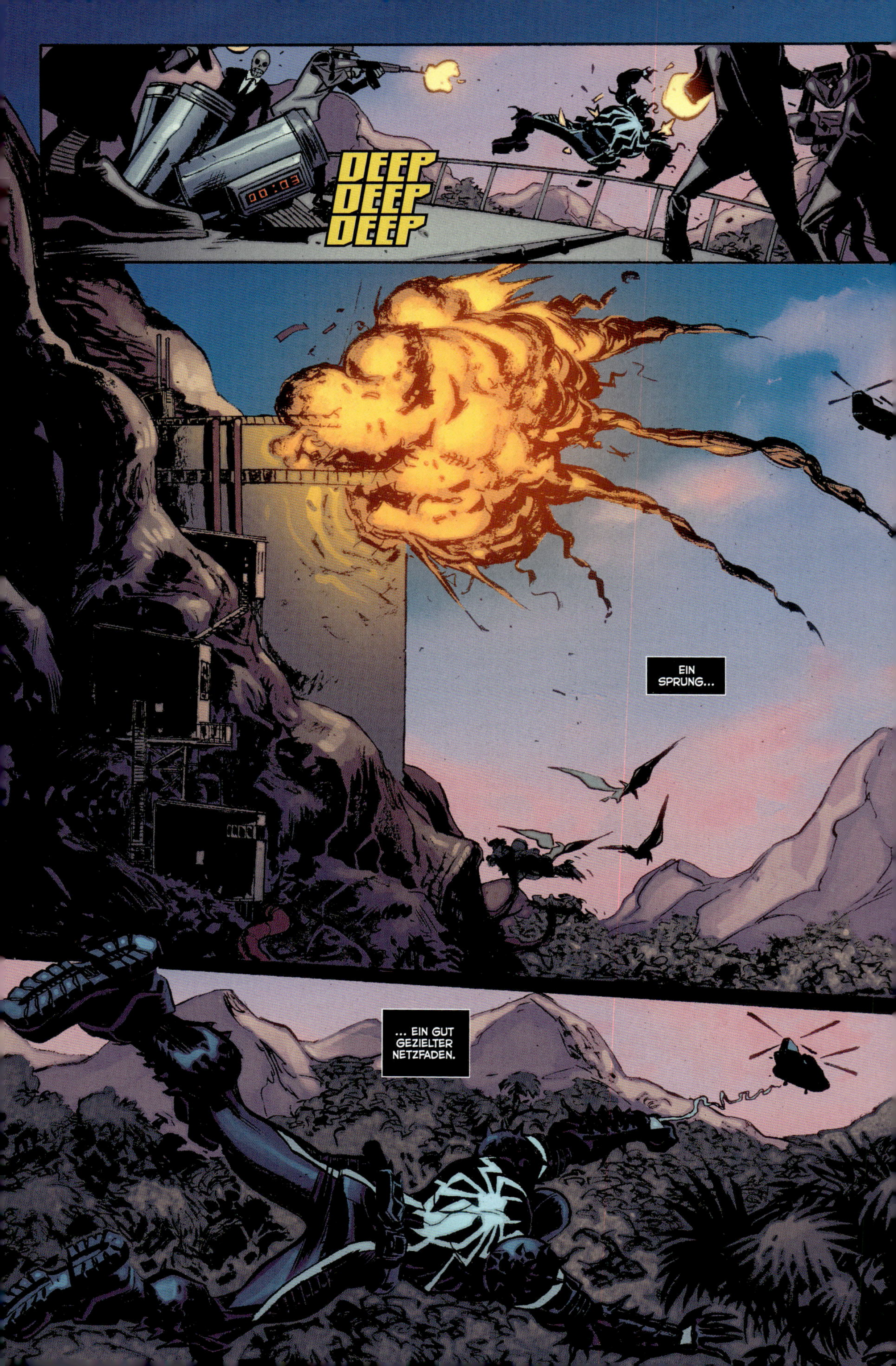
00:03
DEEP
DEEP
DEEP
EIN SPRUNG...
... EIN GUT GEZIELTER NETZFADEN.

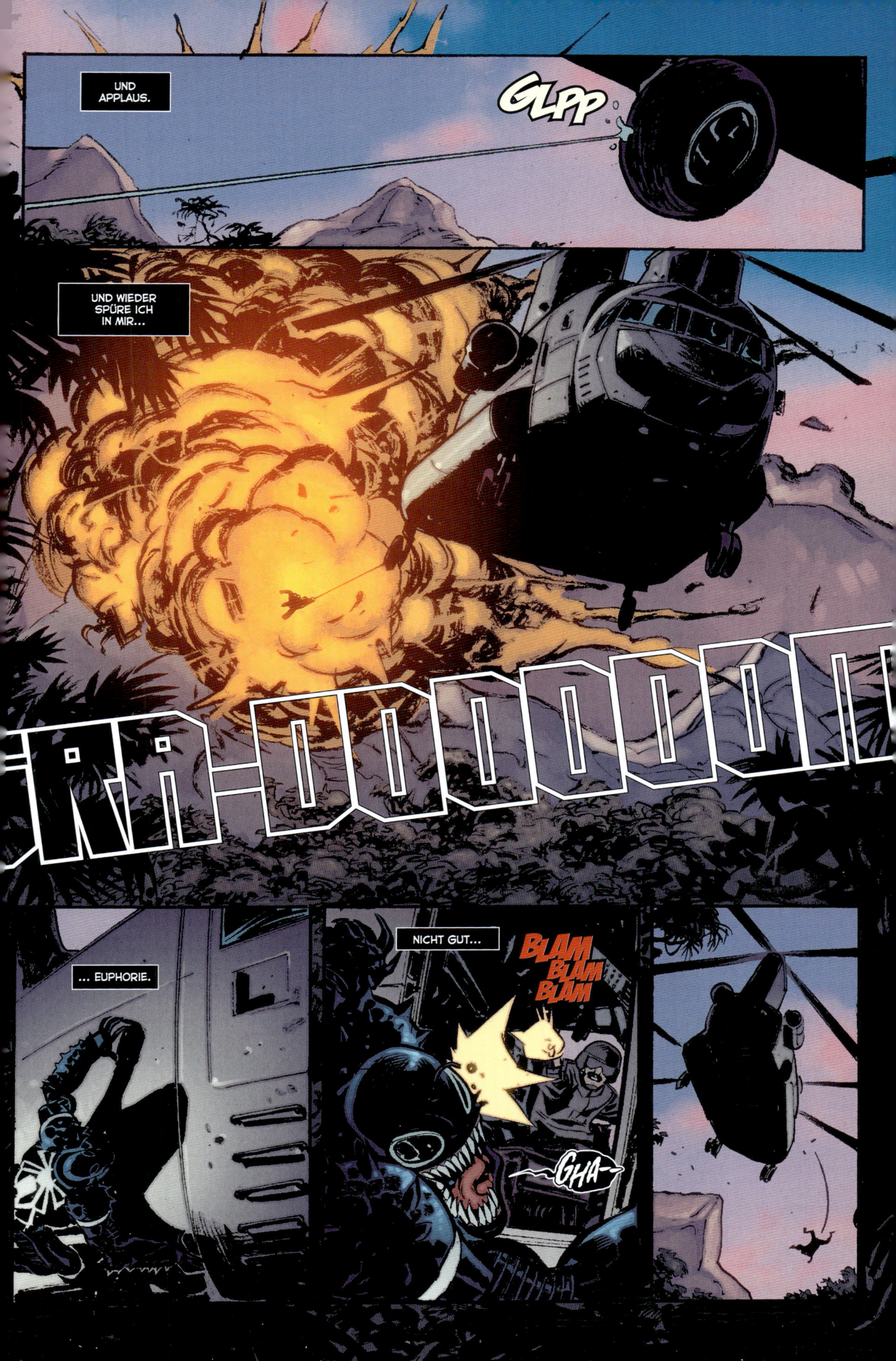
UND APPLAUS.
GLPP
UND WIEDER SPÜRE ICH IN MIR...
KRA-DOOOOOM
... EUPHORIE.
NICHT GUT...
BLAM BLAM BLAM
GHA-

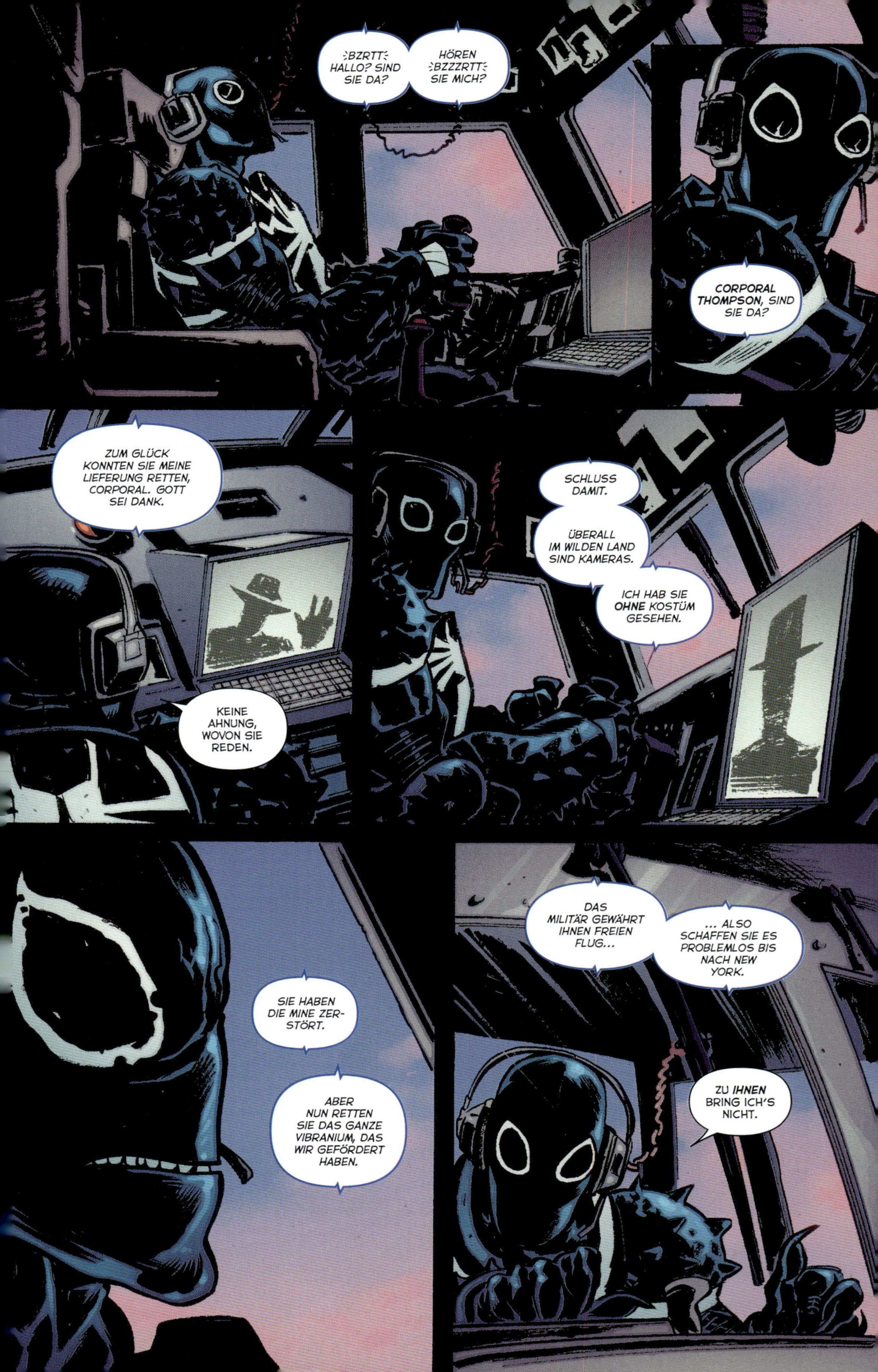
BZRTT HALLO? SIND SIE DA?
HÖREN BZZZRTT SIE MICH?
CORPORAL THOMPSON, SIND SIE DA?
ZUM GLÜCK KONNTEN SIE MEINE LIEFERUNG RETTEN, CORPORAL. GOTT SEI DANK.
KEINE AHNUNG, WOVON SIE REDEN.
SCHLUSS DAMIT.
ÜBERALL IM WILDEN LAND SIND KAMERAS.
ICH HAB SIE OHNE KOSTÜM GESEHEN.
SIE HABEN DIE MINE ZER-STÖRT.
ABER NUN RETTEN SIE DAS GANZE VIBRANIUM, DAS WIR GEFÖRDERT HABEN.
DAS MILITÄR GEWÄHRT IHNEN FREIEN FLUG...
... ALSO SCHAFFEN SIE ES PROBLEMLOS BIS NACH NEW YORK.
ZU IHNEN BRING ICH'S NICHT.

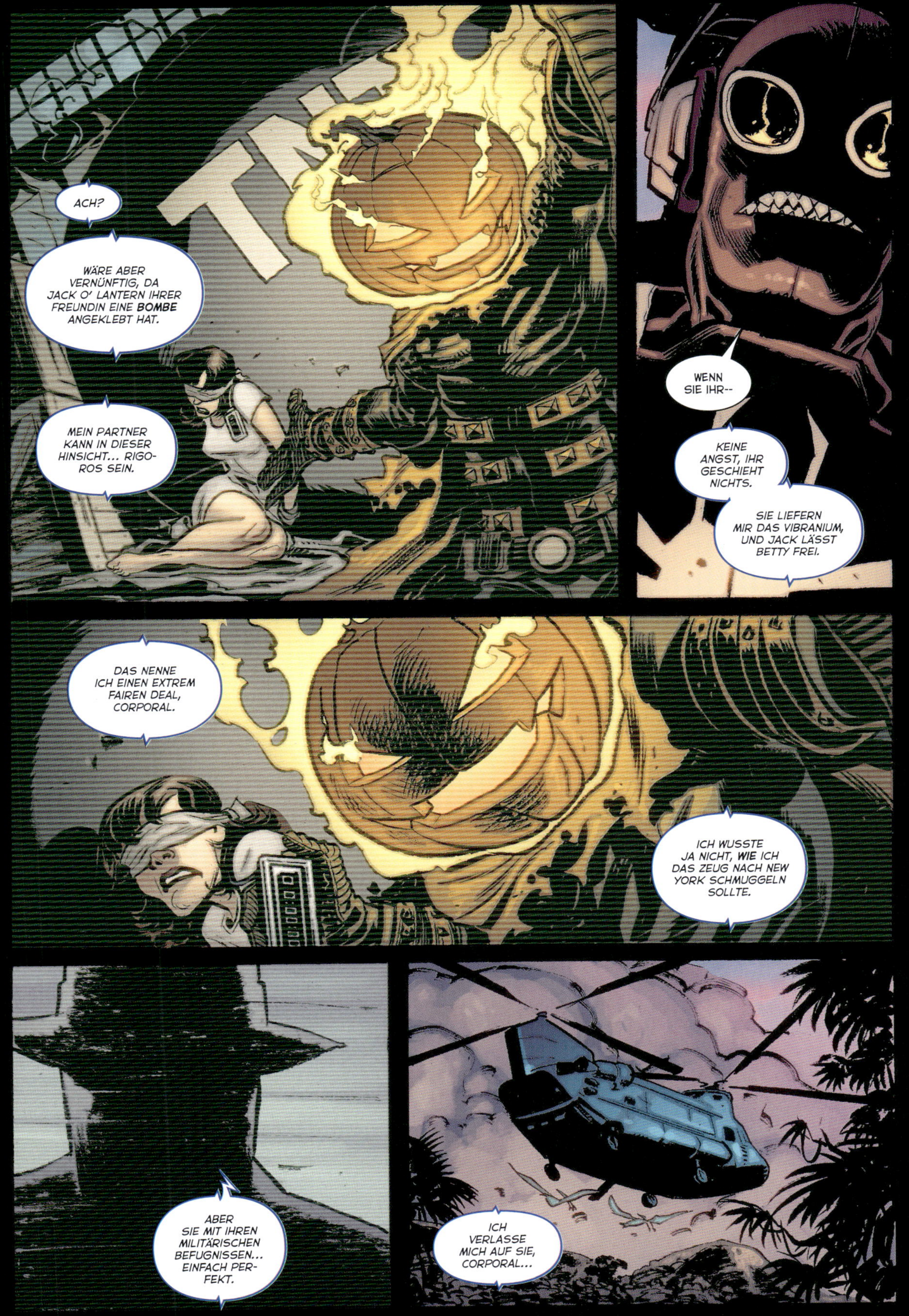
ACH?
WÄRE ABER VERNÜNFTIG, DA JACK O' LANTERN IHRER FREUNDIN EINE **BOMBE** ANGEKLEBT HAT.
MEIN PARTNER KANN IN DIESER HINSICHT... RIGO-ROS SEIN.
WENN SIE IHR--
KEINE ANGST, IHR GESCHIEHT NICHTS.
SIE LIEFERN MIR DAS VIBRANIUM, UND JACK LÄSST BETTY FREI.
DAS NENNE ICH EINEN EXTREM FAIREN DEAL, CORPORAL.
ICH WUSSTE JA NICHT, **WIE** ICH DAS ZEUG NACH NEW YORK SCHMUGGELN SOLLTE.
ABER SIE MIT IHREN MILITÄRISCHEN BEFUGNISSEN... EINFACH PER-FEKT.
ICH VERLASSE MICH AUF SIE, CORPORAL...

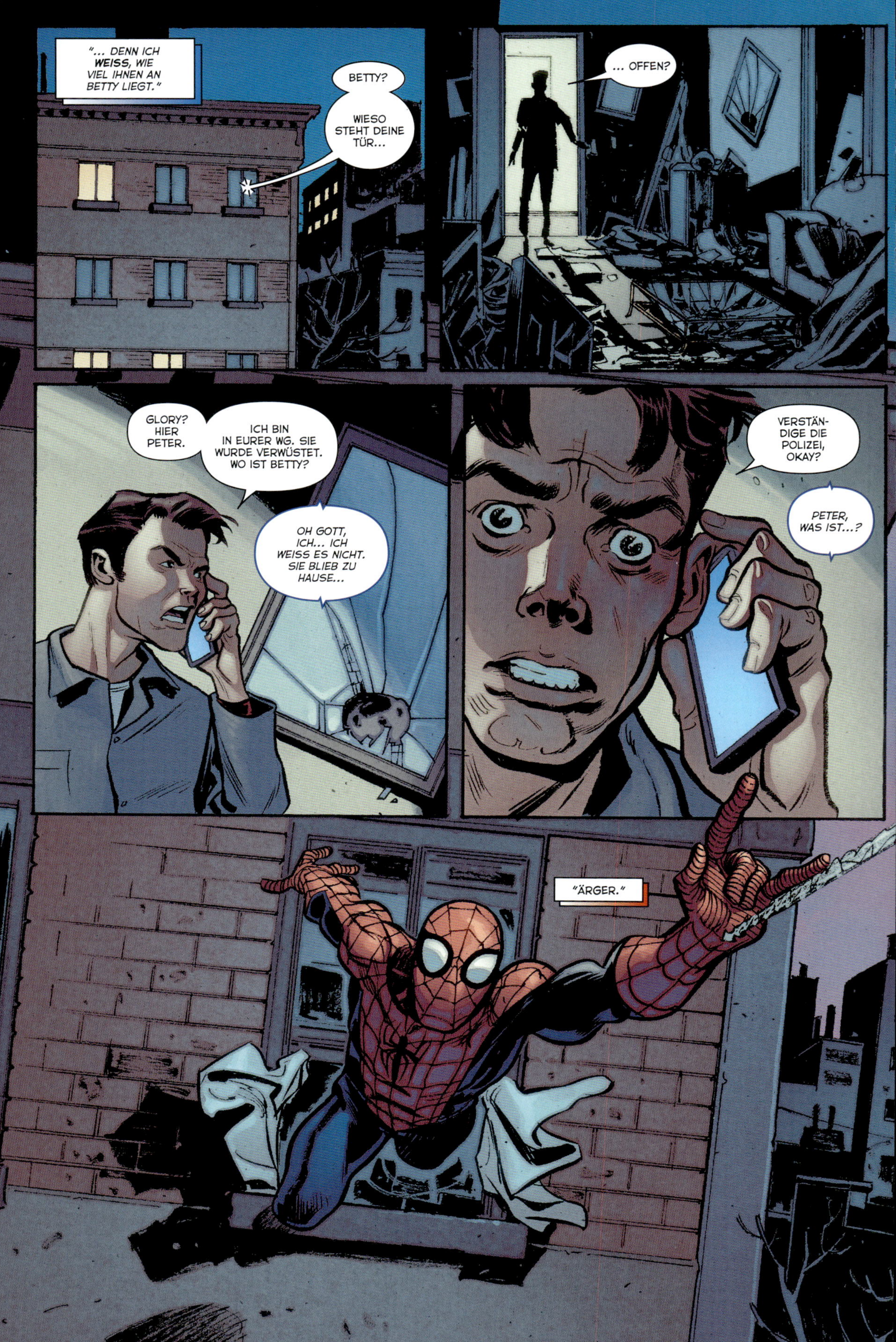
"... DENN ICH WEISS, WIE VIEL IHNEN AN BETTY LIEGT."
BETTY?
WIESO STEHT DEINE TÜR...
... OFFEN?
GLORY? HIER PETER.
ICH BIN IN EURER WG. SIE WURDE VERWÜSTET. WO IST BETTY?
OH GOTT, ICH... ICH WEISS ES NICHT. SIE BLIEB ZU HAUSE...
VERSTÄNDIGE DIE POLIZEI, OKAY?
PETER, WAS IST...?
"ÄRGER."

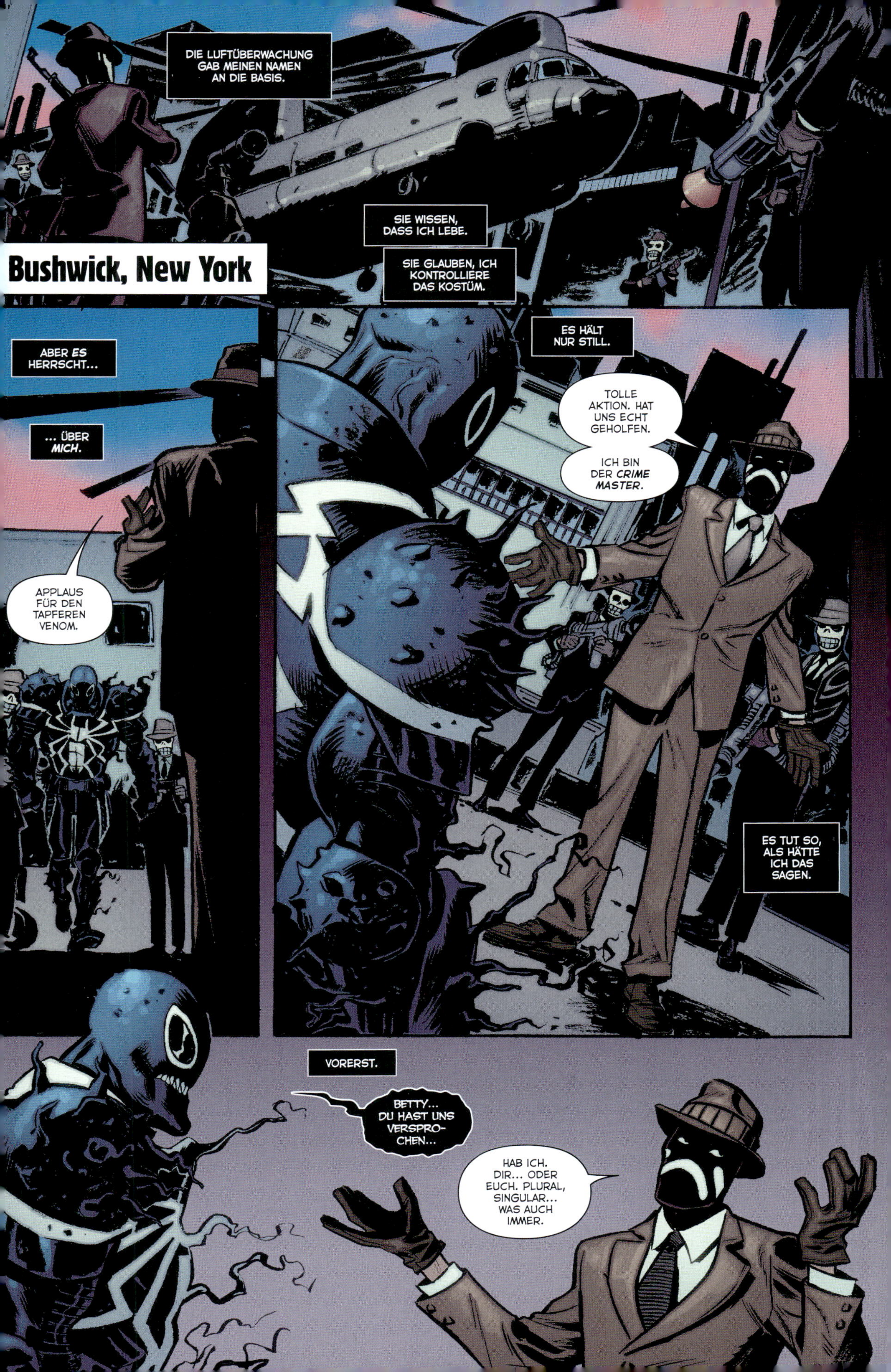
DIE LUFTÜBERWACHUNG GAB MEINEN NAMEN AN DIE BASIS.
SIE WISSEN, DASS ICH LEBE.
SIE GLAUBEN, ICH KONTROLLIERE DAS KOSTÜM.
Bushwick, New York
ABER ES HERRSCHT...
... ÜBER MICH.
APPLAUS FÜR DEN TAPFEREN VENOM.
ES HÄLT NUR STILL.
TOLLE AKTION. HAT UNS ECHT GEHOLFEN.
ICH BIN DER CRIME MASTER.
ES TUT SO, ALS HÄTTE ICH DAS SAGEN.
VORERST.
BETTY... DU HAST UNS VERSPRO-CHEN...
HAB ICH. DIR... ODER EUCH. PLURAL, SINGULAR... WAS AUCH IMMER.

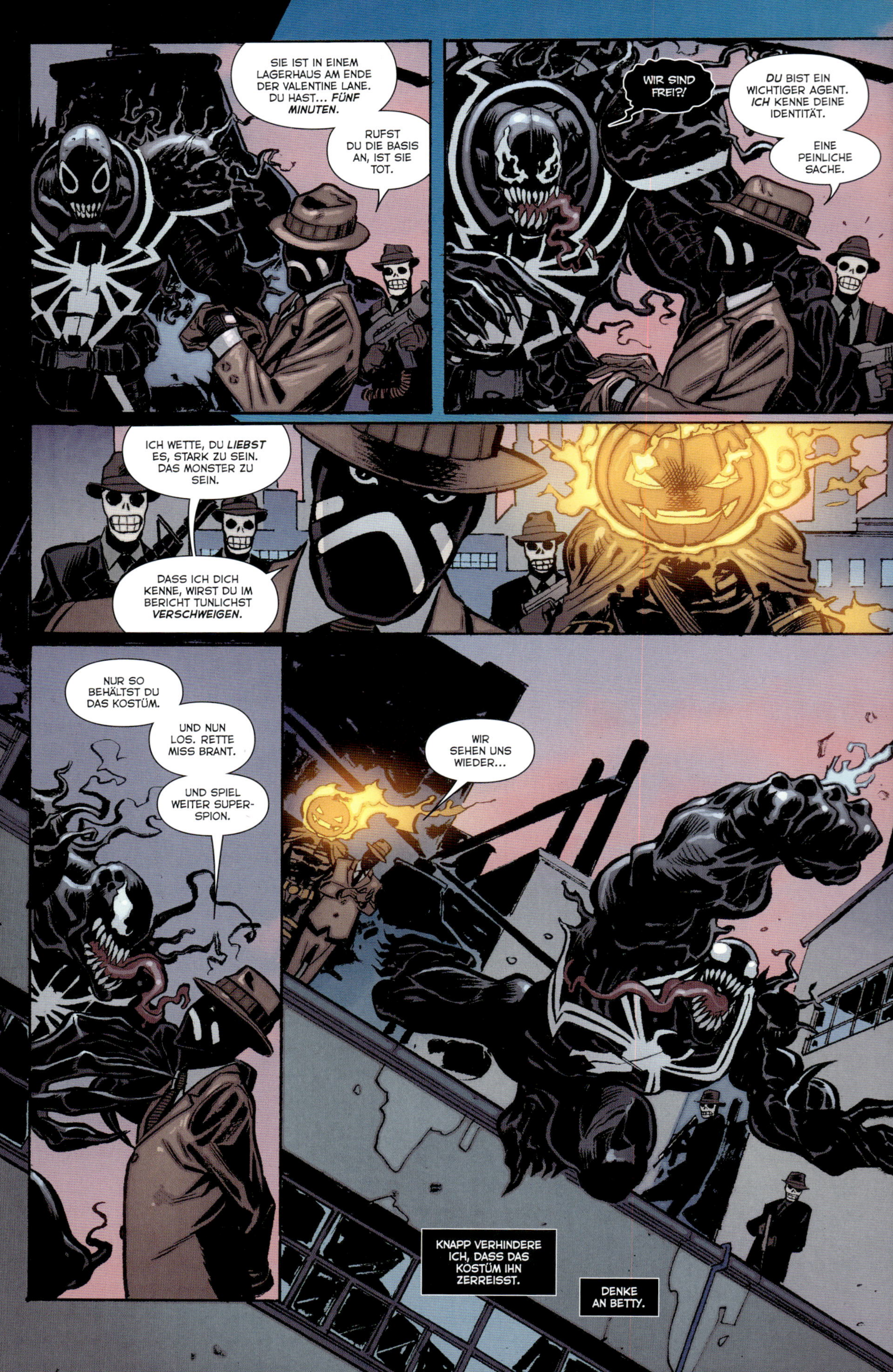
SIE IST IN EINEM LAGERHAUS AM ENDE DER VALENTINE LANE. DU HAST... FÜNF MINUTEN.
RUFST DU DIE BASIS AN, IST SIE TOT.
WIR SIND FREI?!
DU BIST EIN WICHTIGER AGENT. ICH KENNE DEINE IDENTITÄT.
EINE PEINLICHE SACHE.
ICH WETTE, DU LIEBST ES, STARK ZU SEIN. DAS MONSTER ZU SEIN.
DASS ICH DICH KENNE, WIRST DU IM BERICHT TUNLICHST VERSCHWEIGEN.
NUR SO BEHÄLTST DU DAS KOSTÜM.
UND NUN LOS. RETTE MISS BRANT.
UND SPIEL WEITER SUPER-SPION.
WIR SEHEN UNS WIEDER...
KNAPP VERHINDERE ICH, DASS DAS KOSTÜM IHN ZERREISST.
DENKE AN BETTY.

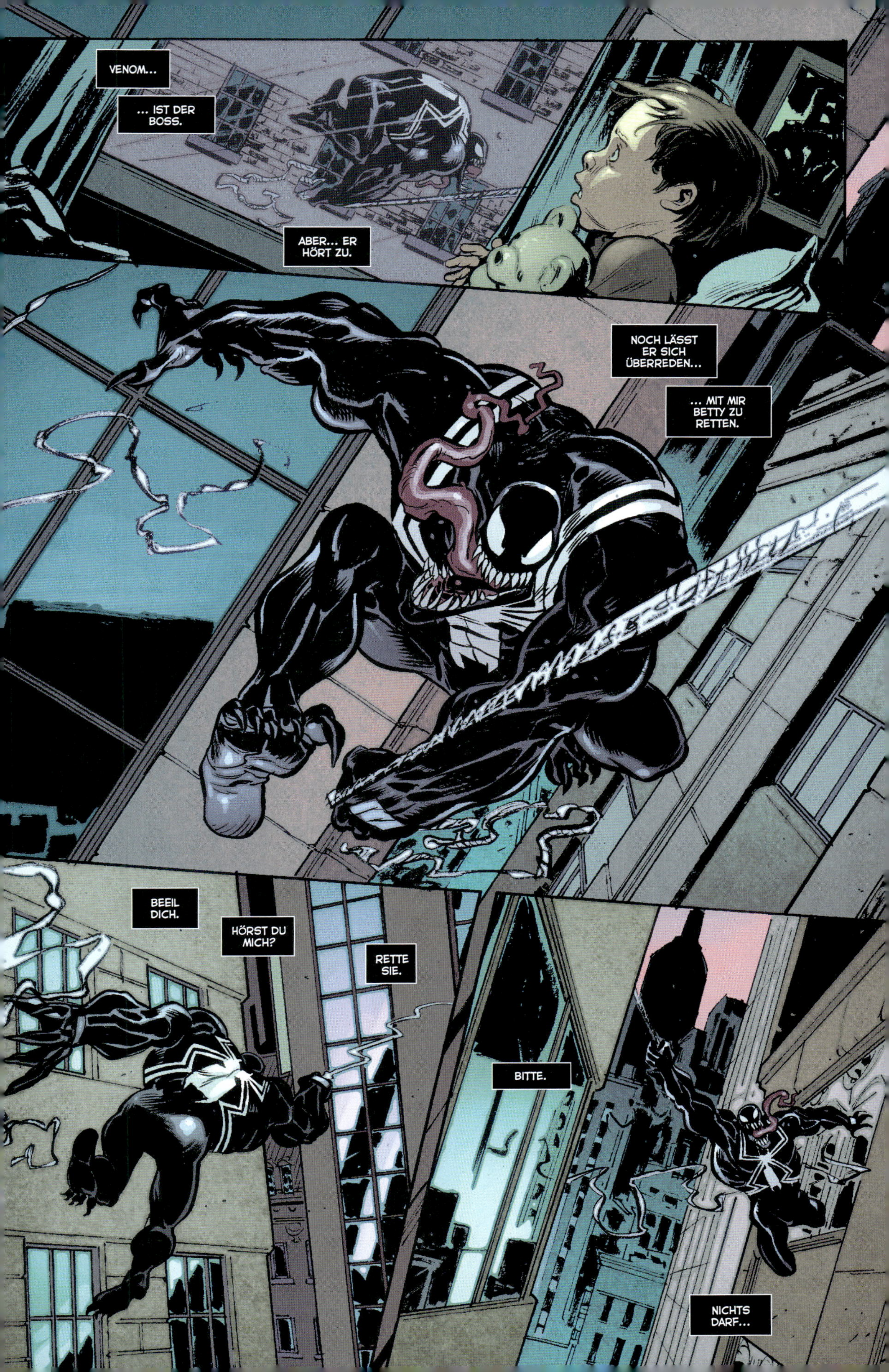
VENOM...
... IST DER BOSS.
ABER... ER HÖRT ZU.
NOCH LÄSST ER SICH ÜBERREDEN...
... MIT MIR BETTY ZU RETTEN.
BEEIL DICH.
HÖRST DU MICH?
RETTE SIE.
BITTE.
NICHTS DARF...

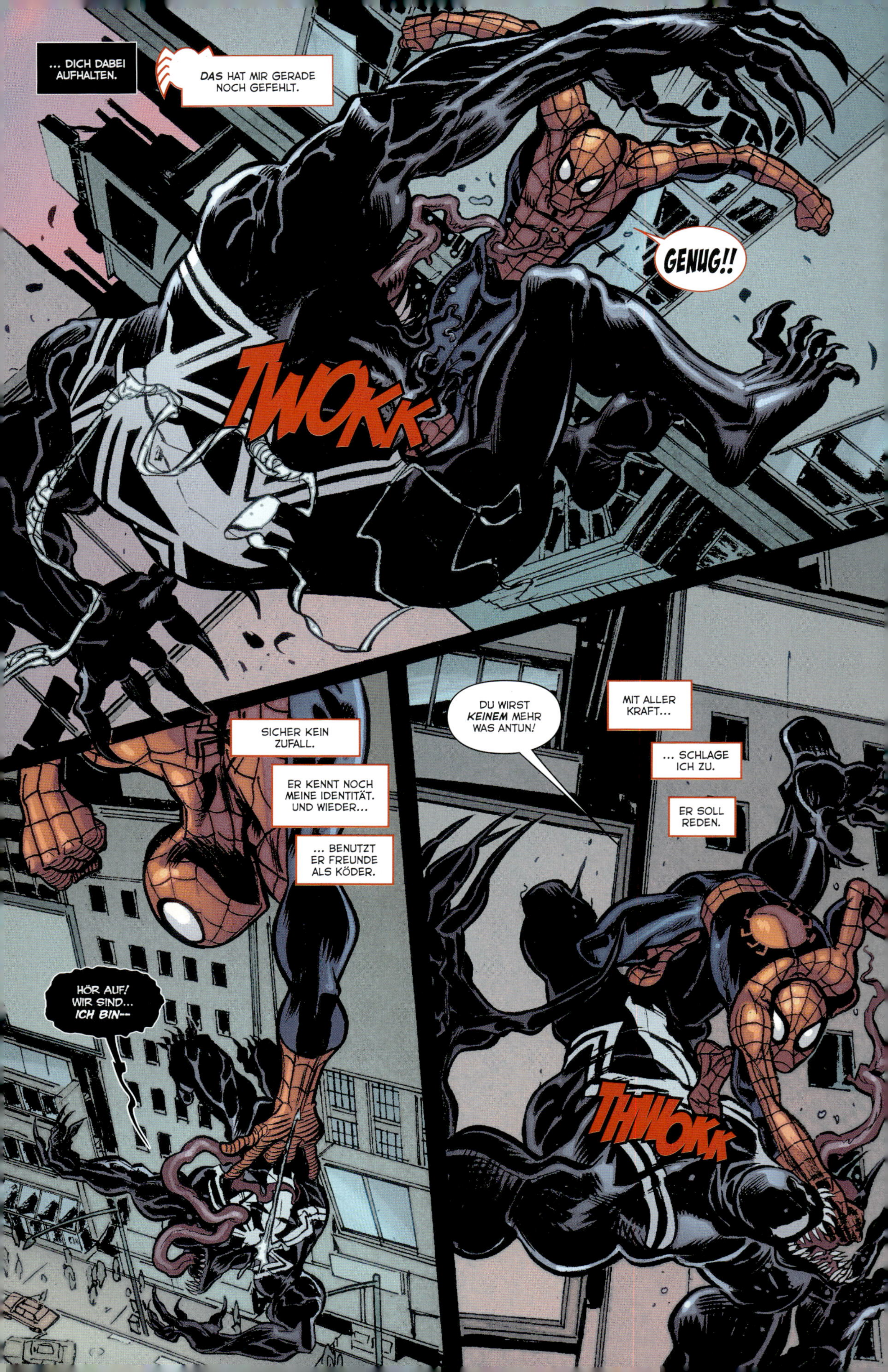
... DICH DABEI AUFHALTEN.
DAS HAT MIR GERADE NOCH GEFEHLT.
GENUG!!
TWOKK
SICHER KEIN ZUFALL.
ER KENNT NOCH MEINE IDENTITÄT. UND WIEDER...
... BENUTZT ER FREUNDE ALS KÖDER.
HÖR AUF! WIR SIND... ICH BIN--
DU WIRST KEINEM MEHR WAS ANTUN!
MIT ALLER KRAFT...
... SCHLAGE ICH ZU.
ER SOLL REDEN.
THWOKK

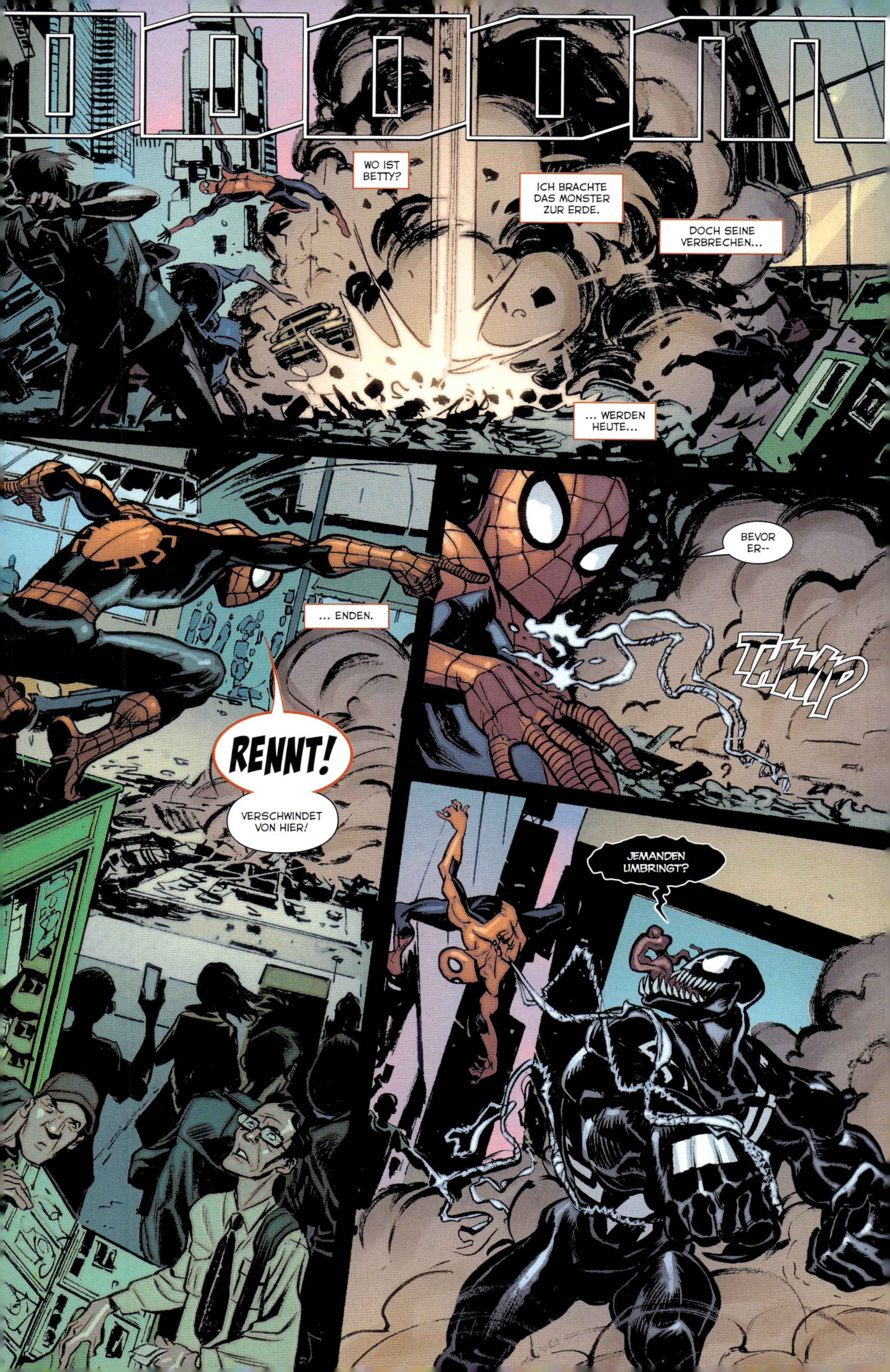
DOOOM
WO IST BETTY?
ICH BRACHTE DAS MONSTER ZUR ERDE.
DOCH SEINE VERBRECHEN...
... WERDEN HEUTE...
... ENDEN.
RENNT!
VERSCHWINDET VON HIER!
BEVOR ER--
THWIP
JEMANDEN UMBRINGT?

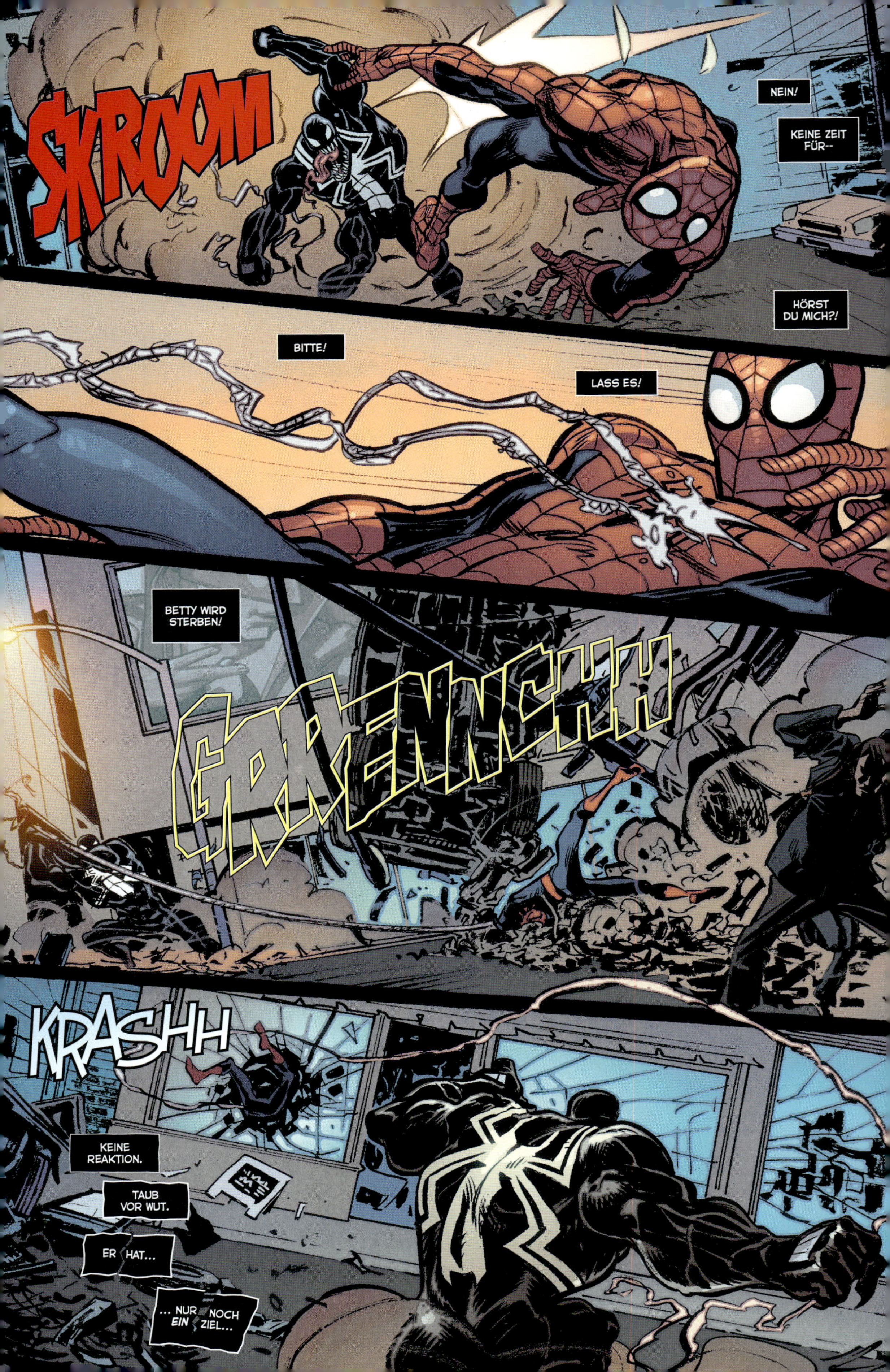
SKROOM
NEIN!
KEINE ZEIT FÜR--
HÖRST DU MICH?!
BITTE!
LASS ES!
BETTY WIRD STERBEN!
GRRENNCHH
KRASHHH
KEINE REAKTION.
TAUB VOR WUT.
ER HAT...
... NUR NOCH EIN ZIEL...

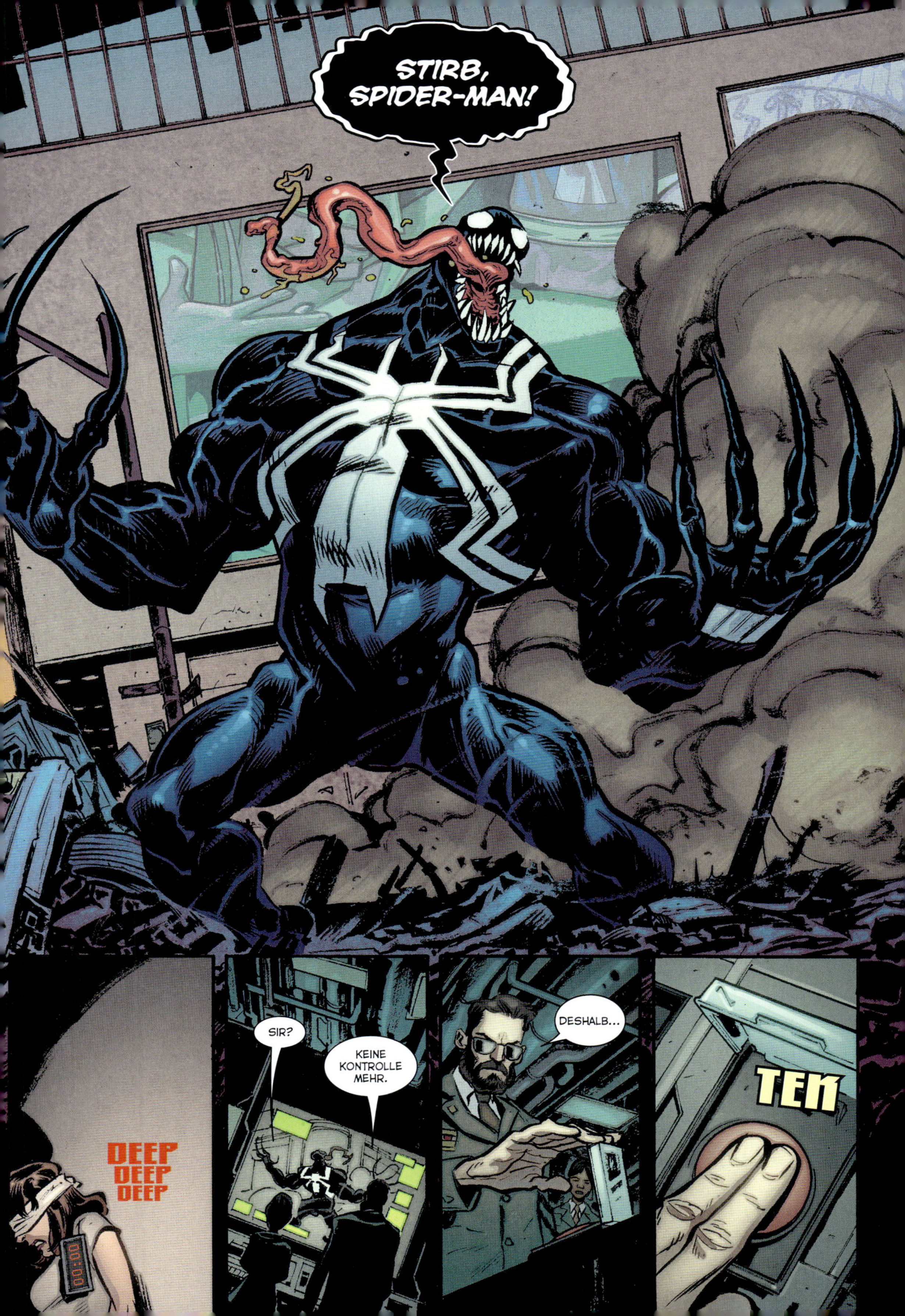
STIRB, SPIDER-MAN!
DEEP DEEP DEEP
SIR?
KEINE KONTROLLE MEHR.
DESHALB...
TEN

LEIBWÄCHTER

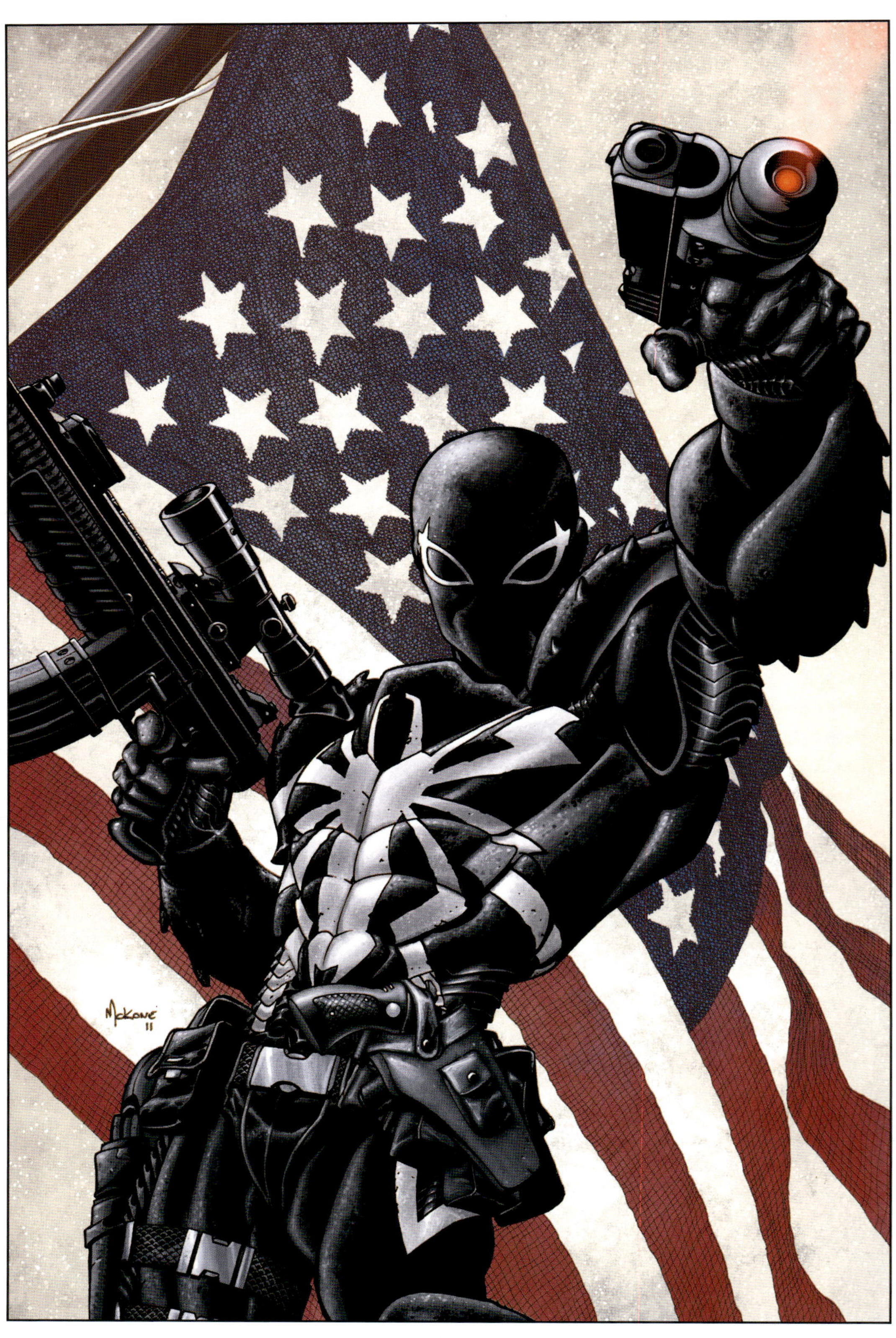

Venom (2011) 4
Cover von **MIKE McKONE**

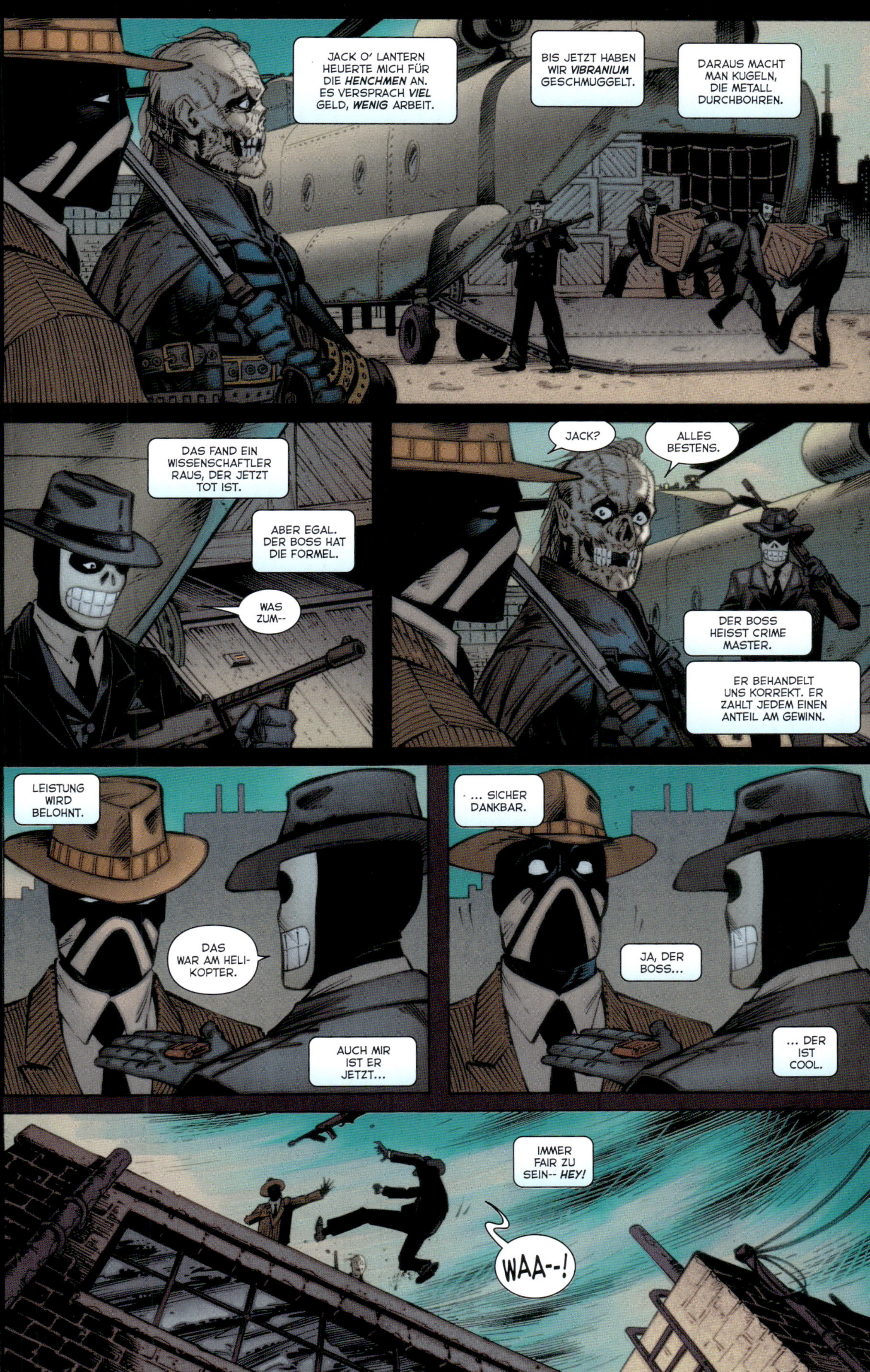
JACK O' LANTERN HEUERTE MICH FÜR DIE HENCHMEN AN. ES VERSPRACH VIEL GELD, WENIG ARBEIT.
BIS JETZT HABEN WIR VIBRANIUM GESCHMUGGELT.
DARAUS MACHT MAN KUGELN, DIE METALL DURCHBOHREN.
DAS FAND EIN WISSENSCHAFTLER RAUS, DER JETZT TOT IST.
ABER EGAL. DER BOSS HAT DIE FORMEL.
WAS ZUM--
JACK?
ALLES BESTENS.
DER BOSS HEISST CRIME MASTER.
ER BEHANDELT UNS KORREKT. ER ZAHLT JEDEM EINEN ANTEIL AM GEWINN.
LEISTUNG WIRD BELOHNT.
DAS WAR AM HELI-KOPTER.
AUCH MIR IST ER JETZT...
... SICHER DANKBAR.
JA, DER BOSS...
... DER IST COOL.
IMMER FAIR ZU SEIN-- HEY!
WAA--!

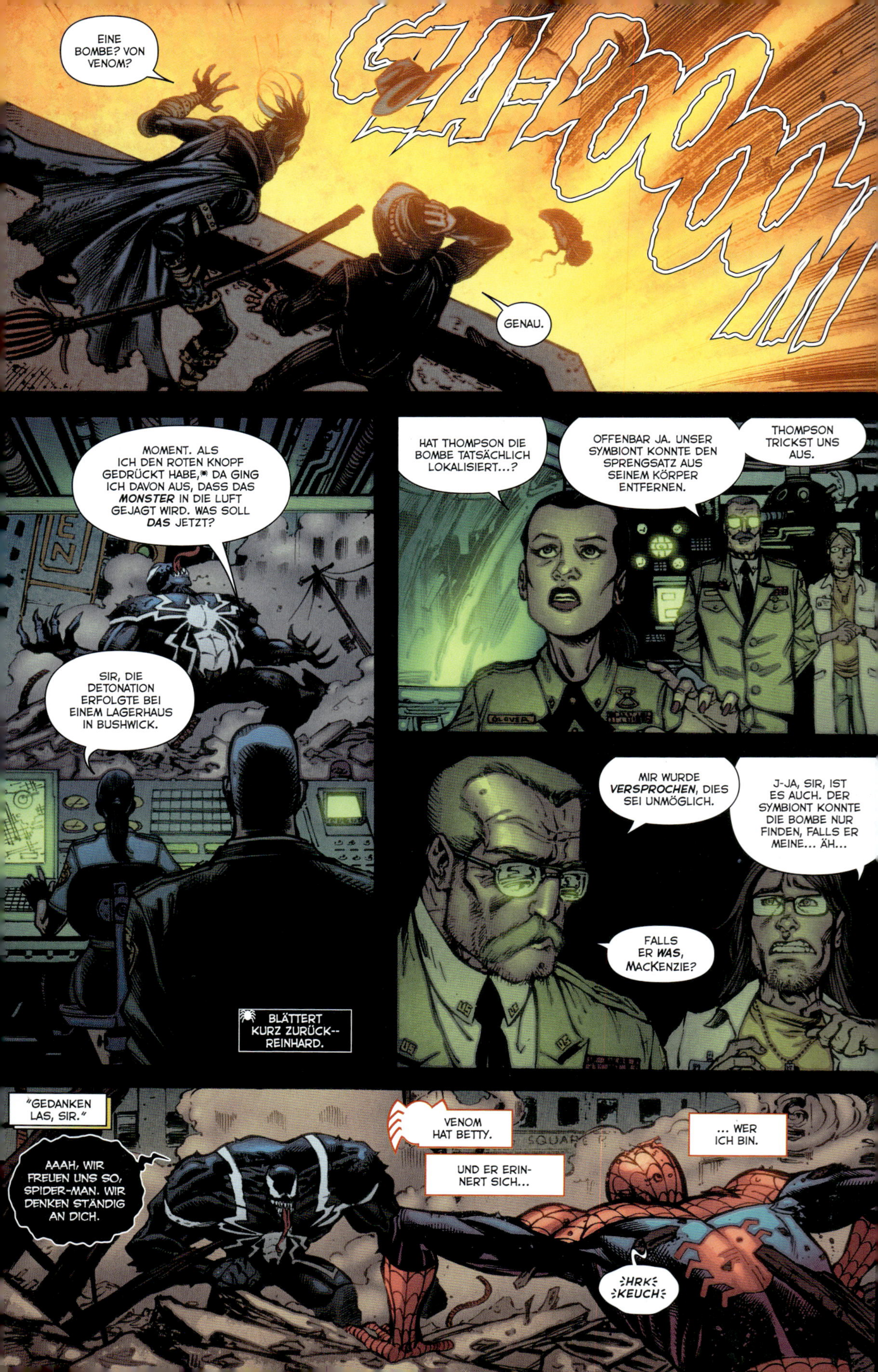

EINE BOMBE? VON VENOM?
KA-BOOOOM!!
GENAU.
MOMENT. ALS ICH DEN ROTEN KNOPF GEDRÜCKT HABE,* DA GING ICH DAVON AUS, DASS DAS MONSTER IN DIE LUFT GEJAGT WIRD. WAS SOLL DAS JETZT?
SIR, DIE DETONATION ERFOLGTE BEI EINEM LAGERHAUS IN BUSHWICK.
* BLÄTTERT KURZ ZURÜCK-- REINHARD.
HAT THOMPSON DIE BOMBE TATSÄCHLICH LOKALISIERT...?
OFFENBAR JA. UNSER SYMBIONT KONNTE DEN SPRENGSATZ AUS SEINEM KÖRPER ENTFERNEN.
THOMPSON TRICKST UNS AUS.
MIR WURDE VERSPROCHEN, DIES SEI UNMÖGLICH.
J-JA, SIR, IST ES AUCH. DER SYMBIONT KONNTE DIE BOMBE NUR FINDEN, FALLS ER MEINE... ÄH...
FALLS ER WAS, MACKENZIE?
"GEDANKEN LAS, SIR."
AAAH, WIR FREUEN UNS SO, SPIDER-MAN. WIR DENKEN STÄNDIG AN DICH.
VENOM HAT BETTY.
UND ER ERINNERT SICH...
... WER ICH BIN.
HRK KEUCH

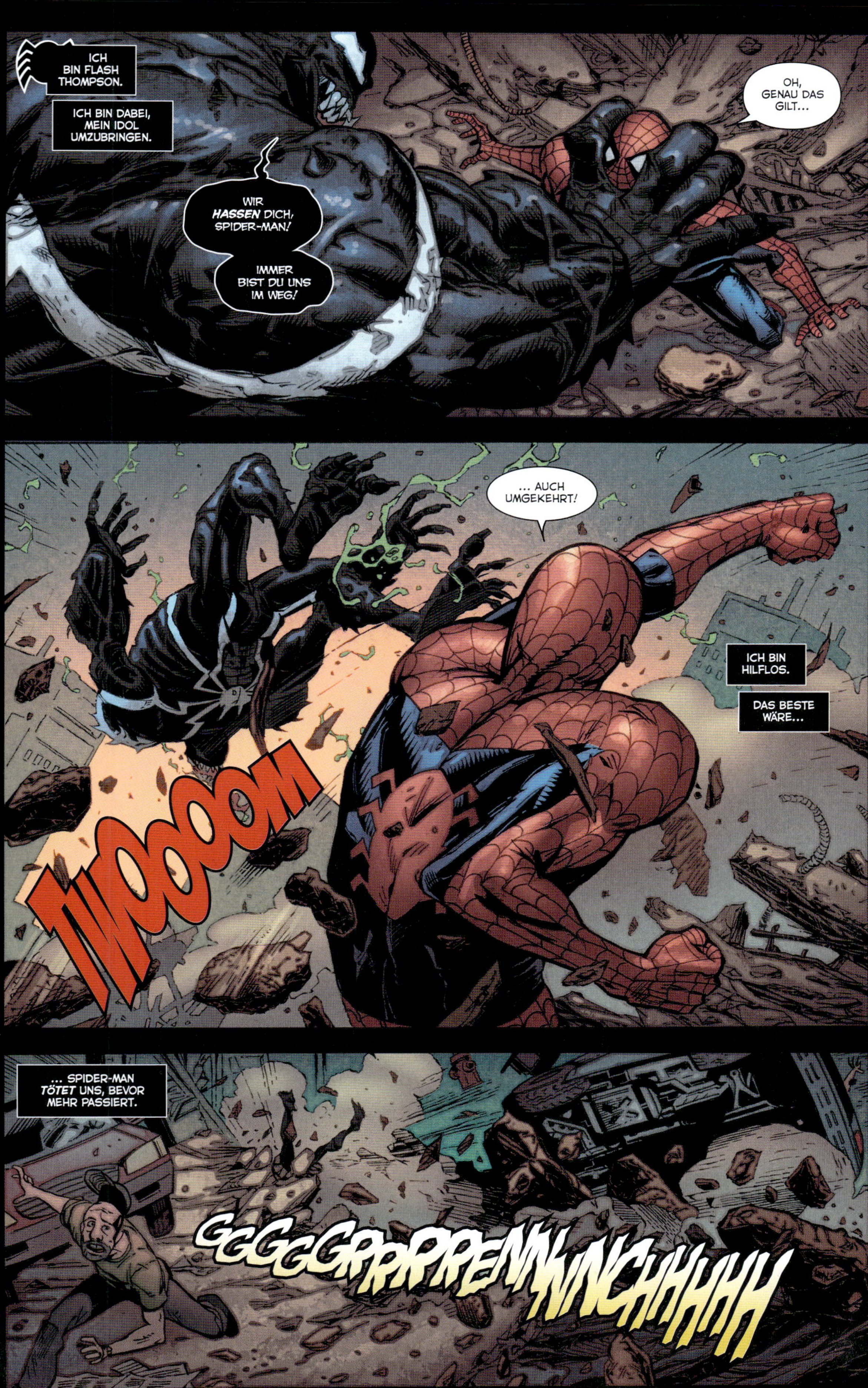

ICH BIN FLASH THOMPSON.

ICH BIN DABEI, MEIN IDOL UMZUBRINGEN.

WIR *HASSEN* DICH, SPIDER-MAN!

IMMER BIST DU UNS IM WEG!

OH, GENAU DAS GILT…

… AUCH UMGEKEHRT!

ICH BIN HILFLOS.

DAS BESTE WÄRE…

TWOOOOM

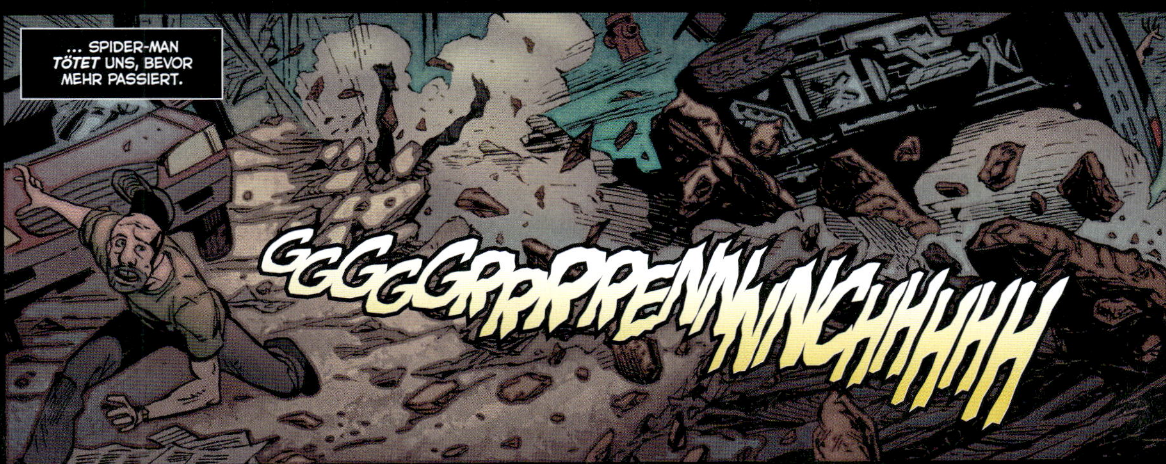

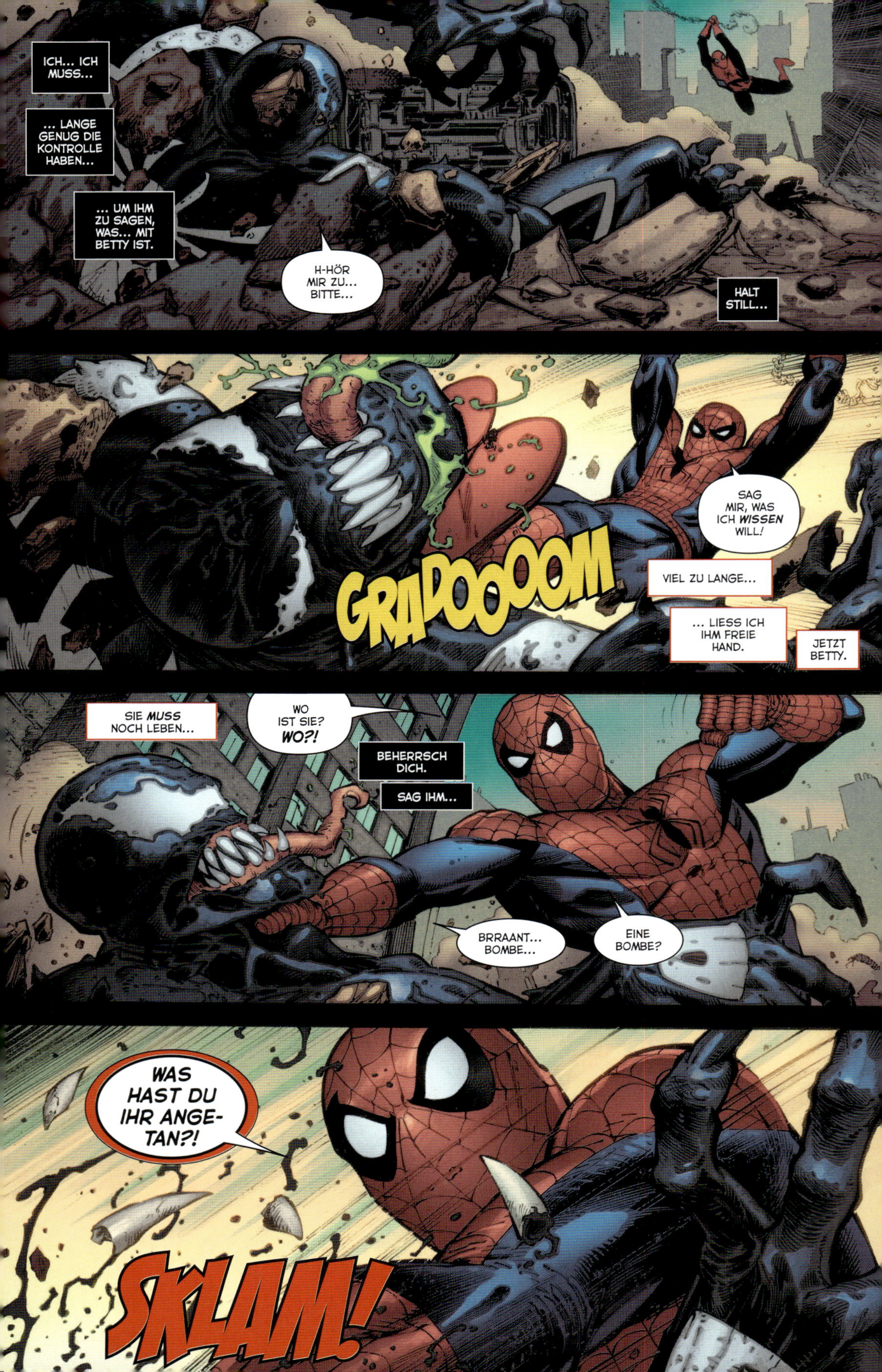
ICH… ICH MUSS…
… LANGE GENUG DIE KONTROLLE HABEN…
… UM IHM ZU SAGEN, WAS… MIT BETTY IST.
H-HÖR MIR ZU… BITTE…
HALT STILL…
SAG MIR, WAS ICH WISSEN WILL!
GRADOOOOM
VIEL ZU LANGE…
… LIESS ICH IHM FREIE HAND.
JETZT BETTY.
SIE MUSS NOCH LEBEN…
WO IST SIE? WO?!
BEHERRSCH DICH.
SAG IHM…
BRRAANT… BOMBE…
EINE BOMBE?
WAS HAST DU IHR ANGETAN?!
SKLAM!

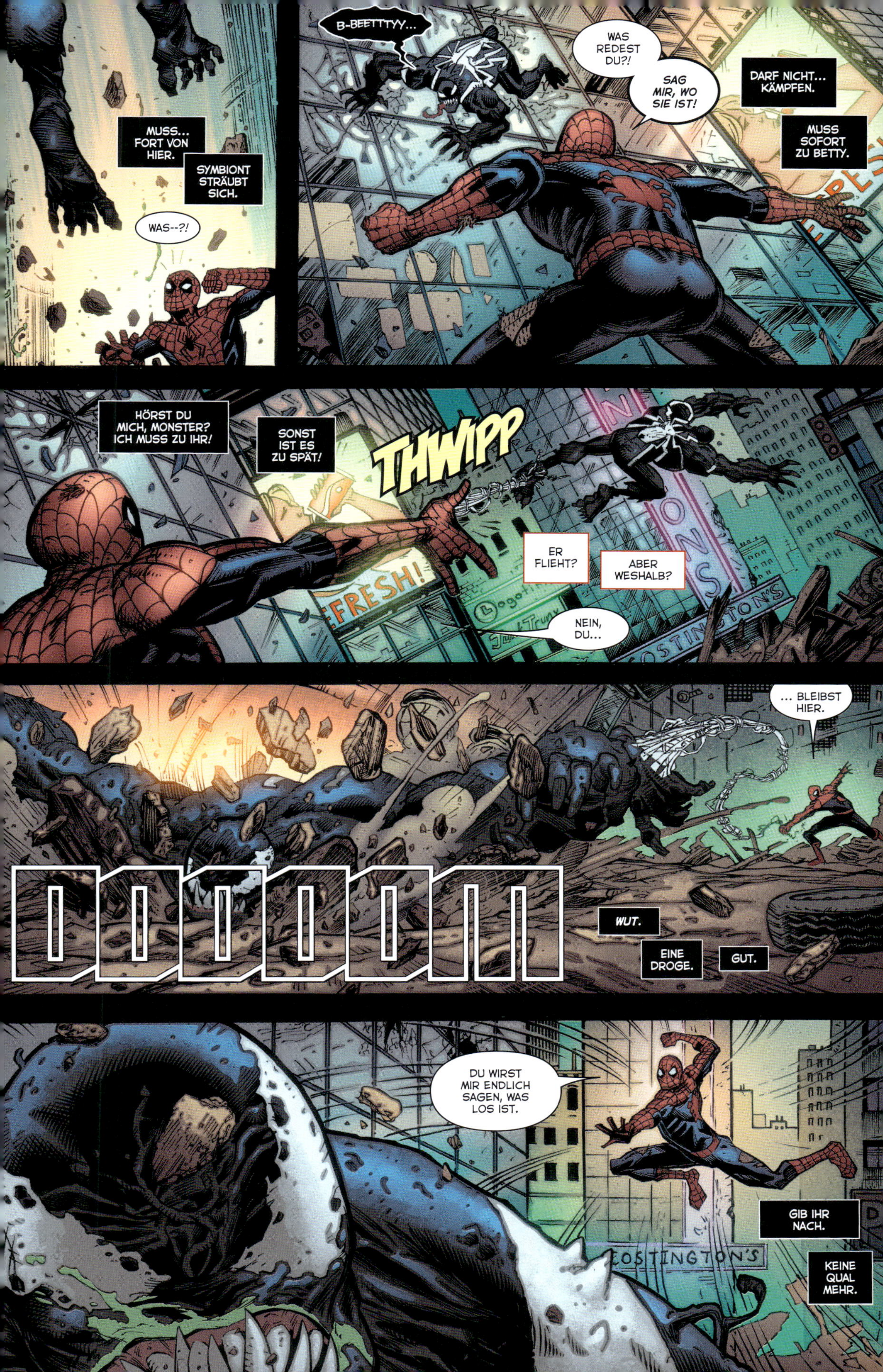
MUSS... FORT VON HIER.
SYMBIONT STRÄUBT SICH.
WAS--?!
B-BEETTTYY...
WAS REDEST DU?!
SAG MIR, WO SIE IST!
DARF NICHT... KÄMPFEN.
MUSS SOFORT ZU BETTY.
HÖRST DU MICH, MONSTER? ICH MUSS ZU IHR!
SONST IST ES ZU SPÄT!
THWIPP
ER FLIEHT?
ABER WESHALB?
NEIN, DU...
... BLEIBST HIER.
WUT.
EINE DROGE.
GUT.
DU WIRST MIR ENDLICH SAGEN, WAS LOS IST.
GIB IHR NACH.
KEINE QUAL MEHR.

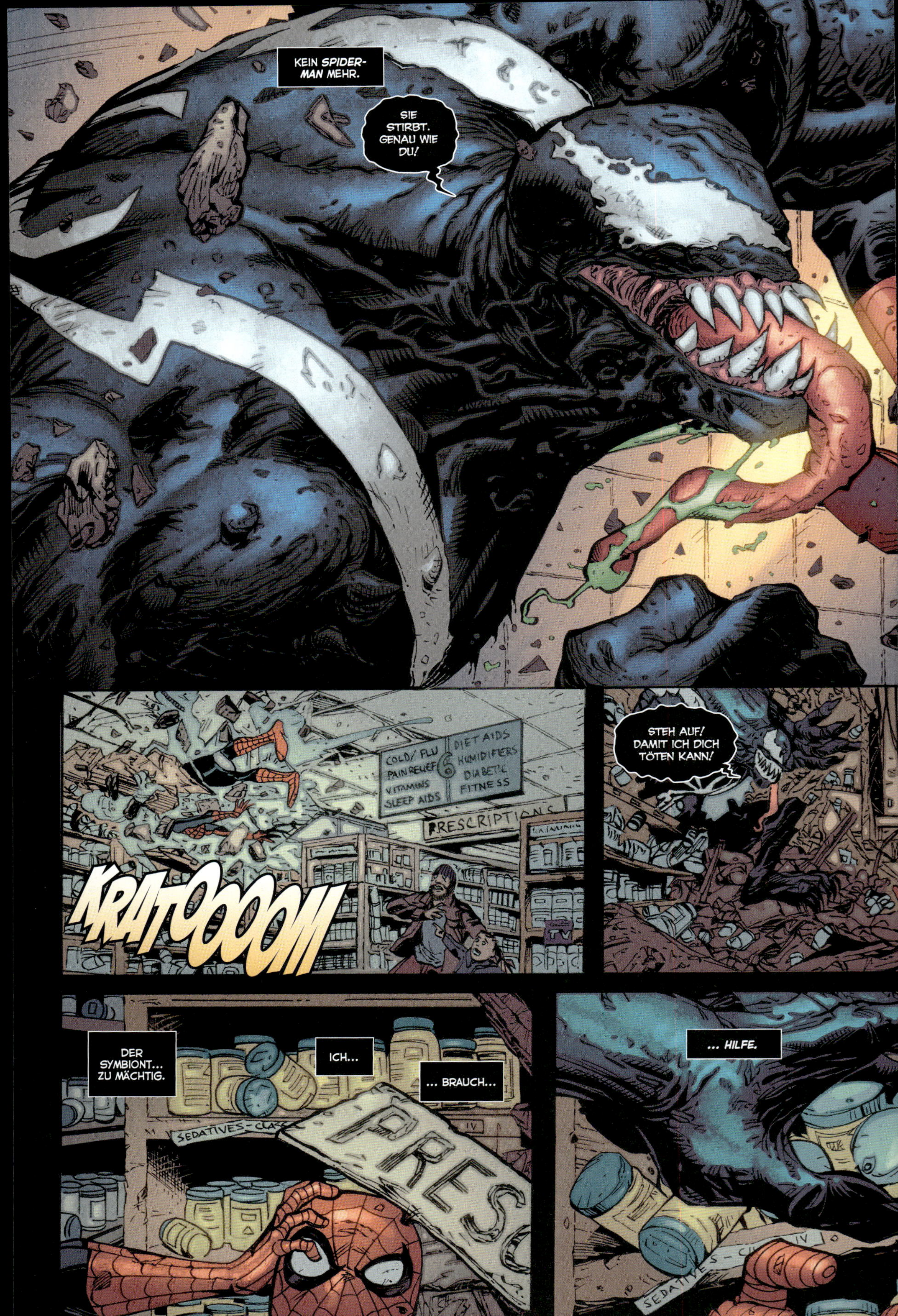
KEIN SPIDER-MAN MEHR.
SIE STIRBT. GENAU WIE DU!
KRATOOOOM
COLD/FLU
PAIN RELIEF
VITAMINS
SLEEP AIDS
DIET AIDS
HUMIDIFIERS
DIABETIC
FITNESS
PRESCRIPTIONS
STEH AUF! DAMIT ICH DICH TÖTEN KANN!
DER SYMBIONT... ZU MÄCHTIG.
ICH...
... BRAUCH...
SEDATIVES-CLASS
PRES
... HILFE.

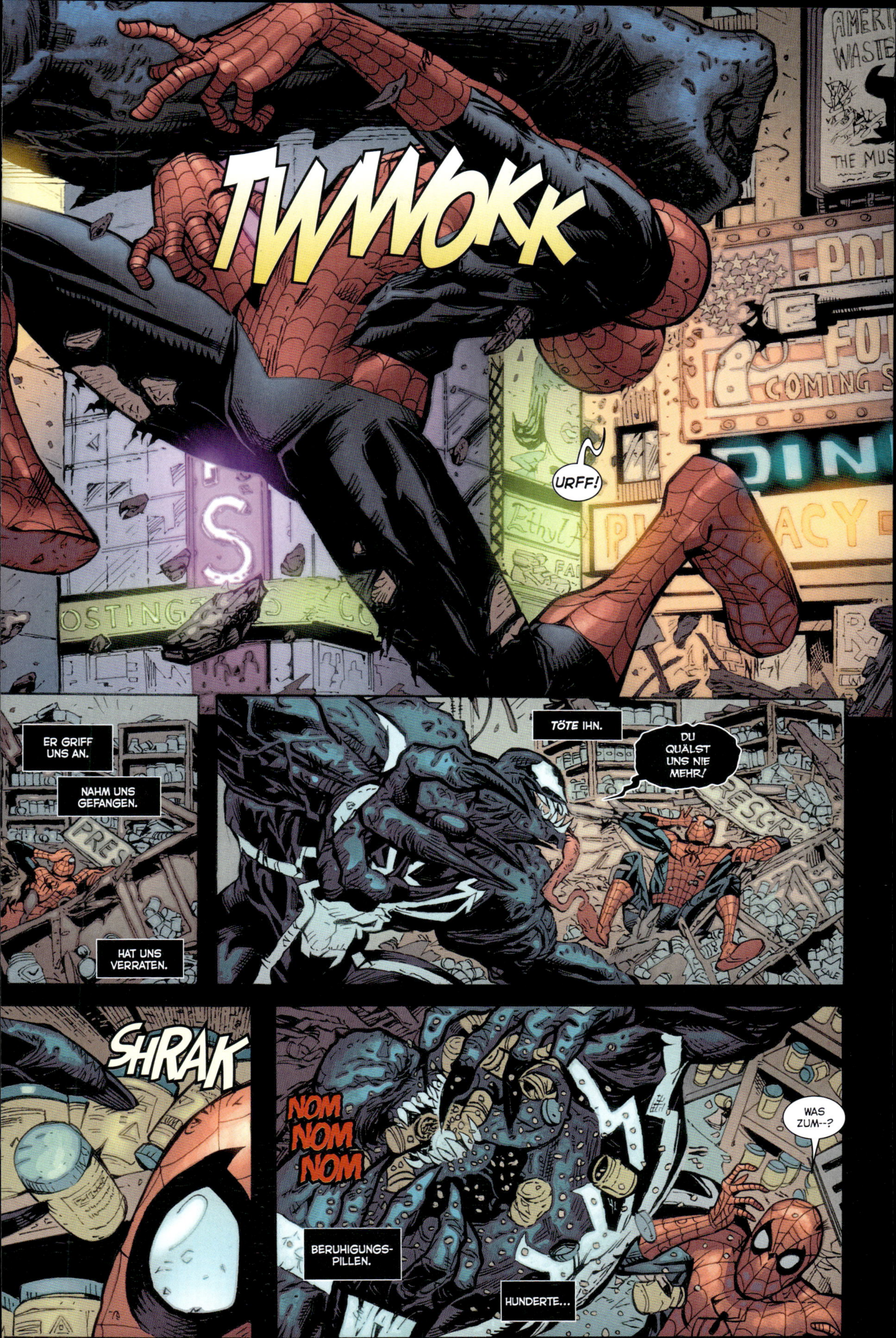

TWMOKK

URFF!

ER GRIFF UNS AN.

NAHM UNS GEFANGEN.

HAT UNS VERRATEN.

TÖTE IHN.

DU QUÄLST UNS NIE MEHR!

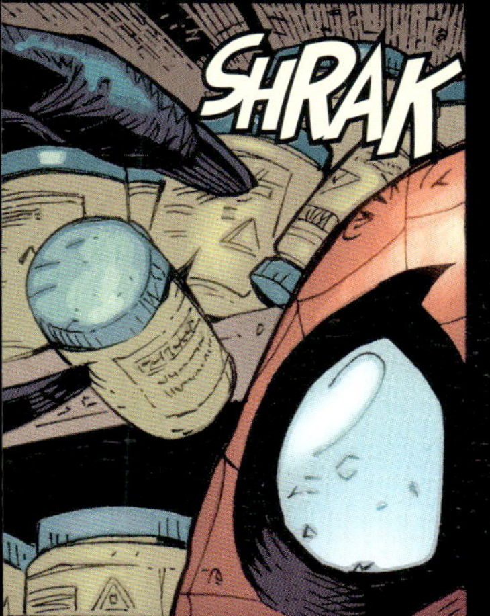

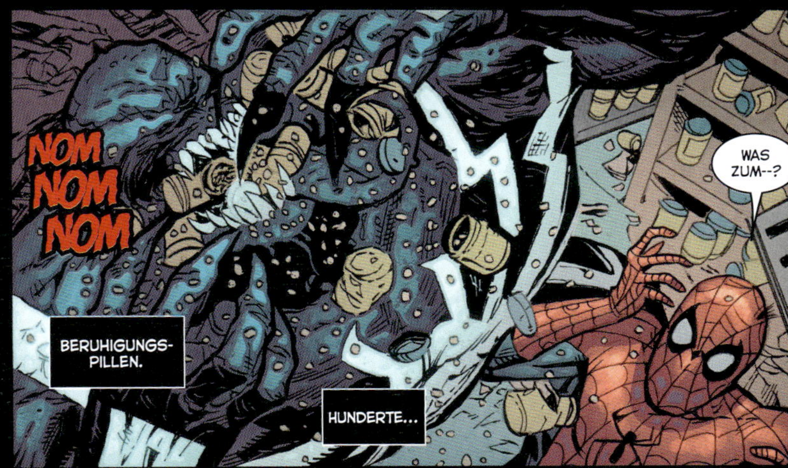

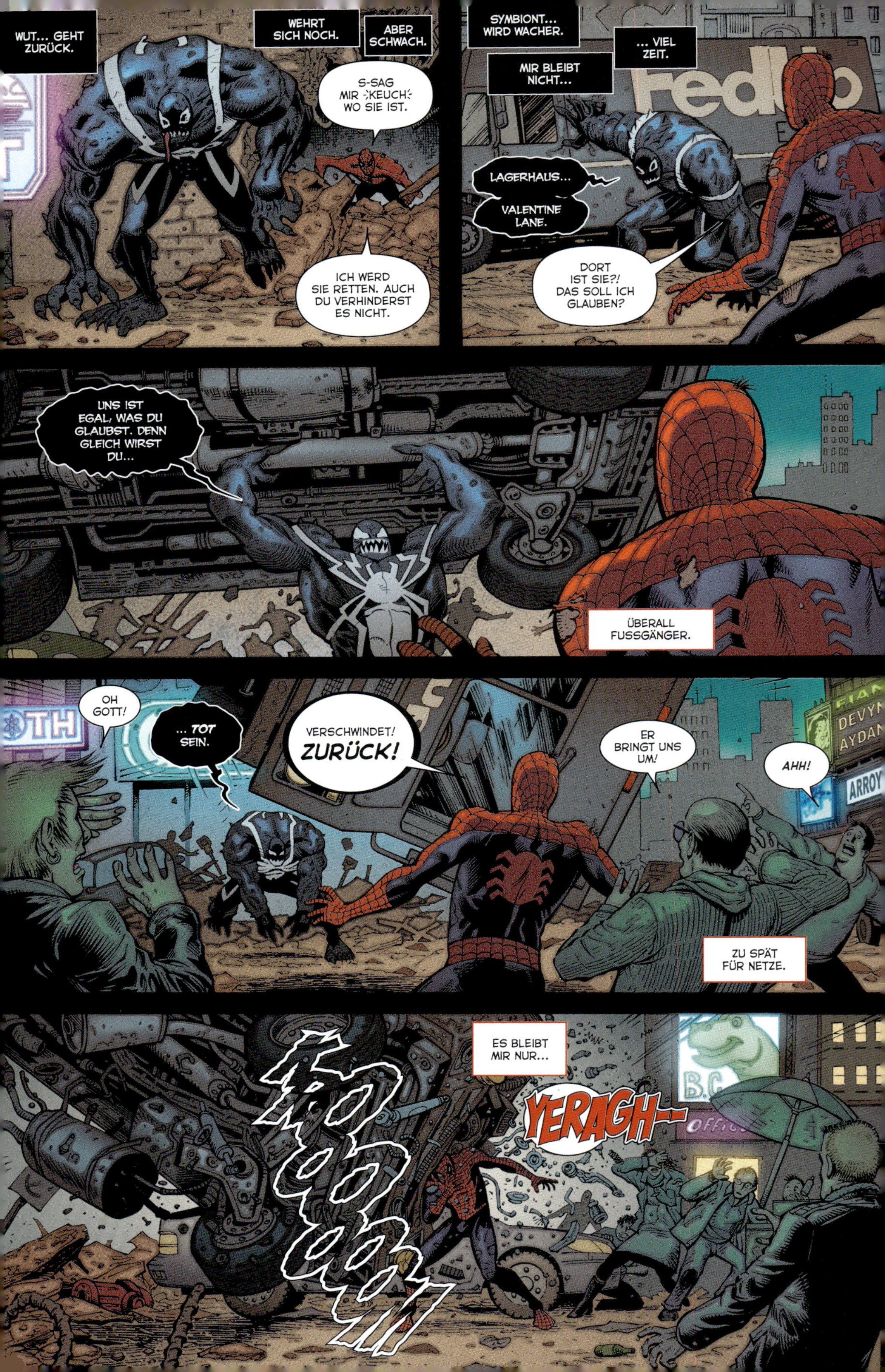
WUT… GEHT ZURÜCK.
WEHRT SICH NOCH.
ABER SCHWACH.
S-SAG MIR ⁓KEUCH⁓ WO SIE IST.
ICH WERD SIE RETTEN. AUCH DU VERHINDERST ES NICHT.
SYMBIONT… WIRD WACHER.
MIR BLEIBT NICHT…
… VIEL ZEIT.
LAGERHAUS…
VALENTINE LANE.
DORT IST SIE?! DAS SOLL ICH GLAUBEN?
UNS IST EGAL, WAS DU GLAUBST. DENN GLEICH WIRST DU…
ÜBERALL FUSSGÄNGER.
OH GOTT!
… TOT SEIN.
VERSCHWINDET! ZURÜCK!
ER BRINGT UNS UM!
AHH!
ZU SPÄT FÜR NETZE.
ES BLEIBT MIR NUR…
YERAGH--

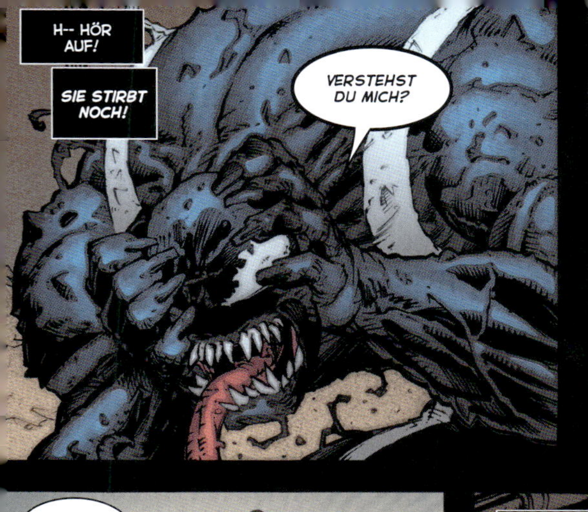
H-- HÖR AUF!
SIE STIRBT NOCH!
VERSTEHST DU MICH?

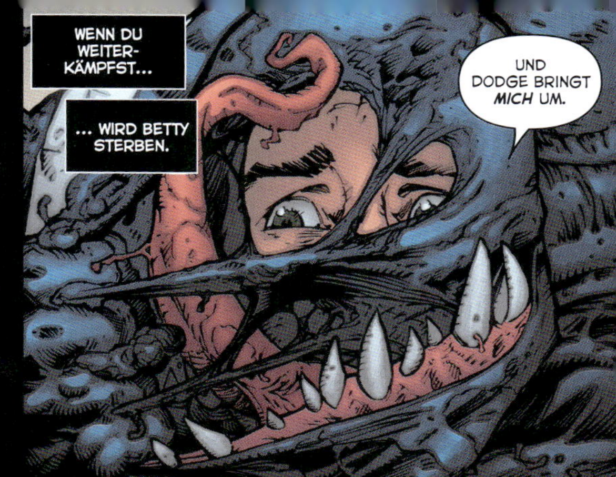
WENN DU WEITER-KÄMPFST...
... WIRD BETTY STERBEN.
UND DODGE BRINGT MICH UM.

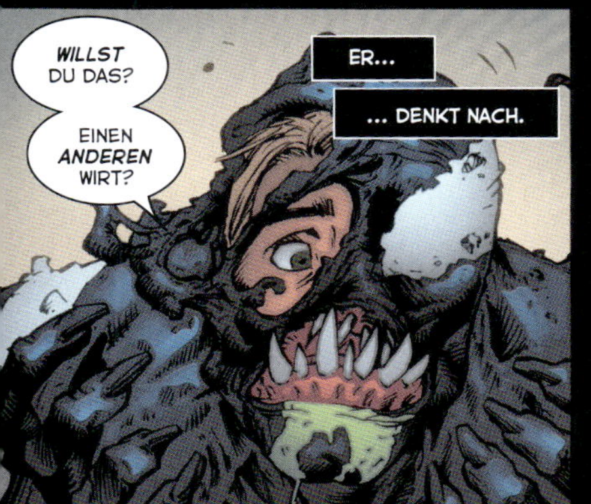
WILLST DU DAS?
EINEN ANDEREN WIRT?
ER...
... DENKT NACH.

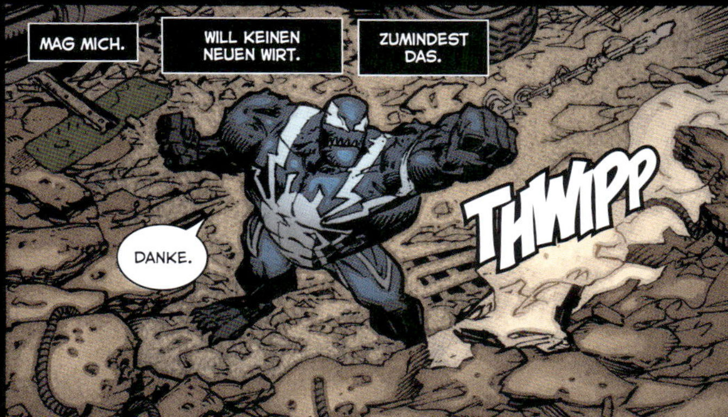
MAG MICH.
WILL KEINEN NEUEN WIRT.
ZUMINDEST DAS.
DANKE.
THWIPP

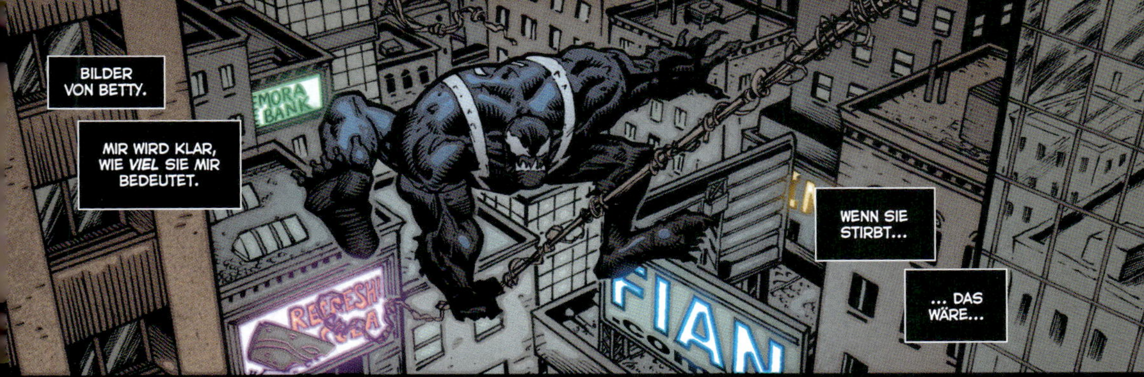
BILDER VON BETTY.
MIR WIRD KLAR, WIE VIEL SIE MIR BEDEUTET.
WENN SIE STIRBT...
... DAS WÄRE...

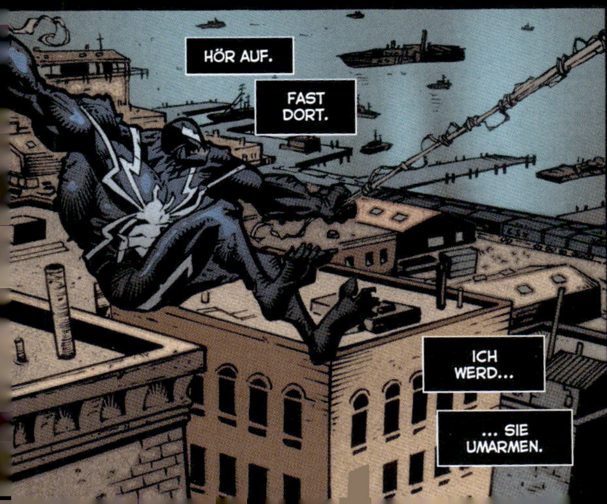
HÖR AUF.
FAST DORT.
ICH WERD...
... SIE UMARMEN.

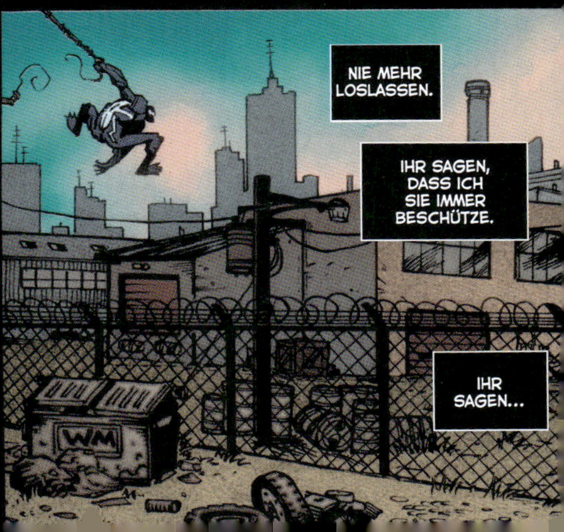
NIE MEHR LOSLASSEN.
IHR SAGEN, DASS ICH SIE IMMER BESCHÜTZE.
IHR SAGEN...

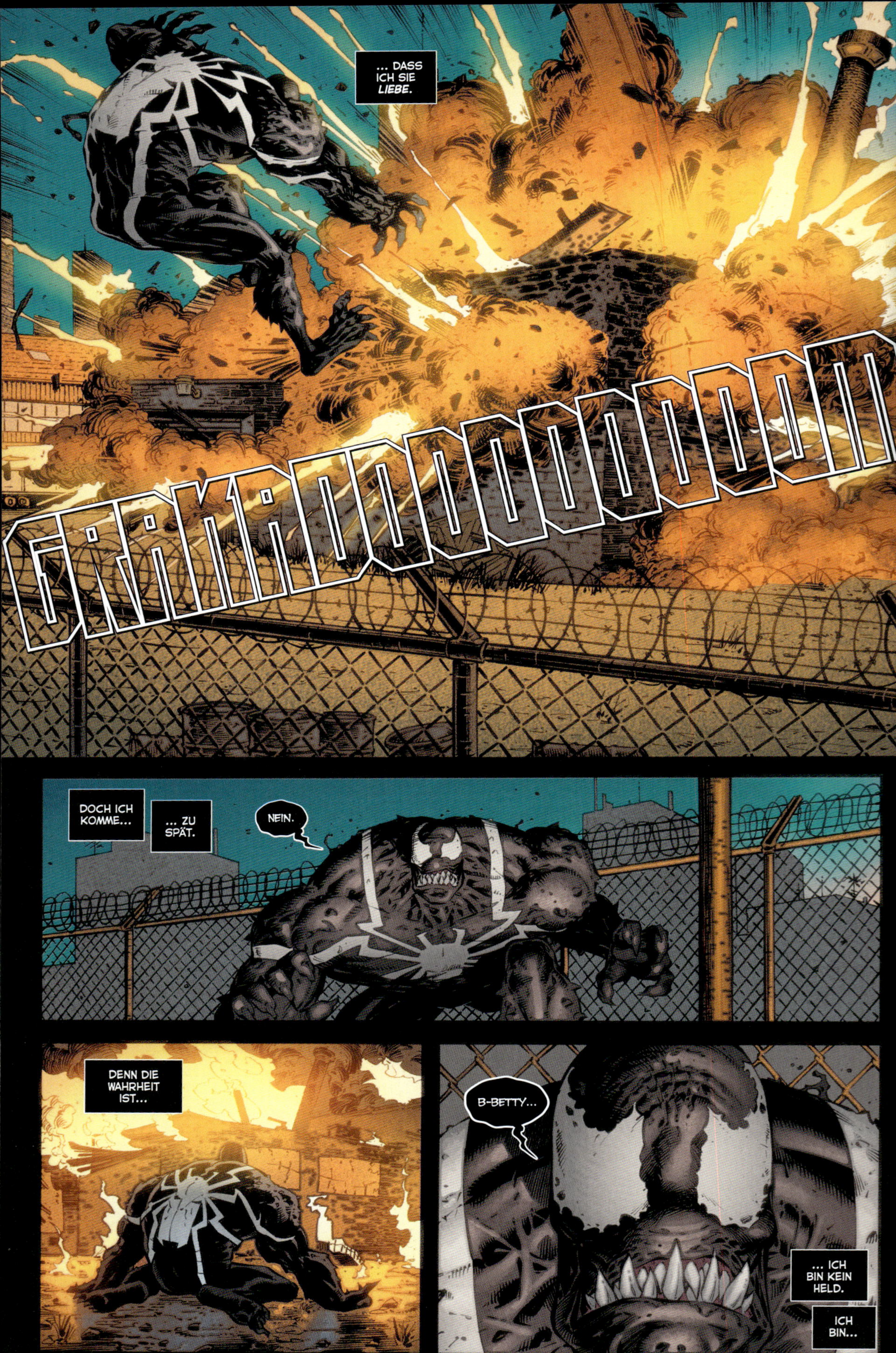

... DASS ICH SIE *LIEBE.*
GRAKADOOOOOOOOOM
DOCH ICH KOMME...
... ZU SPÄT.
NEIN.
DENN DIE WAHRHEIT IST...
B-BETTY...
... ICH BIN KEIN HELD.
ICH BIN...

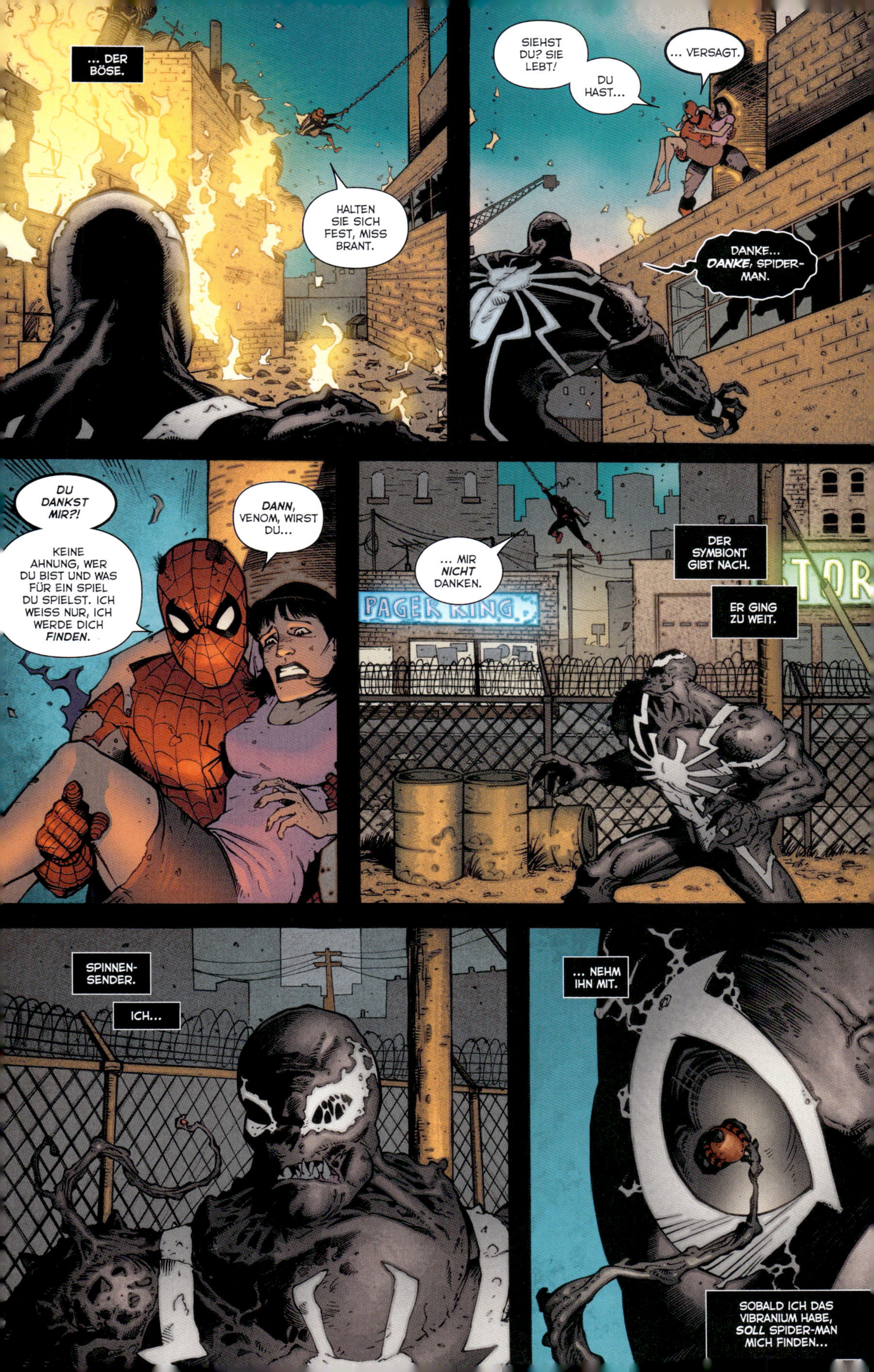

... DER BÖSE.
HALTEN SIE SICH FEST, MISS BRANT.
SIEHST DU? SIE LEBT!
DU HAST...
... VERSAGT.
DANKE... *DANKE*, SPIDER-MAN.

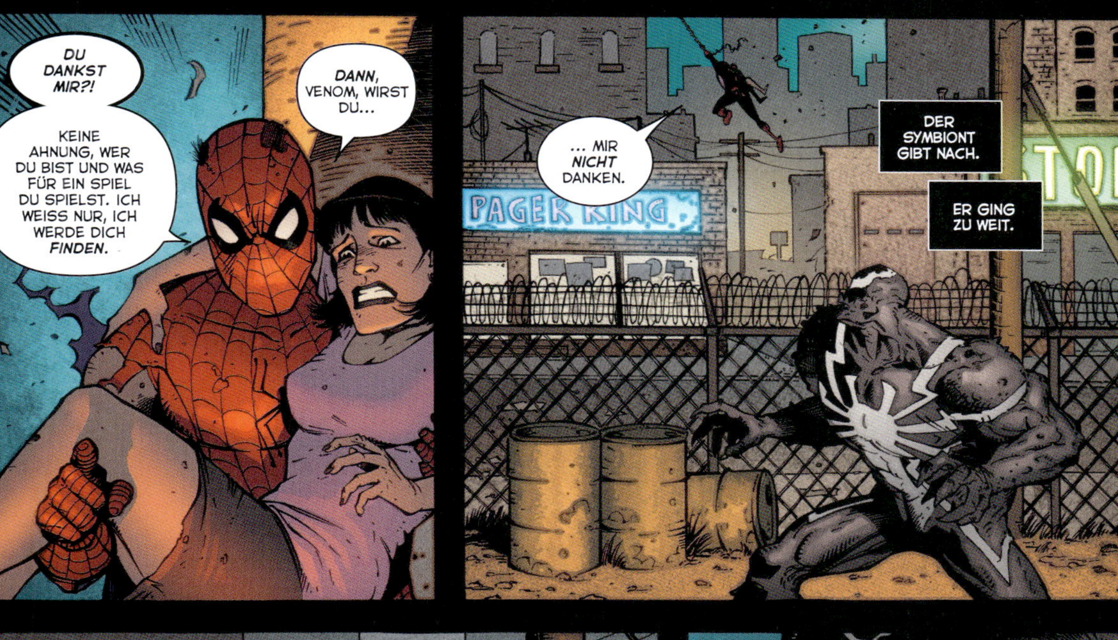

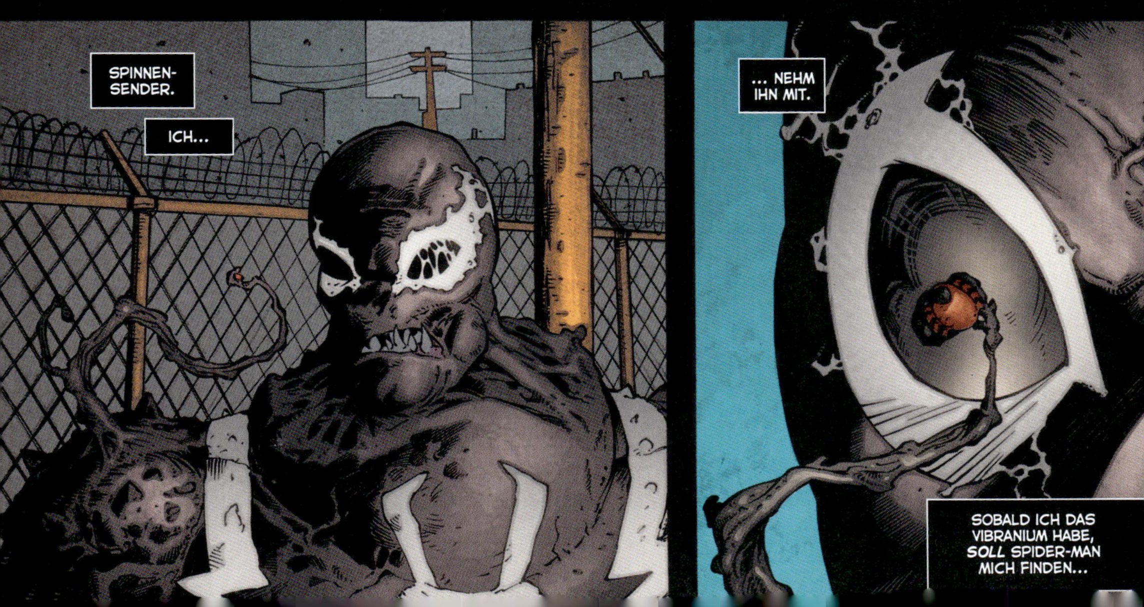

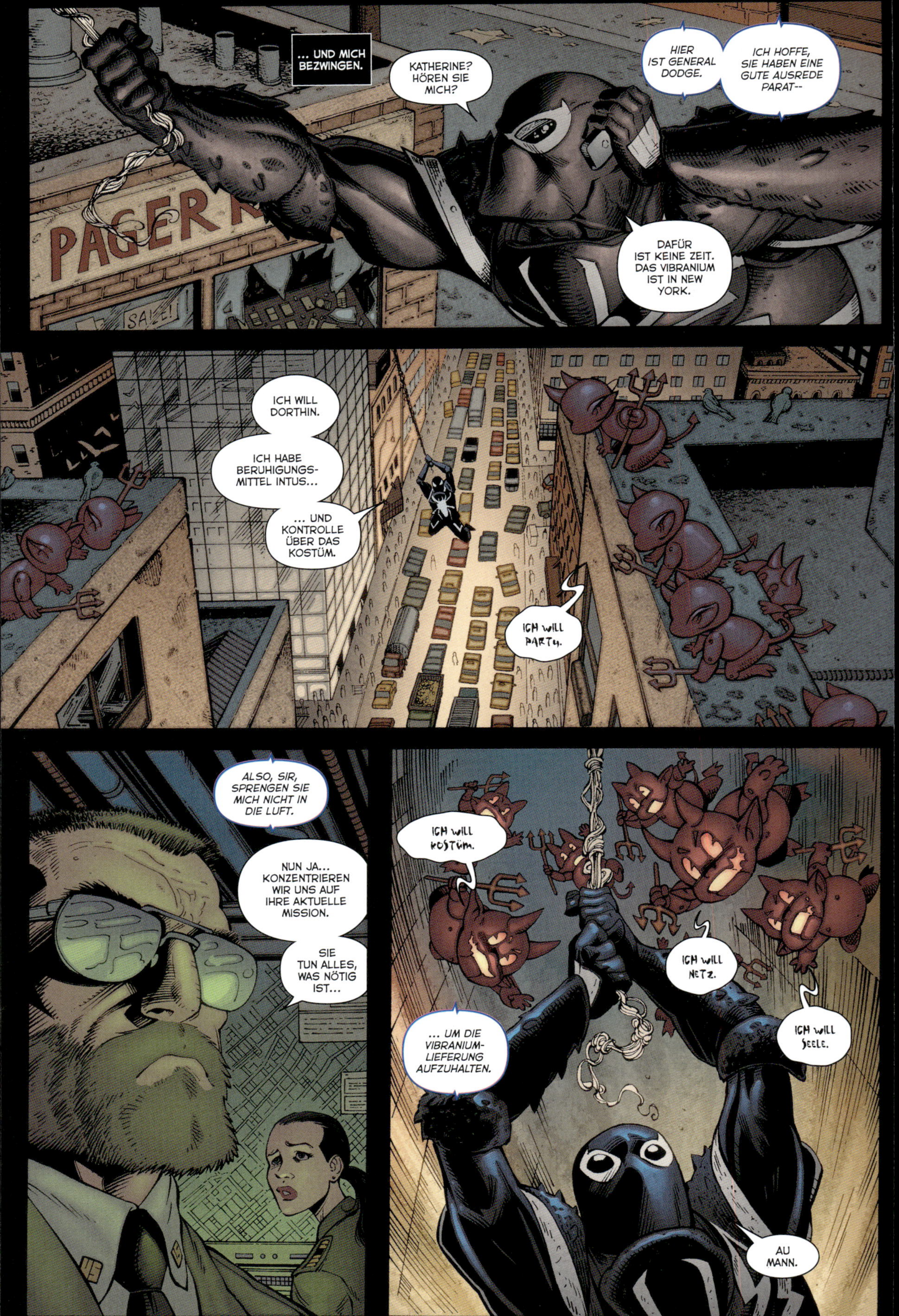

... UND MICH BEZWINGEN.
KATHERINE? HÖREN SIE MICH?
HIER IST GENERAL DODGE.
ICH HOFFE, SIE HABEN EINE GUTE AUSREDE PARAT--
DAFÜR IST KEINE ZEIT. DAS VIBRANIUM IST IN NEW YORK.
ICH WILL DORTHIN.
ICH HABE BERUHIGUNGS-MITTEL INTUS...
... UND KONTROLLE ÜBER DAS KOSTÜM.
ICH WILL PARTY.
ALSO, SIR, SPRENGEN SIE MICH NICHT IN DIE LUFT.
NUN JA... KONZENTRIEREN WIR UNS AUF IHRE AKTUELLE MISSION.
SIE TUN ALLES, WAS NÖTIG IST...
ICH WILL KOSTÜM.
... UM DIE VIBRANIUM-LIEFERUNG AUFZUHALTEN.
ICH WILL NETZ.
ICH WILL SEELE.
AU MANN.

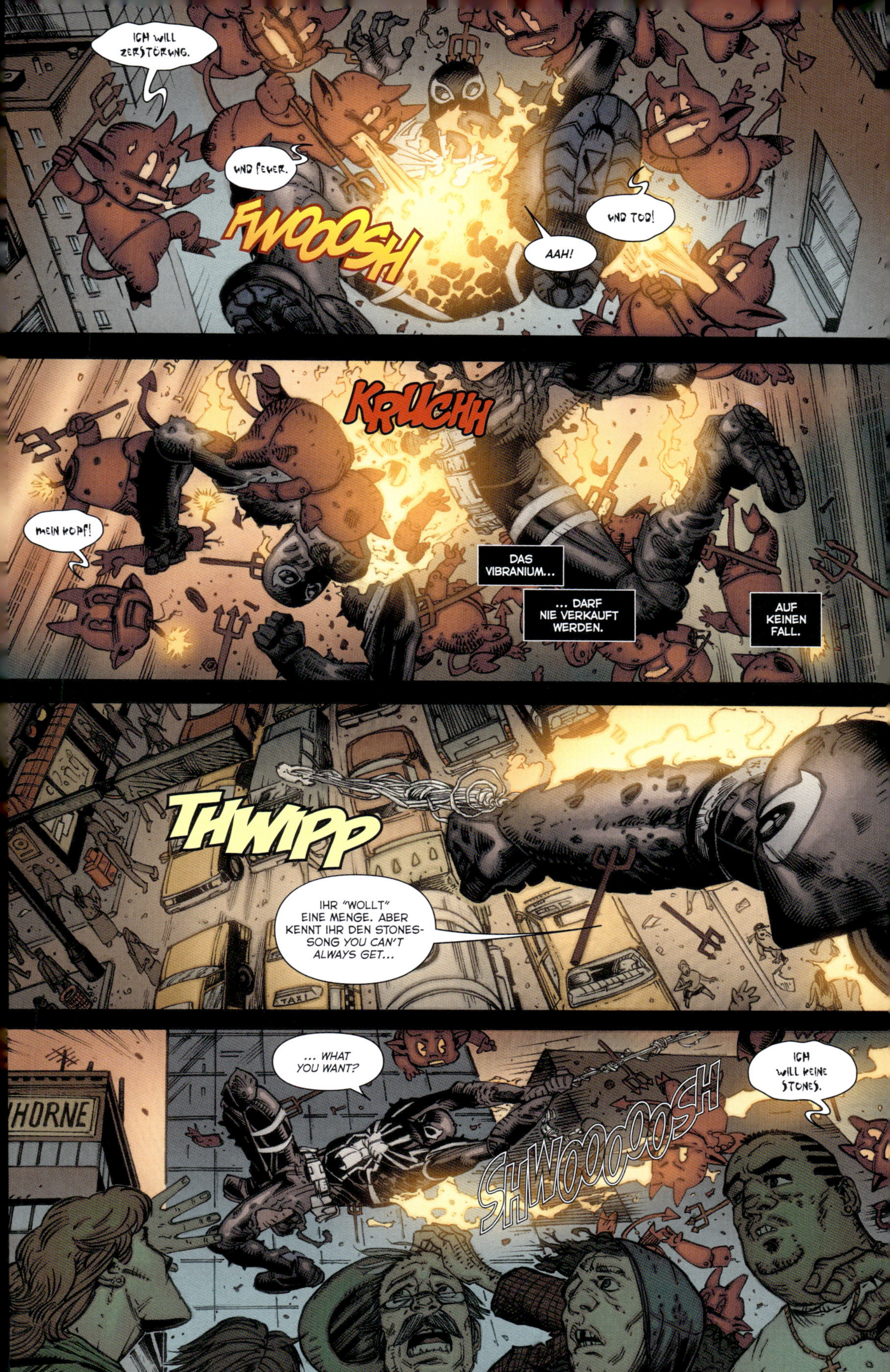
ICH WILL ZERSTÖRUNG.
UND FEUER.
FWOOOSH
AAH!
UND TOD!
KRUCHH
MEIN KOPF!
DAS VIBRANIUM...
... DARF NIE VERKAUFT WERDEN.
AUF KEINEN FALL.
THWIPP
IHR "WOLLT" EINE MENGE. ABER KENNT IHR DEN STONES-SONG YOU CAN'T ALWAYS GET...
... WHAT YOU WANT?
ICH WILL KEINE STONES.
SHWOOOOOSH
HORNE
TAXI

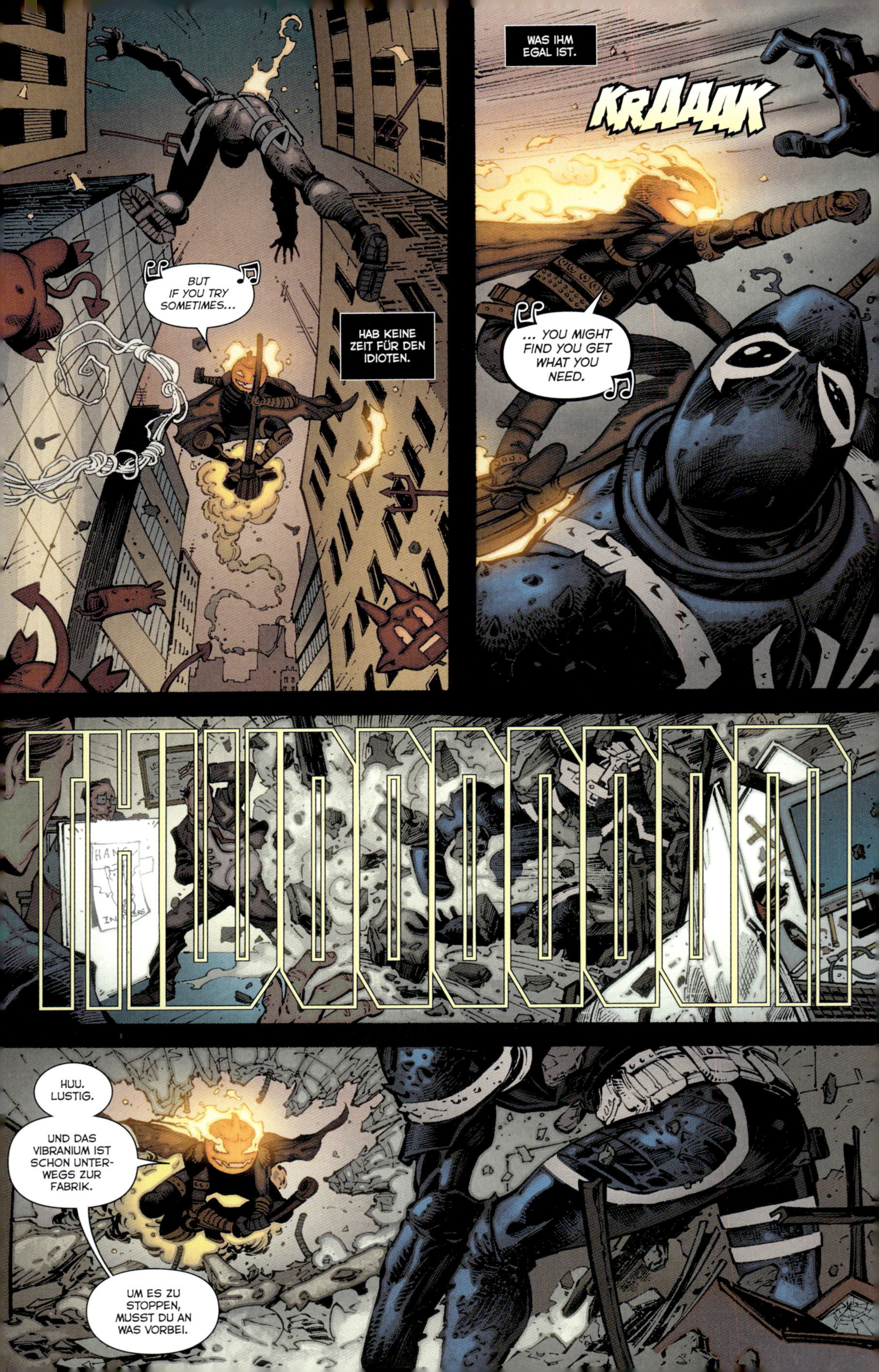

BUT IF YOU TRY SOMETIMES...
HAB KEINE ZEIT FÜR DEN IDIOTEN.
WAS IHM EGAL IST.
KRAAAK
... YOU MIGHT FIND YOU GET WHAT YOU NEED.
THUOOOOOOM

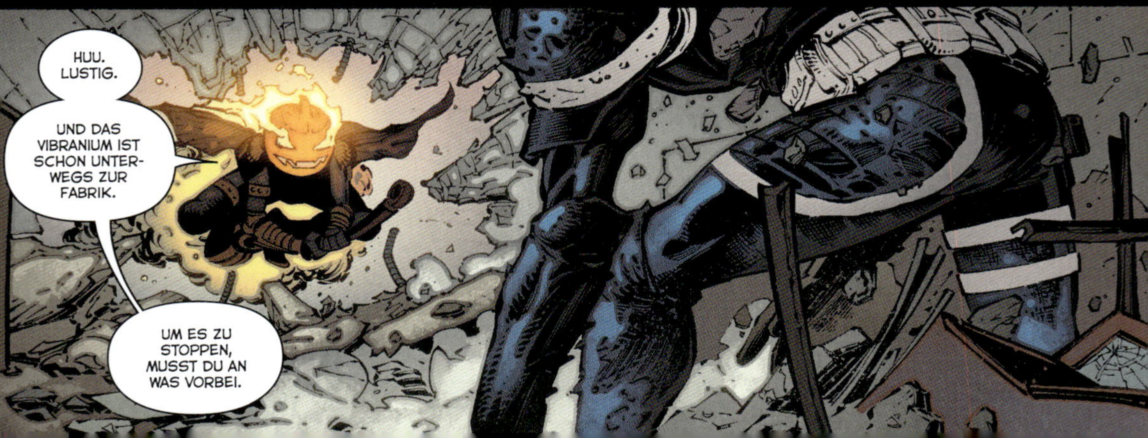

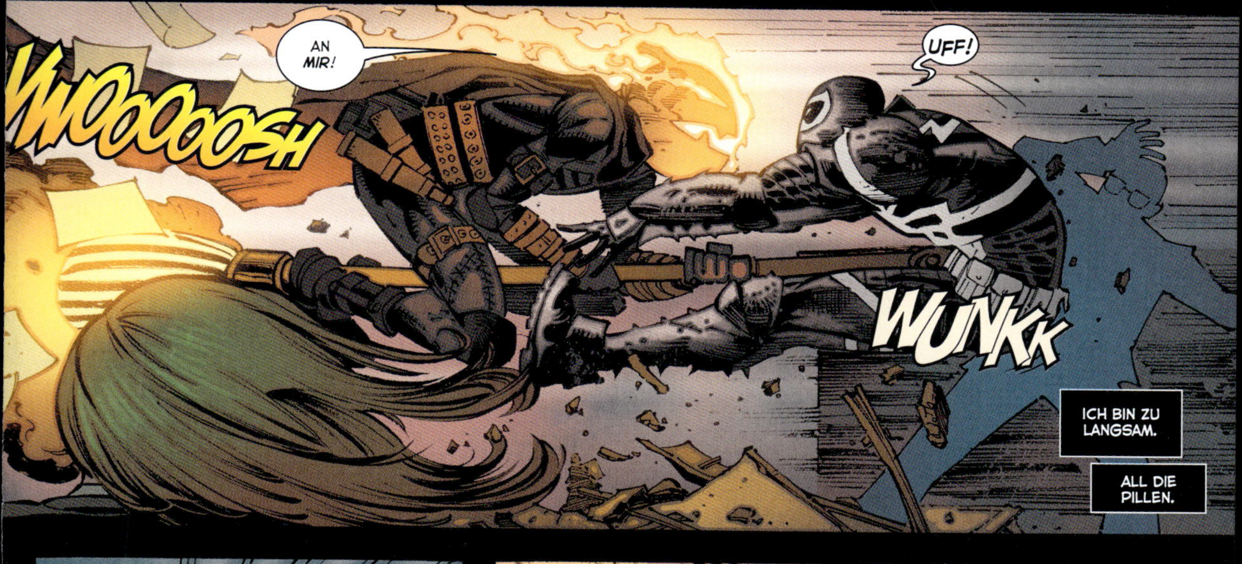
WHOOOOOOSH
AN MIR!
UFF!
WUNKK
ICH BIN ZU LANGSAM.
ALL DIE PILLEN.

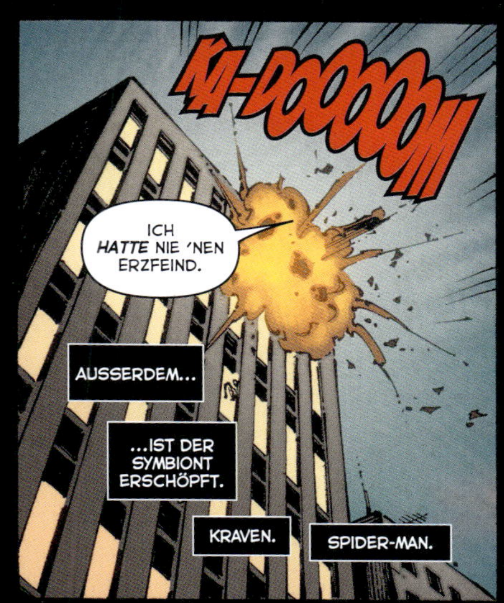
KA-DOOOOOM
ICH HATTE NIE 'NEN ERZFEIND.
AUSSERDEM...
...IST DER SYMBIONT ERSCHÖPFT.
KRAVEN.
SPIDER-MAN.

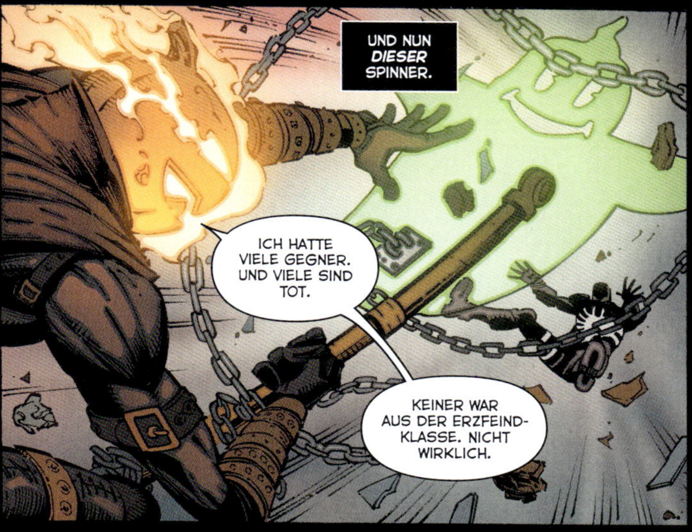
UND NUN DIESER SPINNER.
ICH HATTE VIELE GEGNER. UND VIELE SIND TOT.
KEINER WAR AUS DER ERZFEIND-KLASSE. NICHT WIRKLICH.

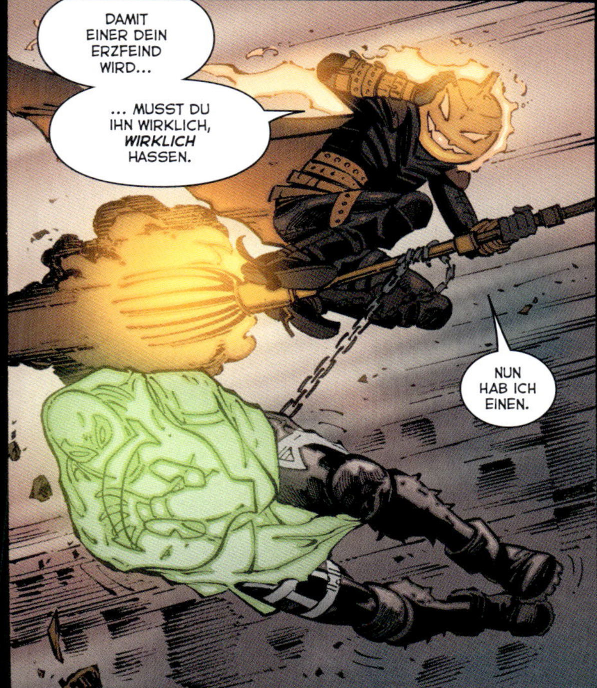
DAMIT EINER DEIN ERZFEIND WIRD...
... MUSST DU IHN WIRKLICH, WIRKLICH HASSEN.
NUN HAB ICH EINEN.

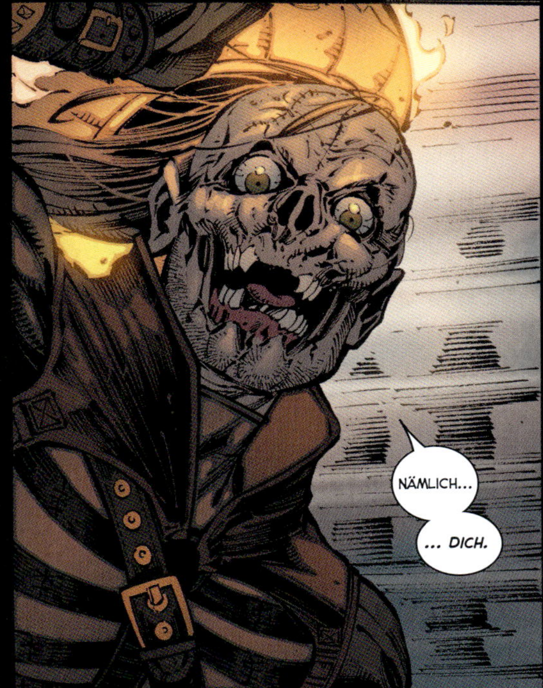
NÄMLICH...
... DICH.

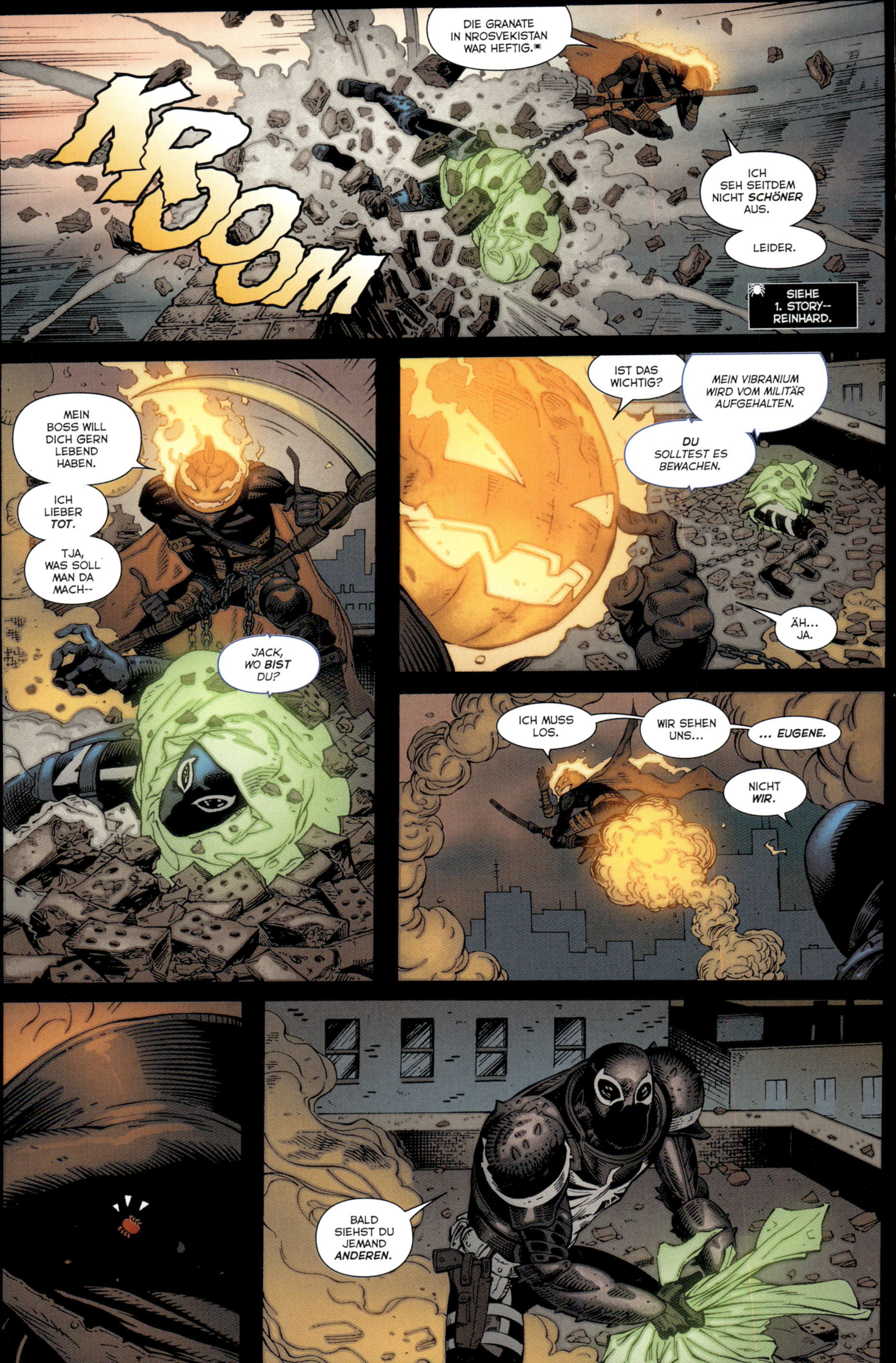
KROOM
DIE GRANATE IN NROSVEKISTAN WAR HEFTIG.
ICH SEH SEITDEM NICHT SCHÖNER AUS.
LEIDER.
SIEHE 1. STORY-- REINHARD.
MEIN BOSS WILL DICH GERN LEBEND HABEN.
ICH LIEBER TOT.
TJA, WAS SOLL MAN DA MACH--
JACK, WO BIST DU?
IST DAS WICHTIG?
MEIN VIBRANIUM WIRD VOM MILITÄR AUFGEHALTEN.
DU SOLLTEST ES BEWACHEN.
ÄH... JA.
ICH MUSS LOS.
WIR SEHEN UNS...
... EUGENE.
NICHT WIR.
BALD SIEHST DU JEMAND ANDEREN.

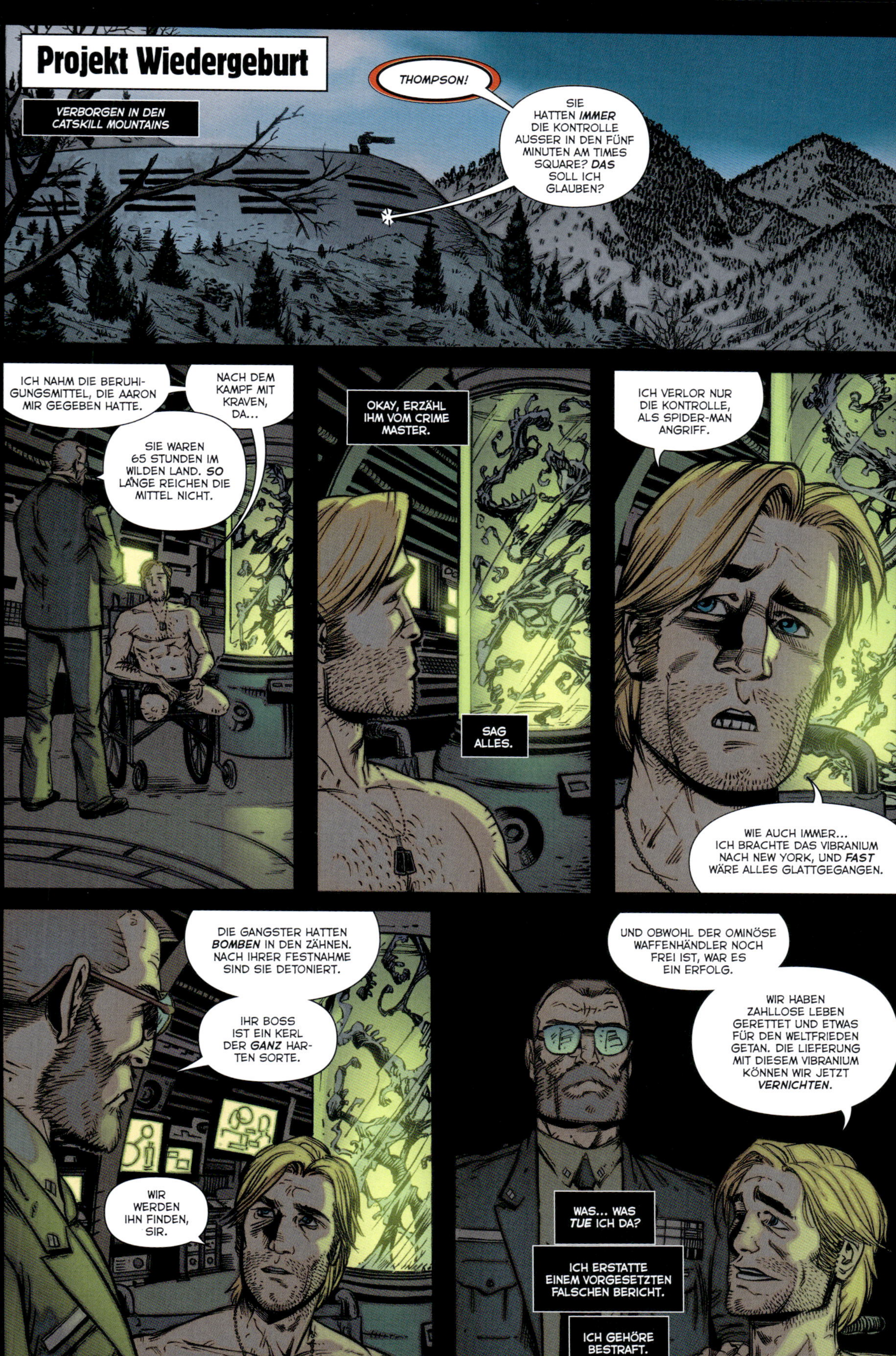
Projekt Wiedergeburt
VERBORGEN IN DEN CATSKILL MOUNTAINS
THOMPSON!
SIE HATTEN IMMER DIE KONTROLLE AUSSER IN DEN FÜNF MINUTEN AM TIMES SQUARE? DAS SOLL ICH GLAUBEN?
ICH NAHM DIE BERUHI-GUNGSMITTEL, DIE AARON MIR GEGEBEN HATTE.
NACH DEM KAMPF MIT KRAVEN, DA...
SIE WAREN 65 STUNDEN IM WILDEN LAND. SO LANGE REICHEN DIE MITTEL NICHT.
OKAY, ERZÄHL IHM VOM CRIME MASTER.
SAG ALLES.
ICH VERLOR NUR DIE KONTROLLE, ALS SPIDER-MAN ANGRIFF.
WIE AUCH IMMER... ICH BRACHTE DAS VIBRANIUM NACH NEW YORK, UND FAST WÄRE ALLES GLATTGEGANGEN.
DIE GANGSTER HATTEN BOMBEN IN DEN ZÄHNEN. NACH IHRER FESTNAHME SIND SIE DETONIERT.
IHR BOSS IST EIN KERL DER GANZ HAR-TEN SORTE.
WIR WERDEN IHN FINDEN, SIR.
UND OBWOHL DER OMINÖSE WAFFENHÄNDLER NOCH FREI IST, WAR ES EIN ERFOLG.
WIR HABEN ZAHLLOSE LEBEN GERETTET UND ETWAS FÜR DEN WELTFRIEDEN GETAN. DIE LIEFERUNG MIT DIESEM VIBRANIUM KÖNNEN WIR JETZT VERNICHTEN.
WAS... WAS TUE ICH DA?
ICH ERSTATTE EINEM VORGESETZTEN FALSCHEN BERICHT.
ICH GEHÖRE BESTRAFT.

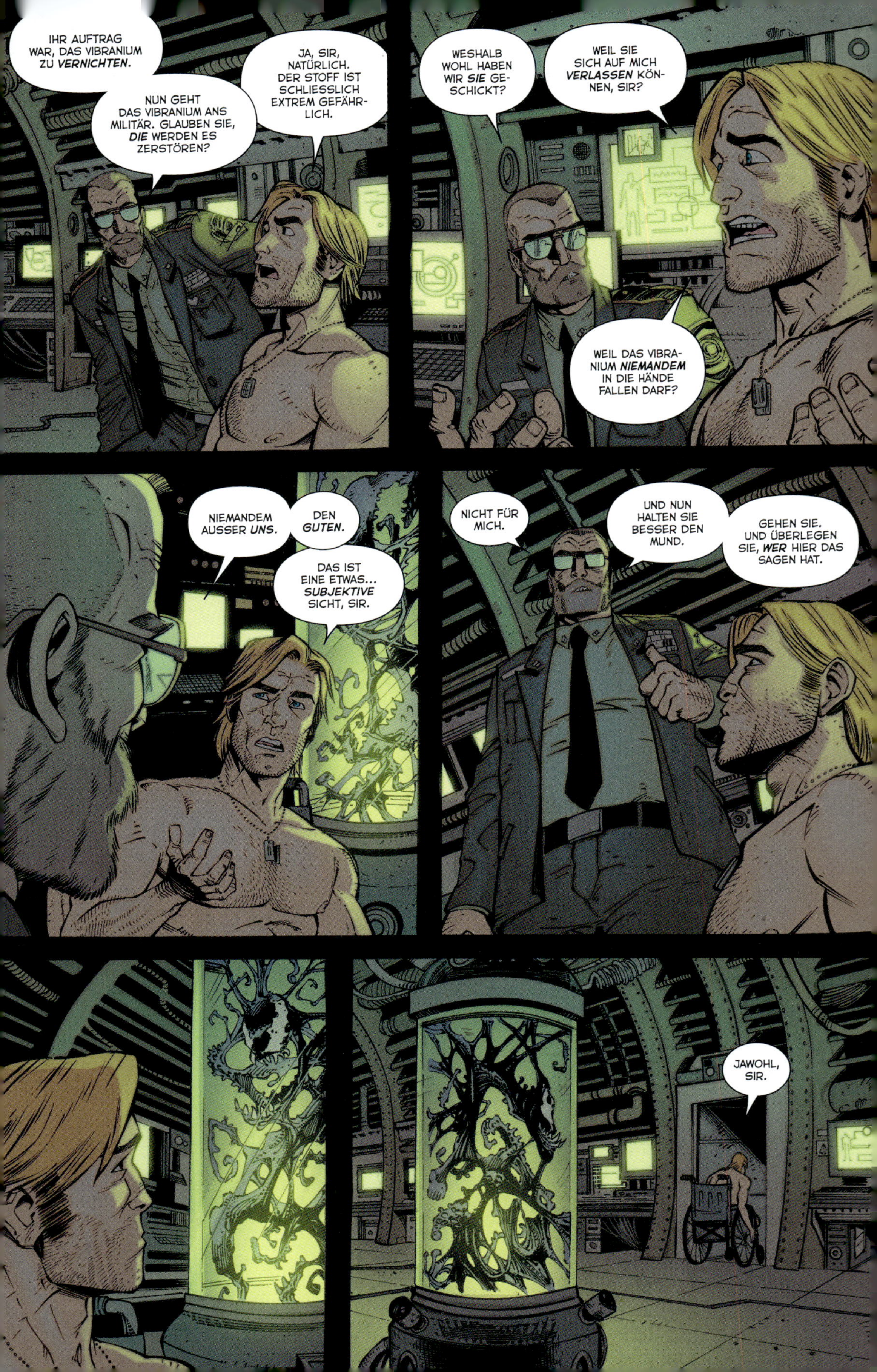

IHR AUFTRAG WAR, DAS VIBRANIUM ZU ***VERNICHTEN***.
NUN GEHT DAS VIBRANIUM ANS MILITÄR. GLAUBEN SIE, ***DIE*** WERDEN ES ZERSTÖREN?
JA, SIR, NATÜRLICH. DER STOFF IST SCHLIESSLICH EXTREM GEFÄHRLICH.

WESHALB WOHL HABEN WIR ***SIE*** GESCHICKT?
WEIL SIE SICH AUF MICH ***VERLASSEN*** KÖNNEN, SIR?
WEIL DAS VIBRANIUM ***NIEMANDEM*** IN DIE HÄNDE FALLEN DARF?

NIEMANDEM AUSSER ***UNS***.
DEN ***GUTEN***.
DAS IST EINE ETWAS... ***SUBJEKTIVE*** SICHT, SIR.

NICHT FÜR MICH.
UND NUN HALTEN SIE BESSER DEN MUND.
GEHEN SIE. UND ÜBERLEGEN SIE, ***WER*** HIER DAS SAGEN HAT.

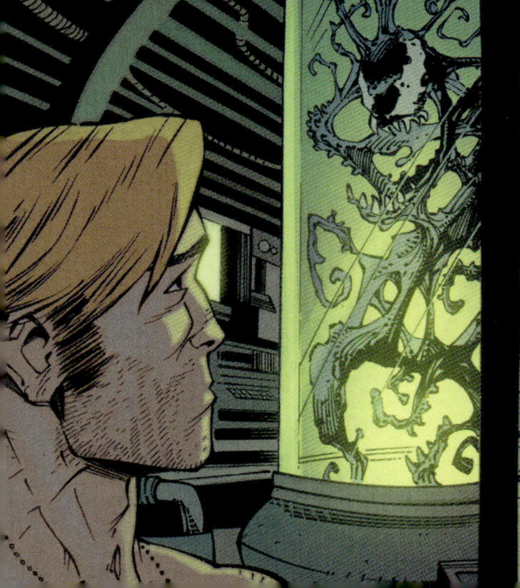

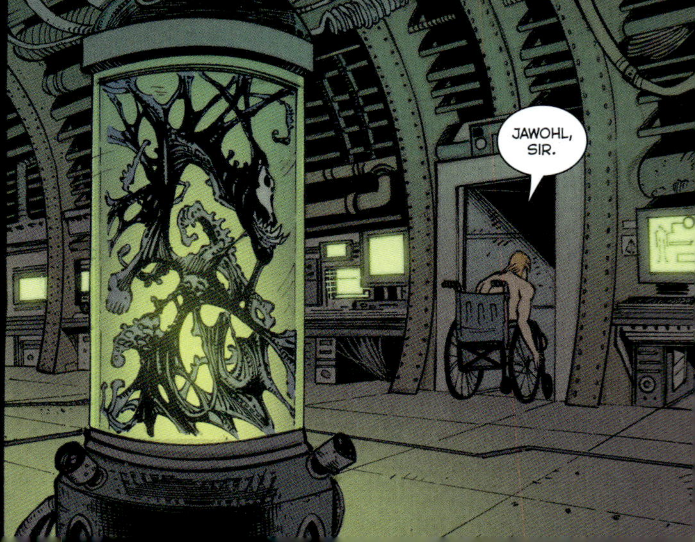

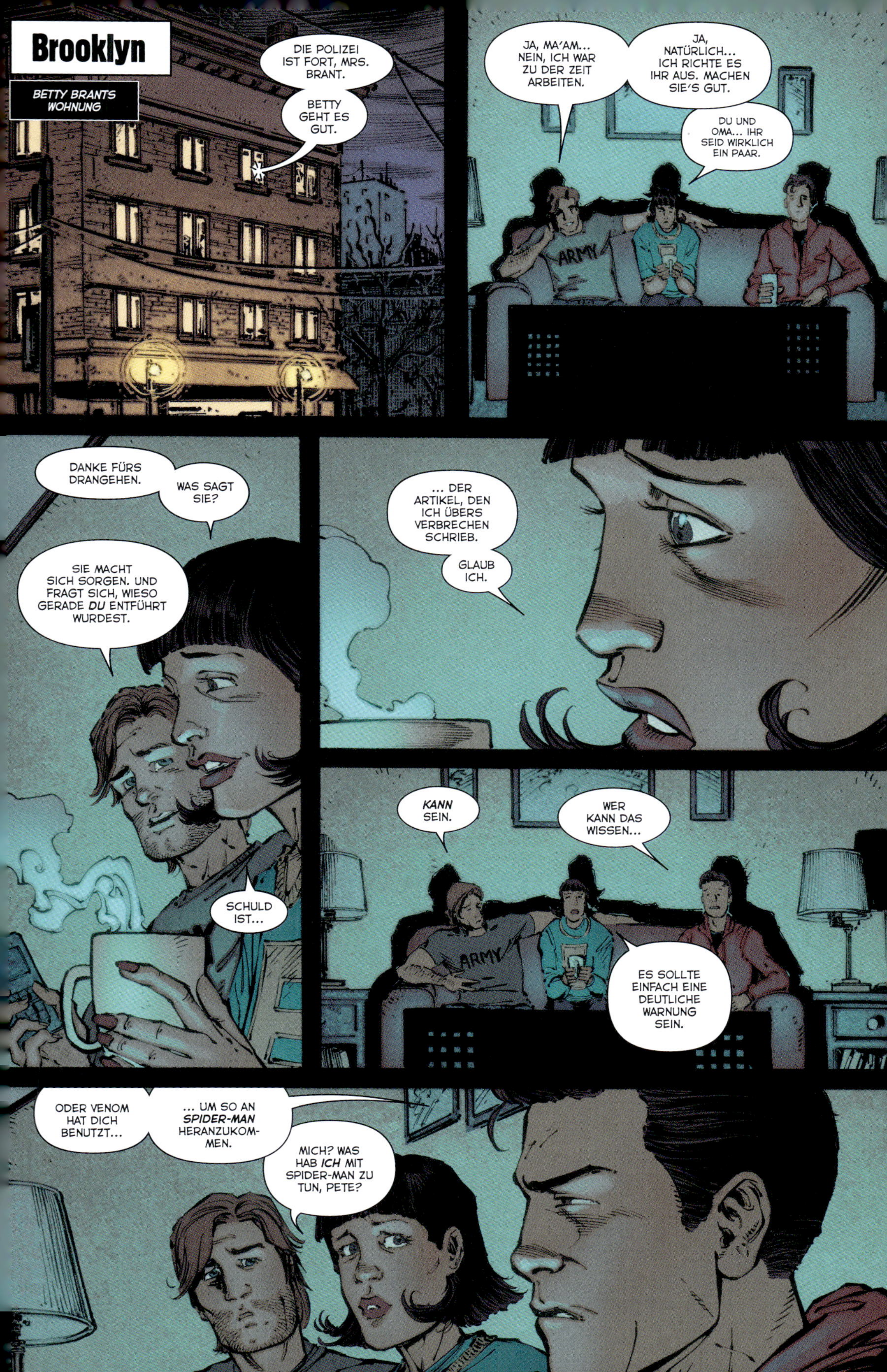
Brooklyn
BETTY BRANTS WOHNUNG
DIE POLIZEI IST FORT, MRS. BRANT.
BETTY GEHT ES GUT.
JA, MA'AM... NEIN, ICH WAR ZU DER ZEIT ARBEITEN.
JA, NATÜRLICH... ICH RICHTE ES IHR AUS. MACHEN SIE'S GUT.
DU UND OMA... IHR SEID WIRKLICH EIN PAAR.
DANKE FÜRS DRANGEHEN.
WAS SAGT SIE?
SIE MACHT SICH SORGEN. UND FRAGT SICH, WIESO GERADE DU ENTFÜHRT WURDEST.
SCHULD IST...
... DER ARTIKEL, DEN ICH ÜBERS VERBRECHEN SCHRIEB.
GLAUB ICH.
KANN SEIN.
WER KANN DAS WISSEN...
ES SOLLTE EINFACH EINE DEUTLICHE WARNUNG SEIN.
ODER VENOM HAT DICH BENUTZT...
... UM SO AN SPIDER-MAN HERANZUKOMMEN.
MICH? WAS HAB ICH MIT SPIDER-MAN ZU TUN, PETE?

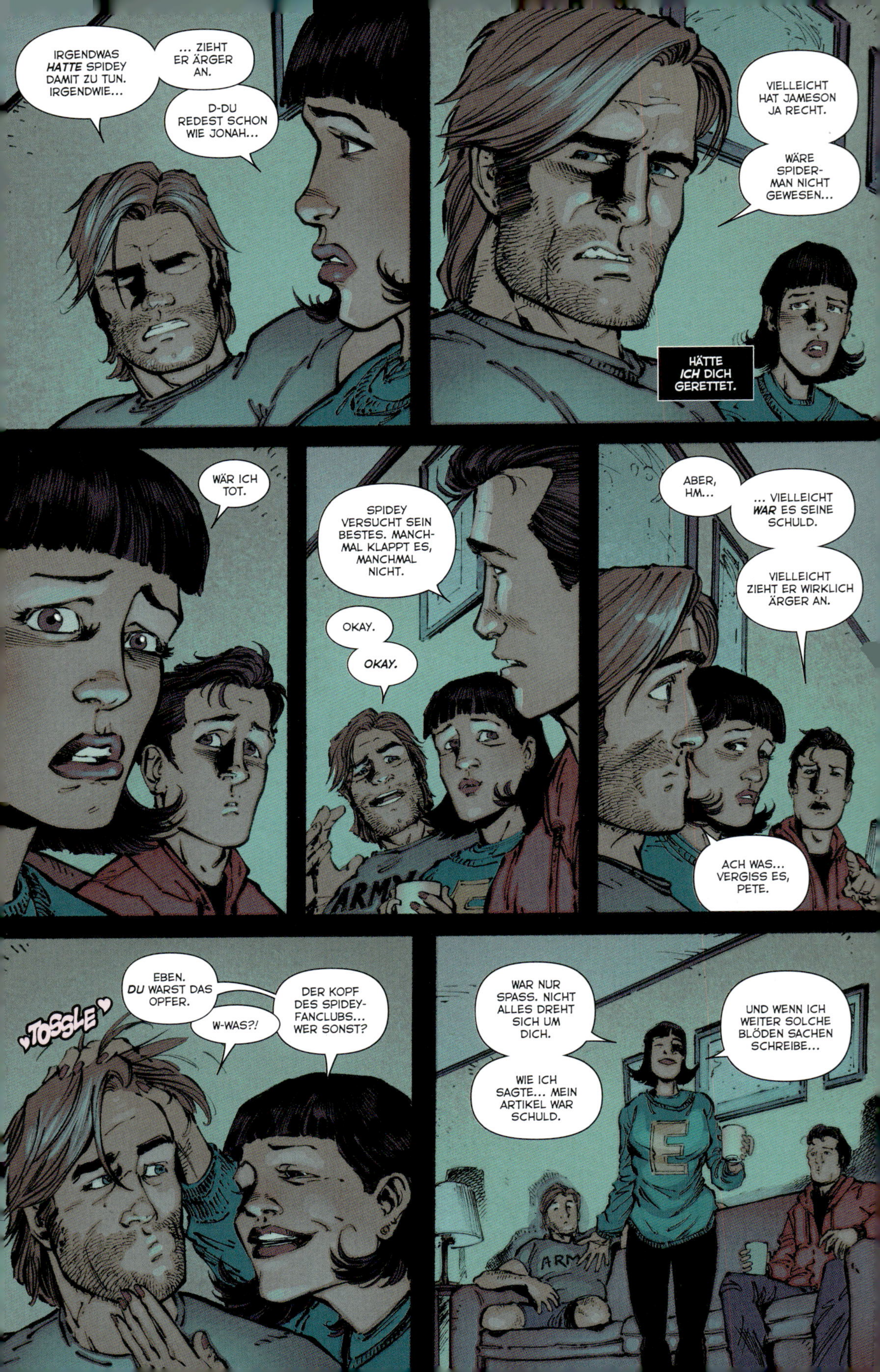

IRGENDWAS *HATTE* SPIDEY DAMIT ZU TUN. IRGENDWIE...
... ZIEHT ER ÄRGER AN.
D-DU REDEST SCHON WIE JONAH...
VIELLEICHT HAT JAMESON JA RECHT.
WÄRE SPIDER-MAN NICHT GEWESEN...
HÄTTE *ICH* DICH GERETTET.
WÄR ICH TOT.
SPIDEY VERSUCHT SEIN BESTES. MANCHMAL KLAPPT ES, MANCHMAL NICHT.
OKAY.
OKAY.
ABER, HM...
... VIELLEICHT *WAR* ES SEINE SCHULD.
VIELLEICHT ZIEHT ER WIRKLICH ÄRGER AN.
ACH WAS... VERGISS ES, PETE.

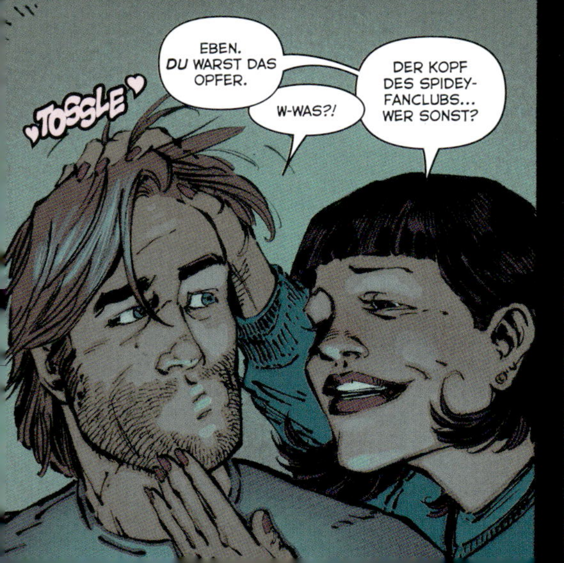

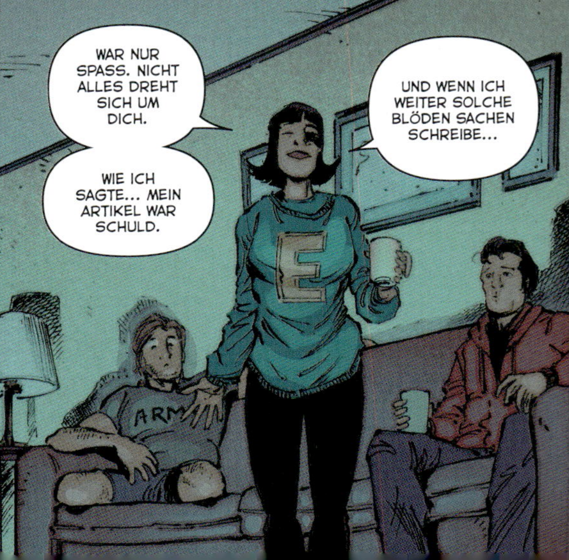

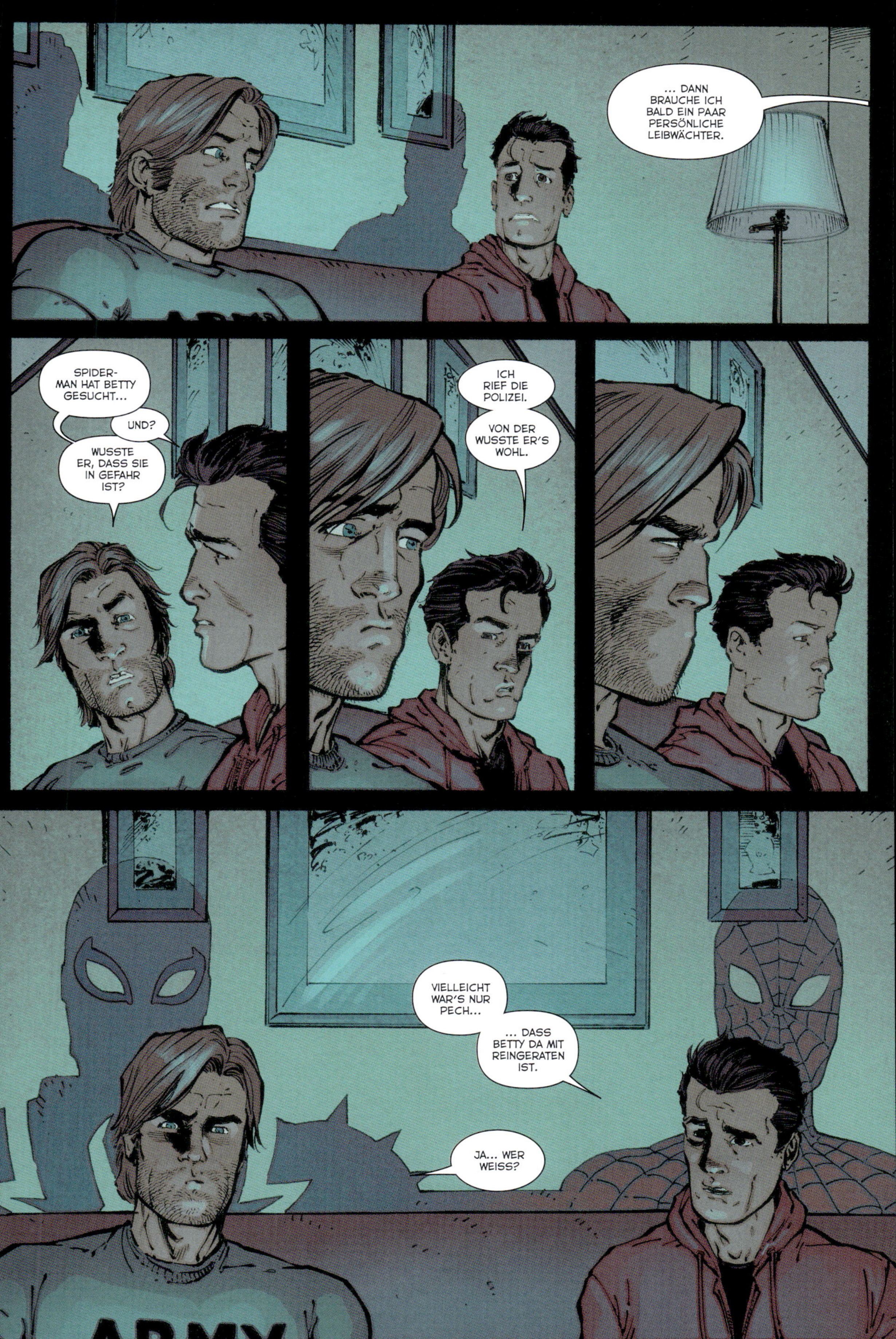
... DANN BRAUCHE ICH BALD EIN PAAR PERSÖNLICHE LEIBWÄCHTER.
SPIDER-MAN HAT BETTY GESUCHT...
UND?
WUSSTE ER, DASS SIE IN GEFAHR IST?
ICH RIEF DIE POLIZEI.
VON DER WUSSTE ER'S WOHL.
VIELLEICHT WAR'S NUR PECH...
... DASS BETTY DA MIT REINGERATEN IST.
JA... WER WEISS?
ARMY

VATERTAG

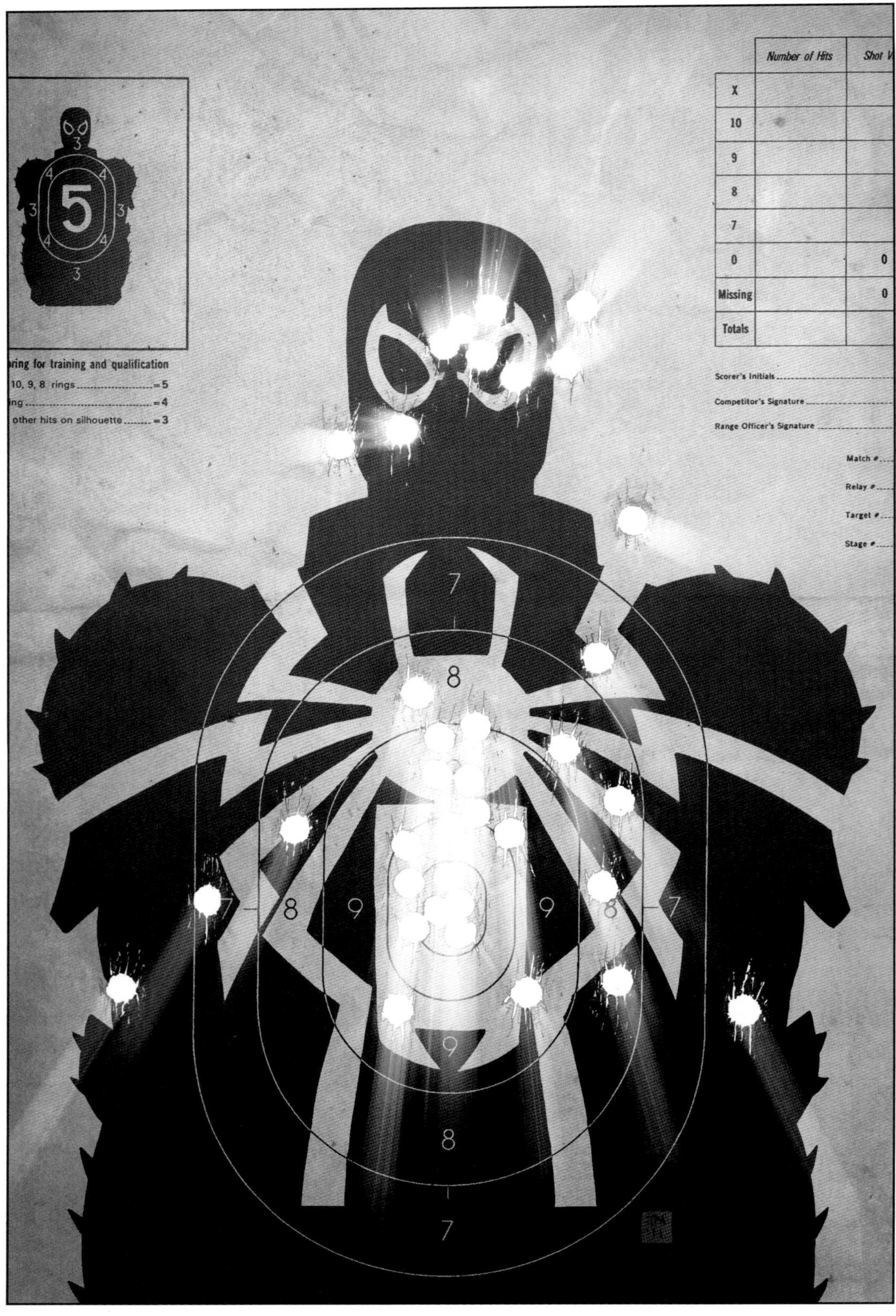

Venom (2011) 5
Cover von **TONY MOORE**

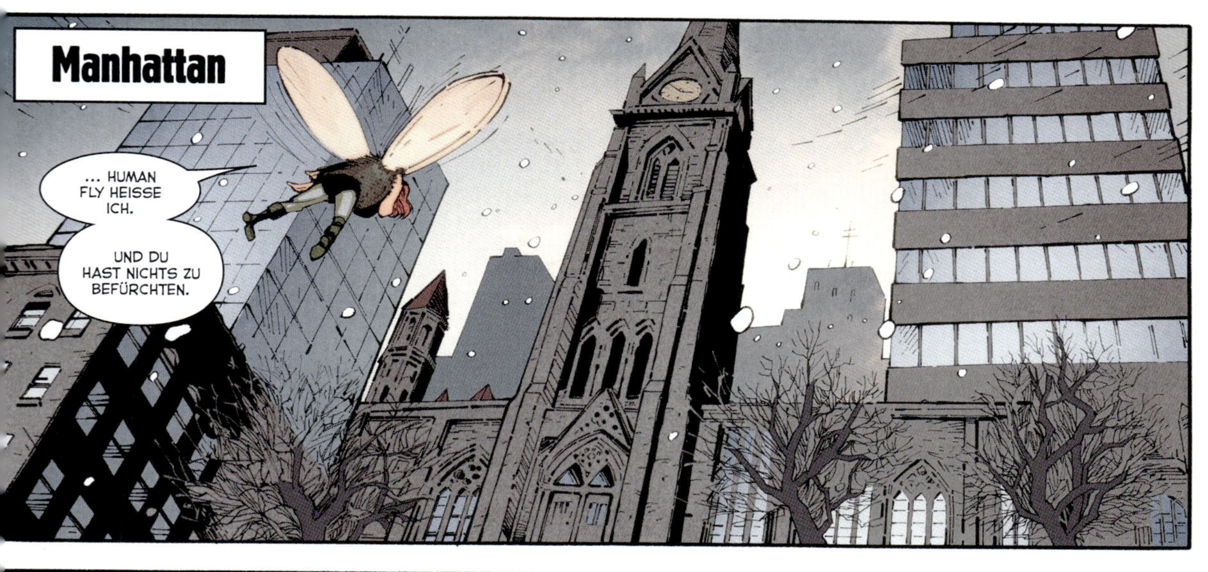
Manhattan
... HUMAN FLY HEISSE ICH.
UND DU HAST NICHTS ZU BEFÜRCHTEN.

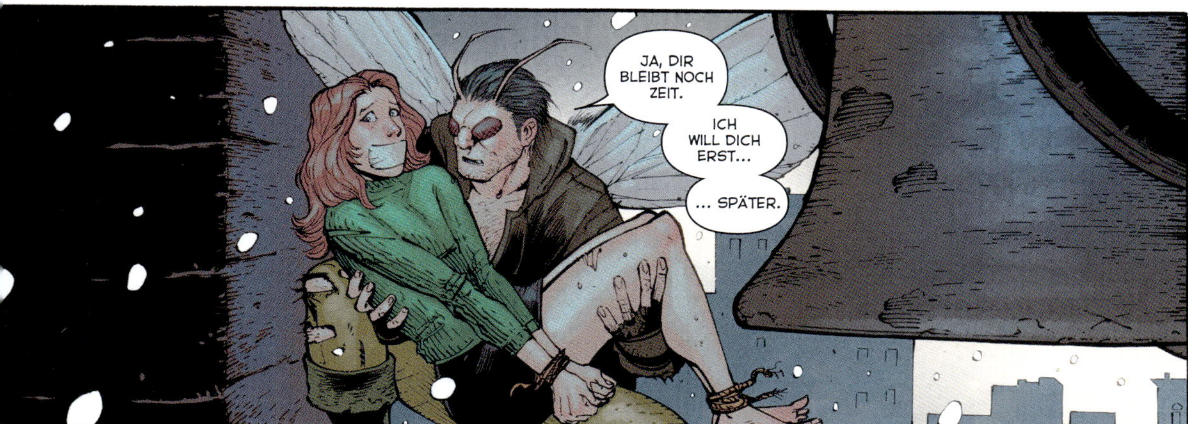
JA, DIR BLEIBT NOCH ZEIT.
ICH WILL DICH ERST...
... SPÄTER.

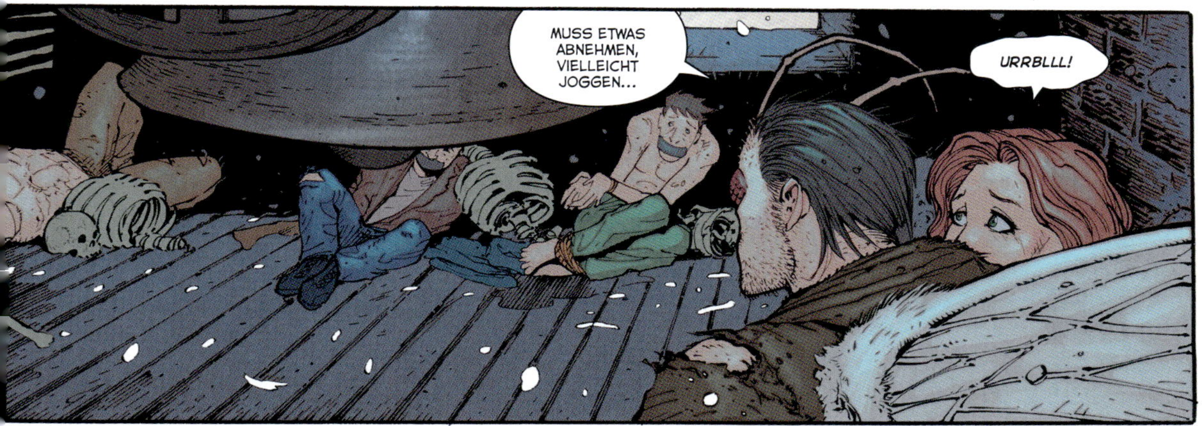
MUSS ETWAS ABNEHMEN, VIELLEICHT JOGGEN...
URRBLLL!

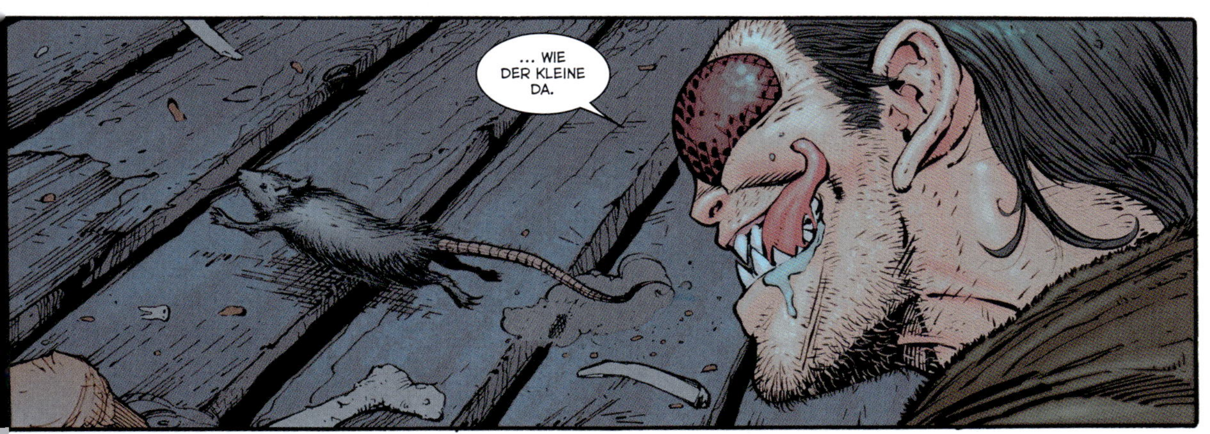
... WIE DER KLEINE DA.

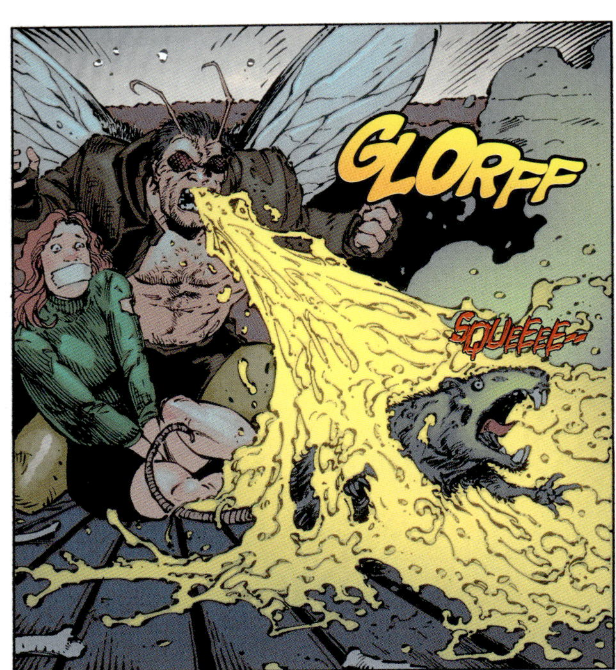
GLORFF
SQUEEEE--

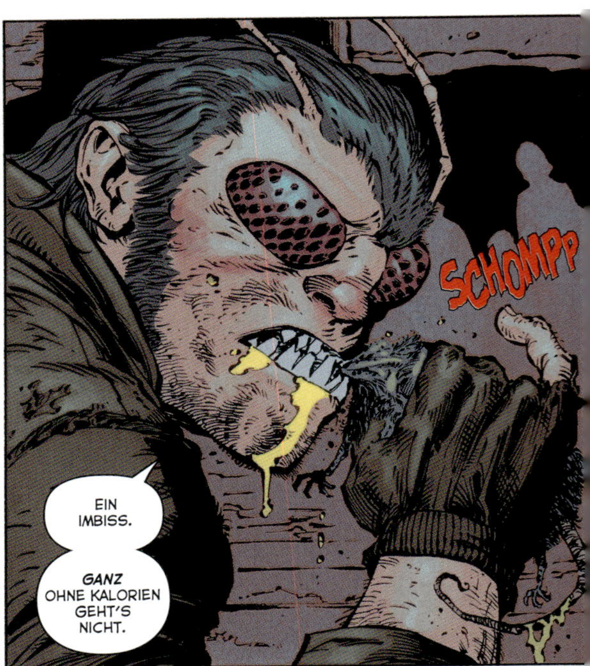
SCHOMPP
EIN IMBISS.
GANZ OHNE KALORIEN GEHT'S NICHT.

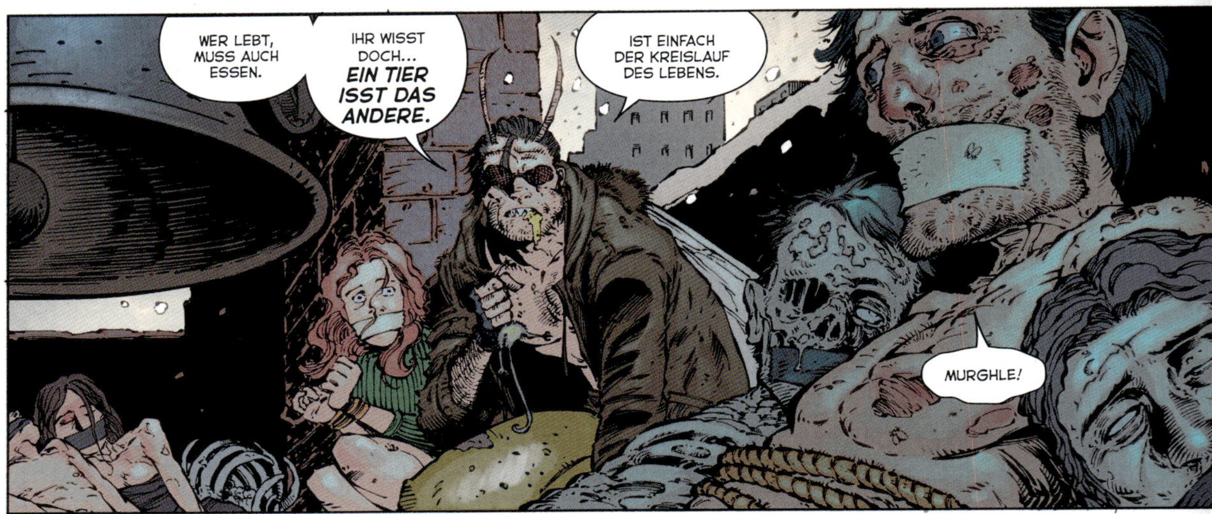
WER LEBT, MUSS AUCH ESSEN.
IHR WISST DOCH... **EIN TIER ISST DAS ANDERE.**
IST EINFACH DER KREISLAUF DES LEBENS.
MURGHLE!

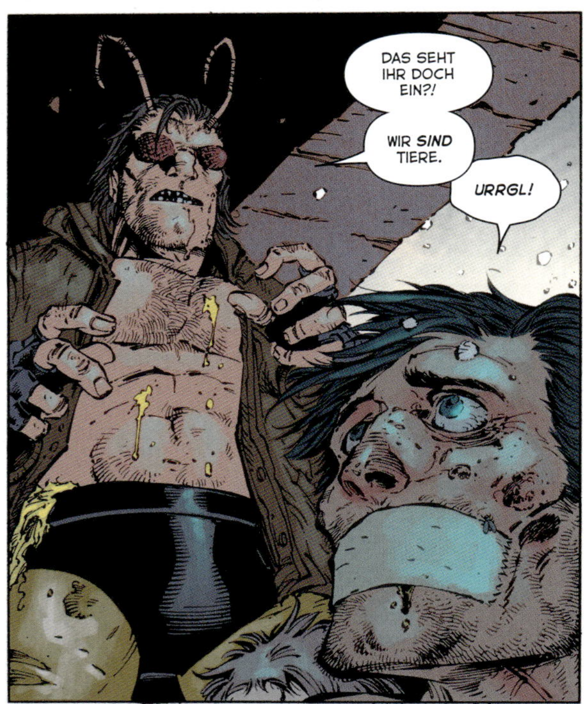
DAS SEHT IHR DOCH EIN?!
WIR *SIND* TIERE.
URRGL!

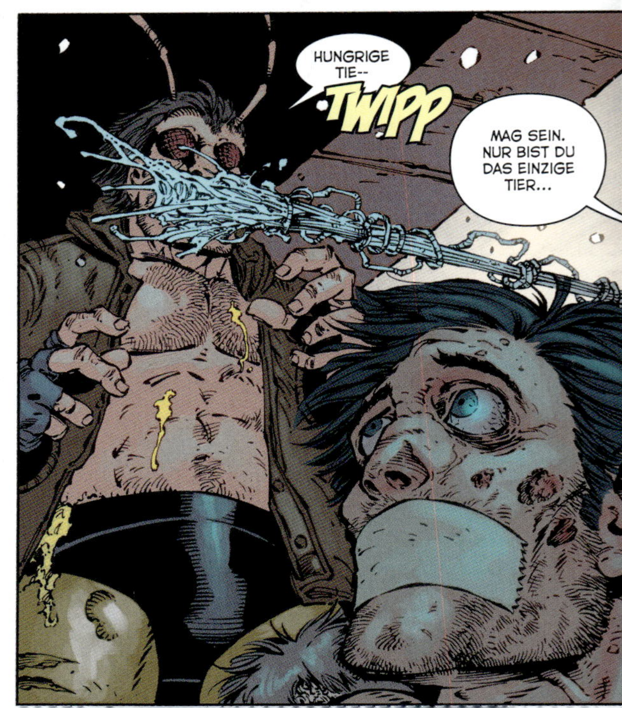
HUNGRIGE TIE--
TWIPP
MAG SEIN. NUR BIST DU DAS EINZIGE TIER...

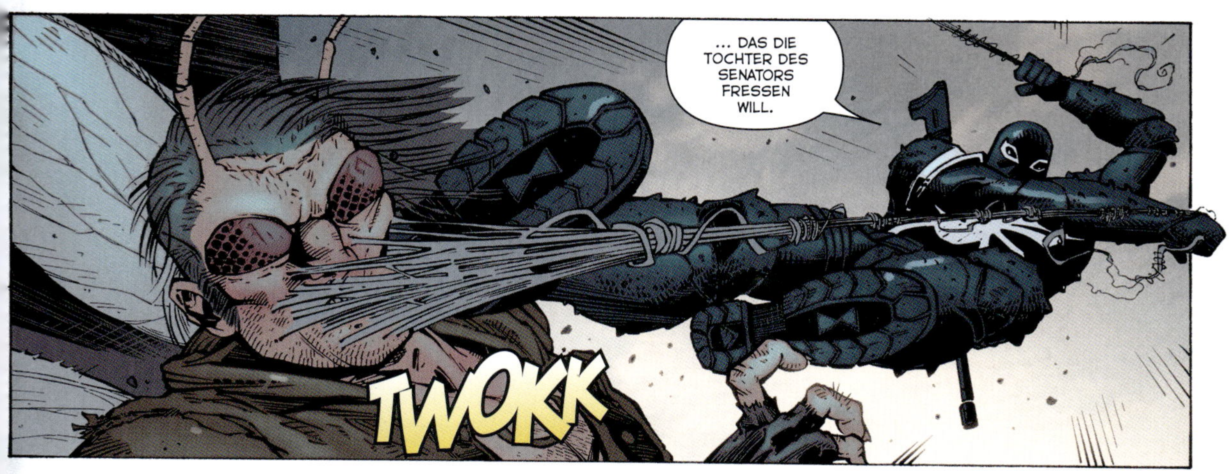
... DAS DIE TOCHTER DES SENATORS FRESSEN WILL.
TWOKK

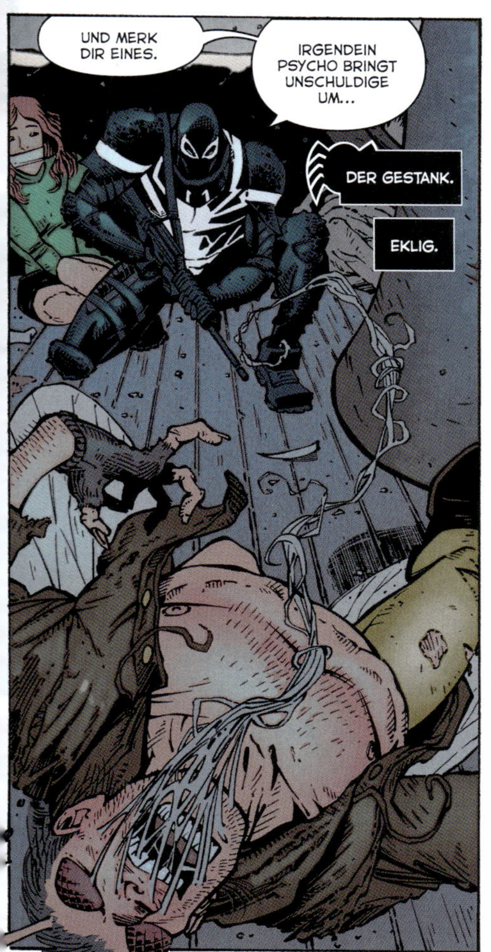
UND MERK DIR EINES.
IRGENDEIN PSYCHO BRINGT UNSCHULDIGE UM...
DER GESTANK.
EKLIG.

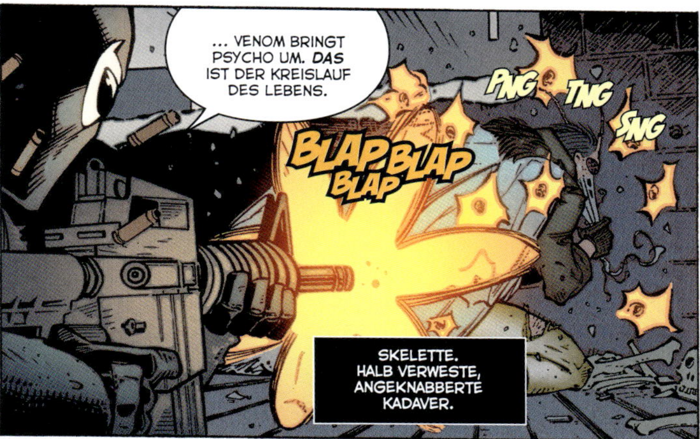
... VENOM BRINGT PSYCHO UM. DAS IST DER KREISLAUF DES LEBENS.
PNG TNG SNG
BLAP BLAP BLAP
SKELETTE. HALB VERWESTE, ANGEKNABBERTE KADAVER.

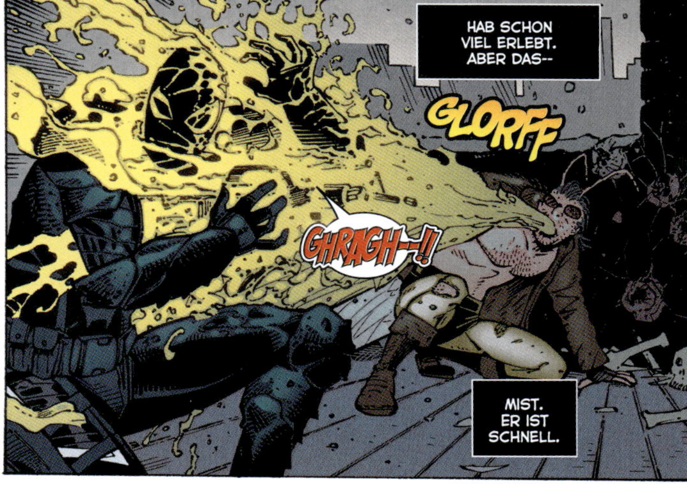
HAB SCHON VIEL ERLEBT. ABER DAS--
GLORFF
GHRAGH--!!
MIST. ER IST SCHNELL.

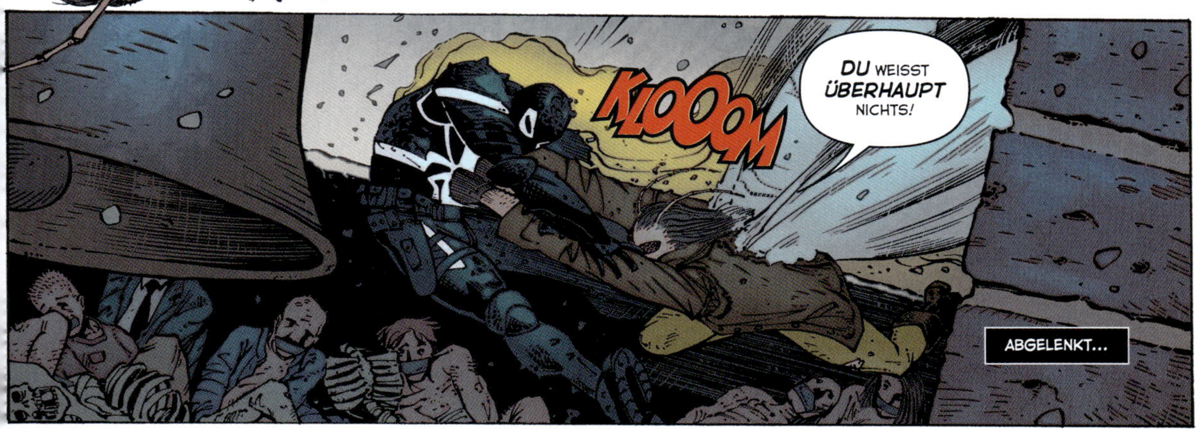
KLOOOM
DU WEISST ÜBERHAUPT NICHTS!
ABGELENKT...

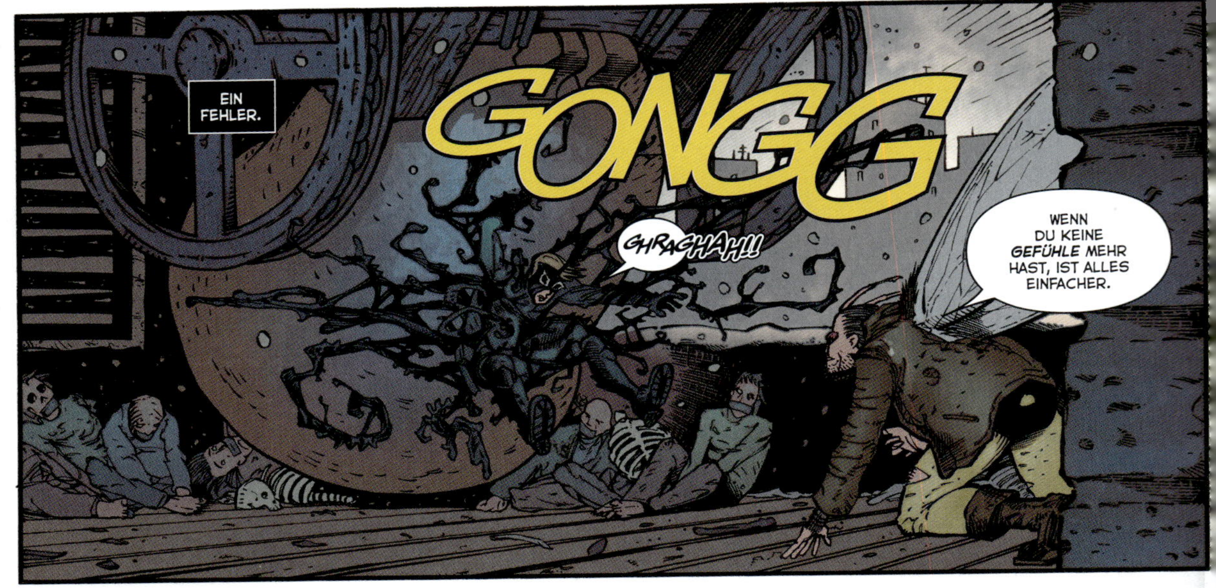
EIN FEHLER.
GONGG
GHRAGHAH!!
WENN DU KEINE GEFÜHLE MEHR HAST, IST ALLES EINFACHER.

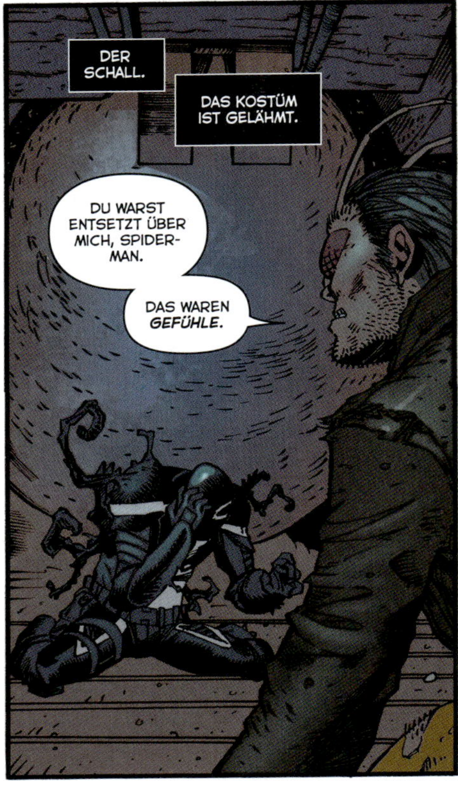
DER SCHALL.
DAS KOSTÜM IST GELÄHMT.
DU WARST ENTSETZT ÜBER MICH, SPIDER-MAN.
DAS WAREN GEFÜHLE.

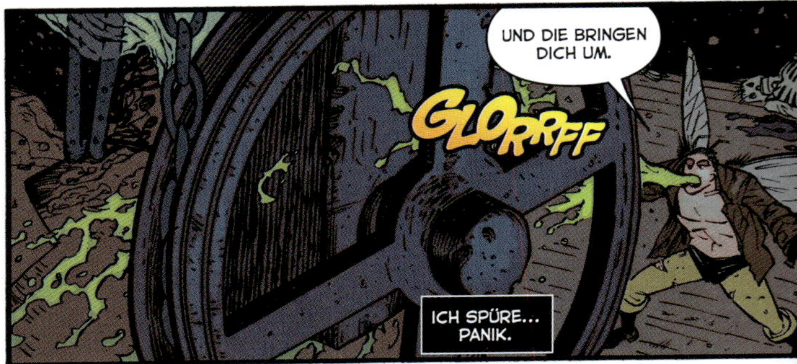
UND DIE BRINGEN DICH UM.
GLORRFF
ICH SPÜRE... PANIK.

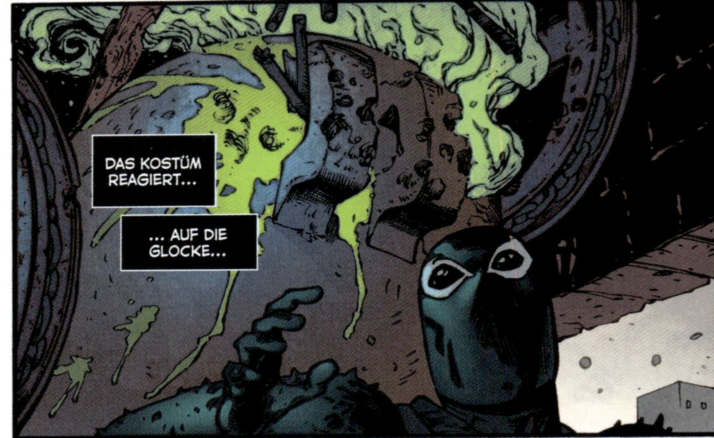
DAS KOSTÜM REAGIERT...
... AUF DIE GLOCKE...

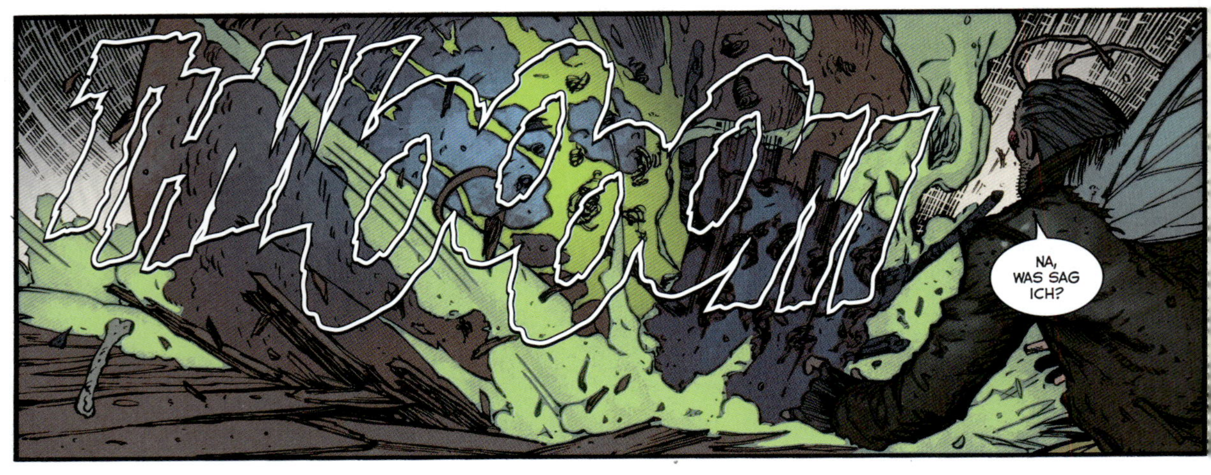
THWOOOOM
NA, WAS SAG ICH?

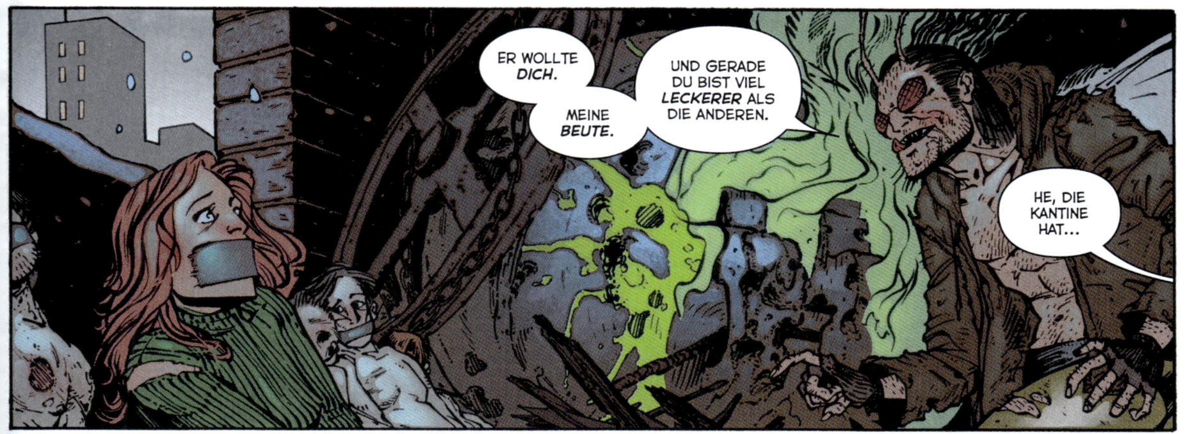
ER WOLLTE *DICH*.
MEINE *BEUTE*.
UND GERADE DU BIST VIEL *LECKERER* ALS DIE ANDEREN.
HE, DIE KANTINE HAT...

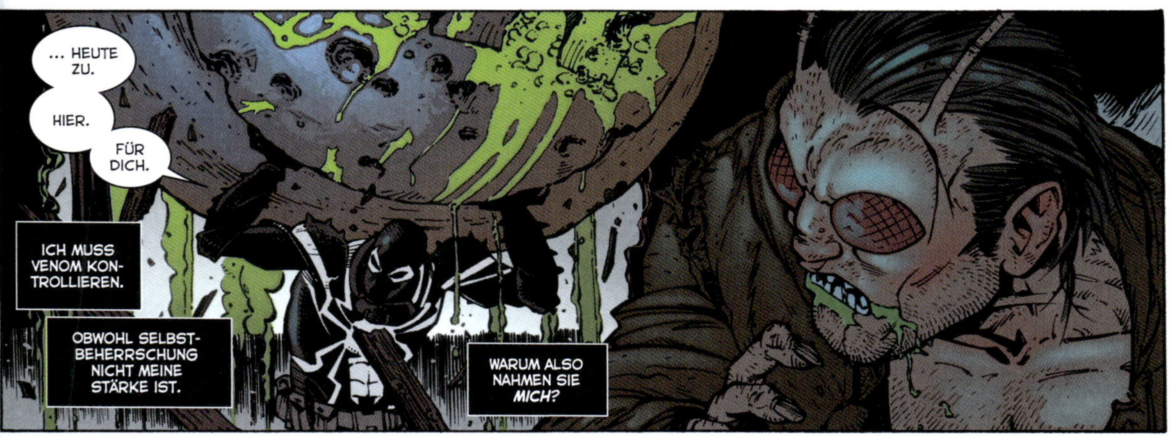
... HEUTE ZU.
HIER.
FÜR DICH.
ICH MUSS VENOM KONTROLLIEREN.
OBWOHL SELBSTBEHERRSCHUNG NICHT MEINE STÄRKE IST.
WARUM ALSO NAHMEN SIE *MICH?*

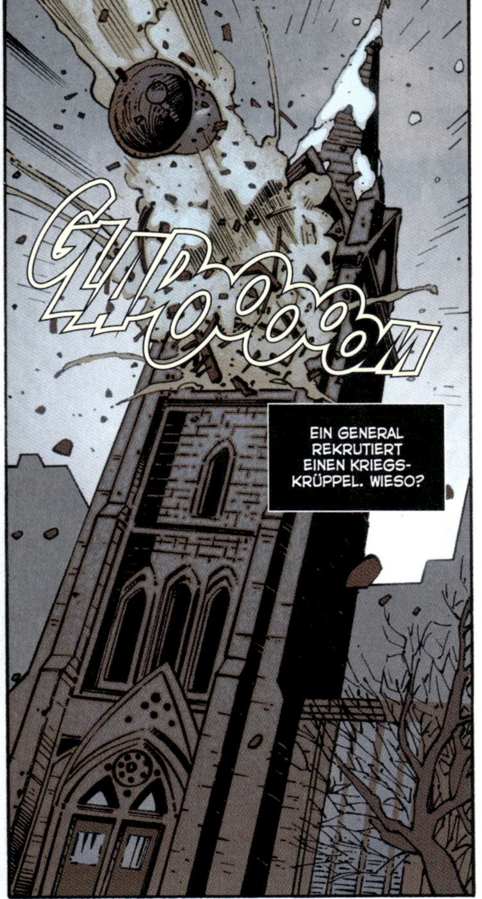
GLOOOOOOM
EIN GENERAL REKRUTIERT EINEN KRIEGSKRÜPPEL. WIESO?

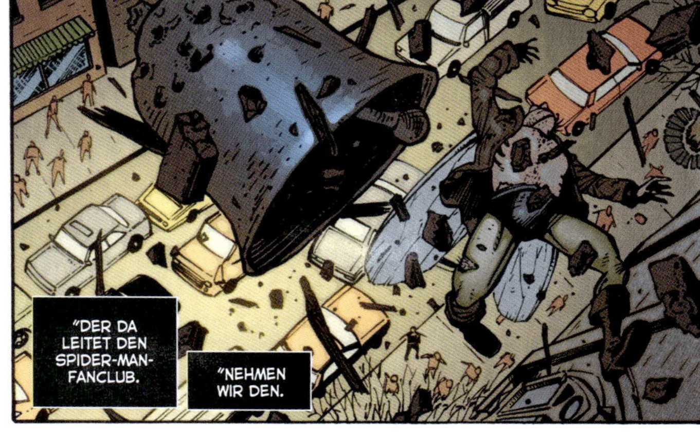
"DER DA LEITET DEN SPIDER-MAN-FANCLUB.
"NEHMEN WIR DEN.

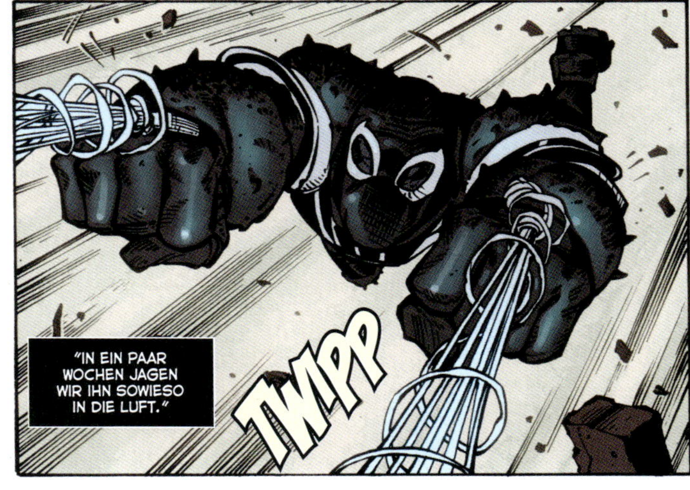
"IN EIN PAAR WOCHEN JAGEN WIR IHN SOWIESO IN DIE LUFT."
TWIPP

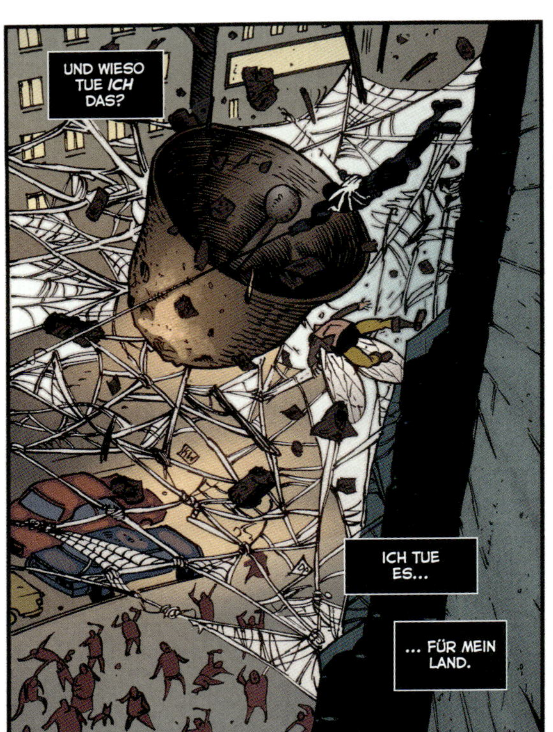
UND WIESO TUE *ICH* DAS?
ICH TUE ES...
... FÜR MEIN LAND.

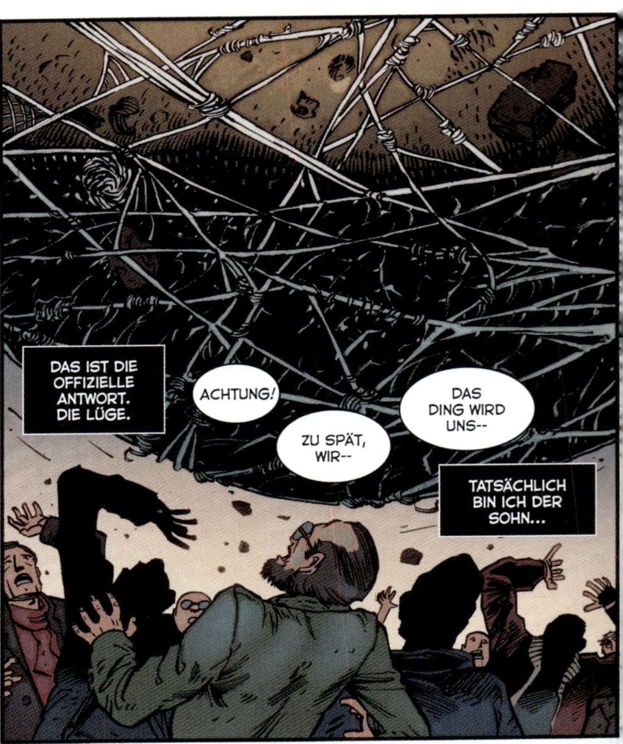
DAS IST DIE OFFIZIELLE ANTWORT. DIE LÜGE.
ACHTUNG!
ZU SPÄT, WIR--
DAS DING WIRD UNS--
TATSÄCHLICH BIN ICH DER SOHN...

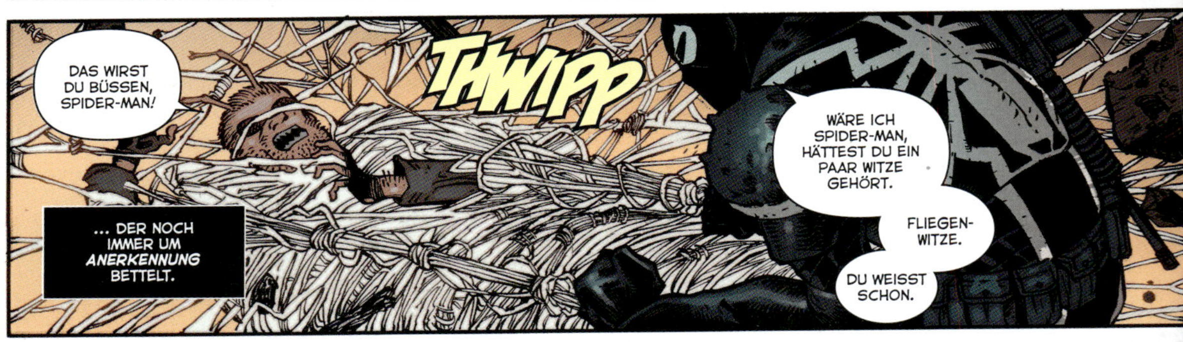
DAS WIRST DU BÜSSEN, SPIDER-MAN!
THWIPP
... DER NOCH IMMER UM *ANERKENNUNG* BETTELT.
WÄRE ICH SPIDER-MAN, HÄTTEST DU EIN PAAR WITZE GEHÖRT.
FLIEGEN-WITZE.
DU WEISST SCHON.

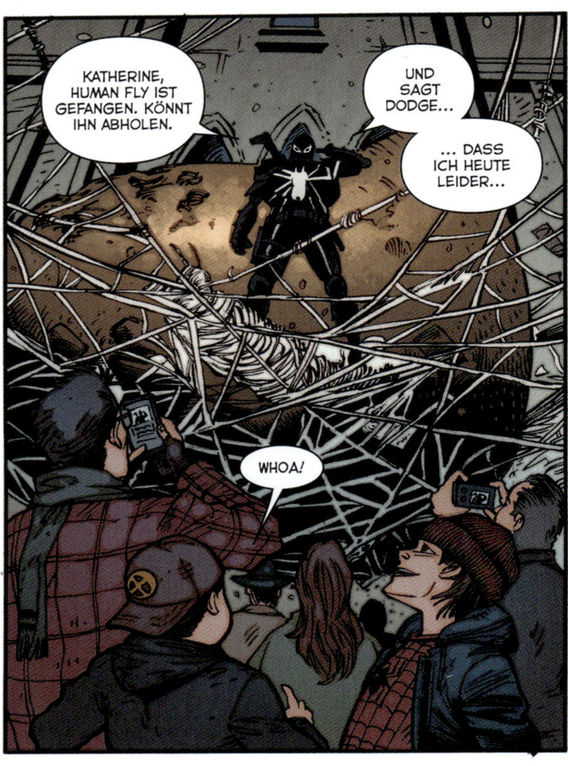
KATHERINE, HUMAN FLY IST GEFANGEN. KÖNNT IHN ABHOLEN.
UND SAGT DODGE...
... DASS ICH HEUTE LEIDER...
WHOA!

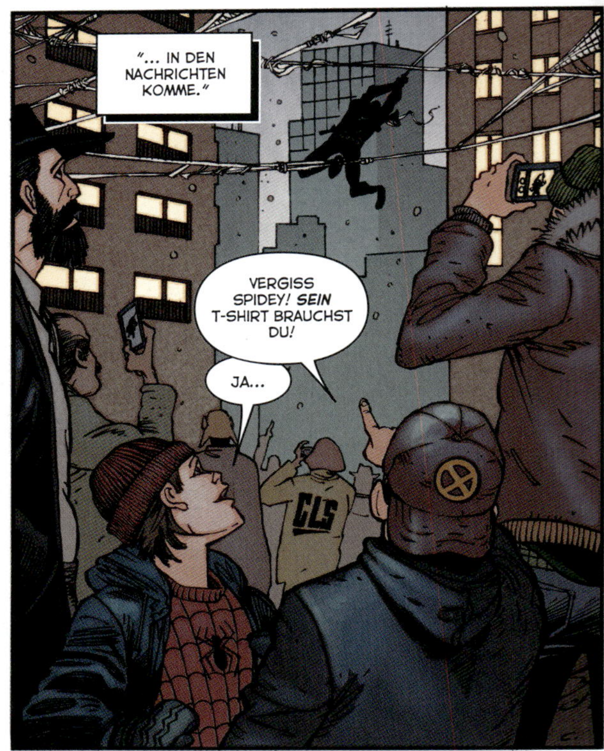
"... IN DEN NACHRICHTEN KOMME."
VERGISS SPIDEY! *SEIN* T-SHIRT BRAUCHST DU!
JA...

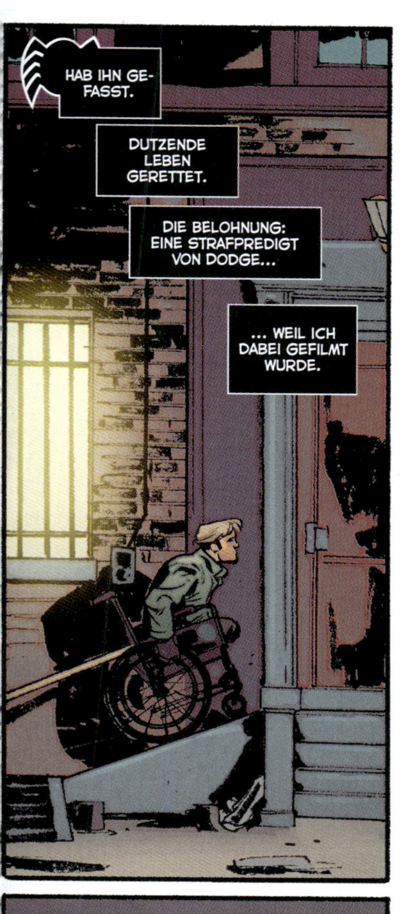
HAB IHN GE-
FASST.
DUTZENDE
LEBEN
GERETTET.
DIE BELOHNUNG:
EINE STRAFPREDIGT
VON DODGE...
... WEIL ICH
DABEI GEFILMT
WURDE.

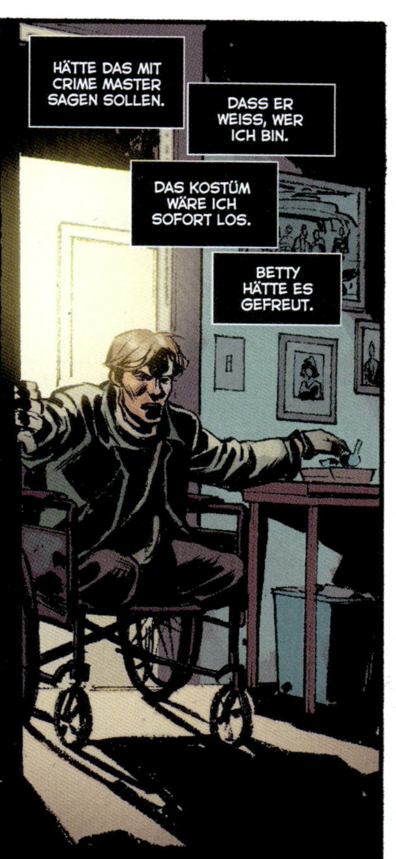
HÄTTE DAS MIT
CRIME MASTER
SAGEN SOLLEN.
DASS ER
WEISS, WER
ICH BIN.
DAS KOSTÜM
WÄRE ICH
SOFORT LOS.
BETTY
HÄTTE ES
GEFREUT.

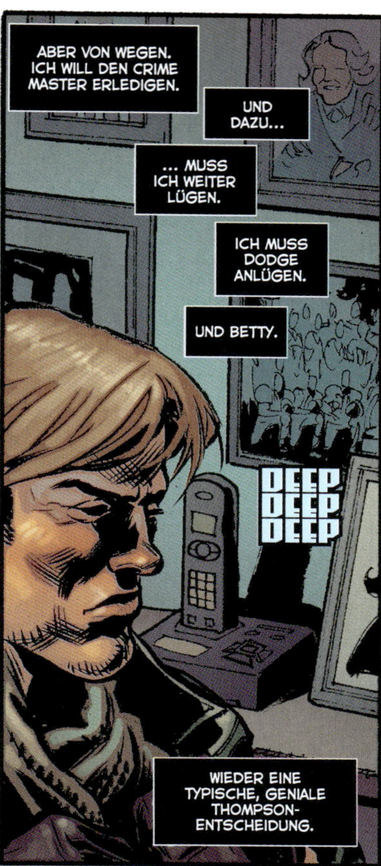
ABER VON WEGEN.
ICH WILL DEN CRIME
MASTER ERLEDIGEN.
UND
DAZU...
... MUSS
ICH WEITER
LÜGEN.
ICH MUSS
DODGE
ANLÜGEN.
UND BETTY.
DEEP
DEEP
DEEP
WIEDER EINE
TYPISCHE, GENIALE
THOMPSON-
ENTSCHEIDUNG.

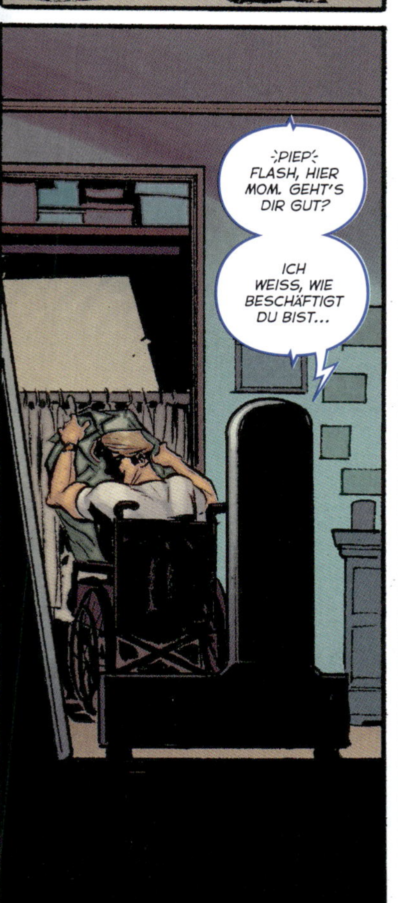
-PIEP-
FLASH, HIER
MOM. GEHT'S
DIR GUT?
ICH
WEISS, WIE
BESCHÄFTIGT
DU BIST...

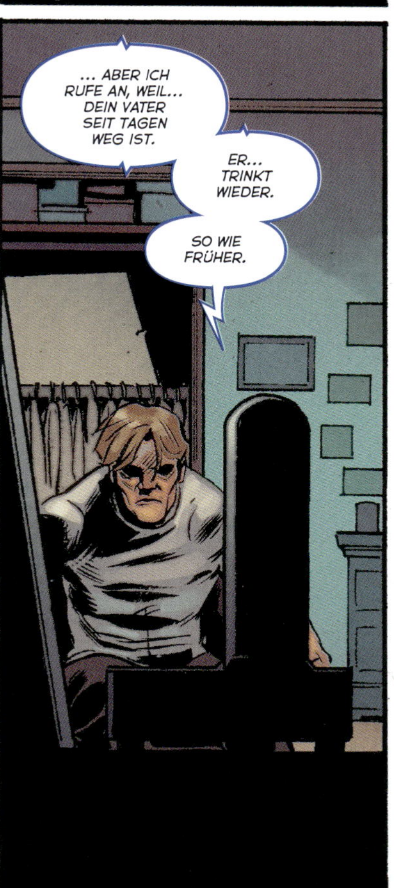
... ABER ICH
RUFE AN, WEIL...
DEIN VATER
SEIT TAGEN
WEG IST.
ER...
TRINKT
WIEDER.
SO WIE
FRÜHER.

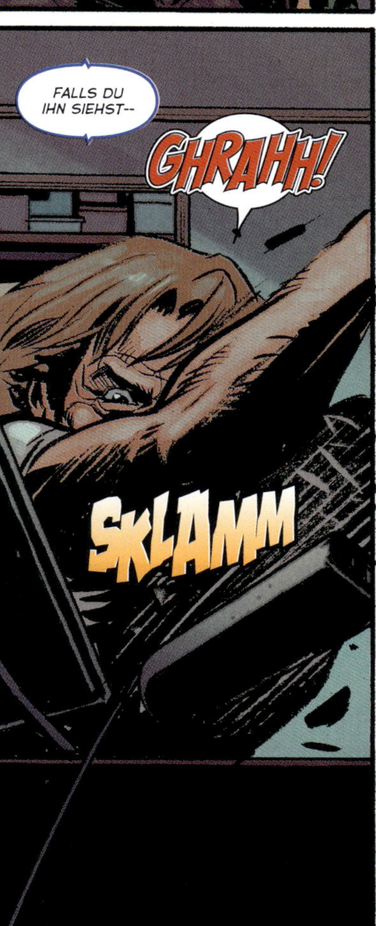
FALLS DU
IHN SIEHST--
GHRAHH!
SKLAMM

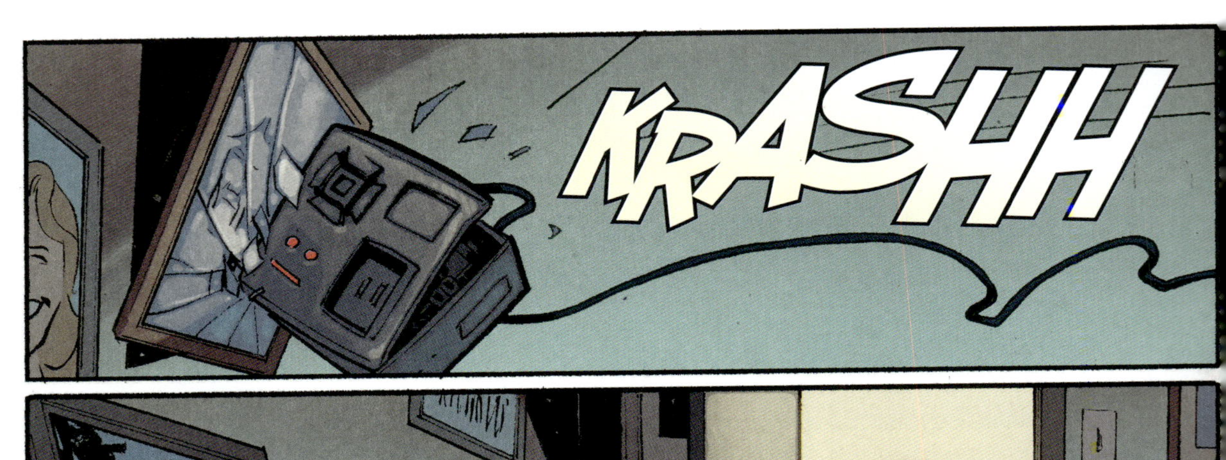

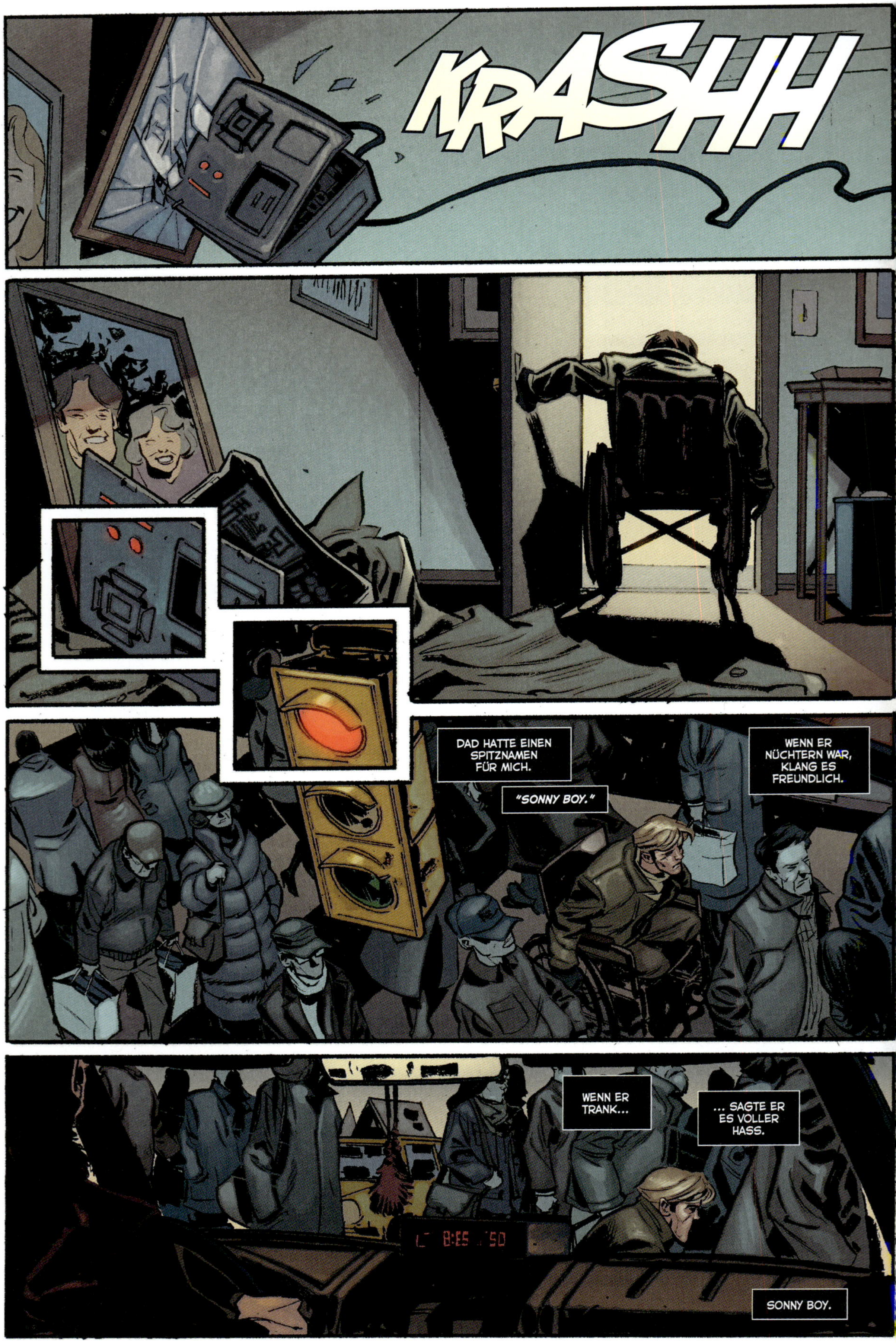

DAD HATTE EINEN SPITZNAMEN FÜR MICH.

"SONNY BOY."

WENN ER NÜCHTERN WAR, KLANG ES FREUNDLICH.

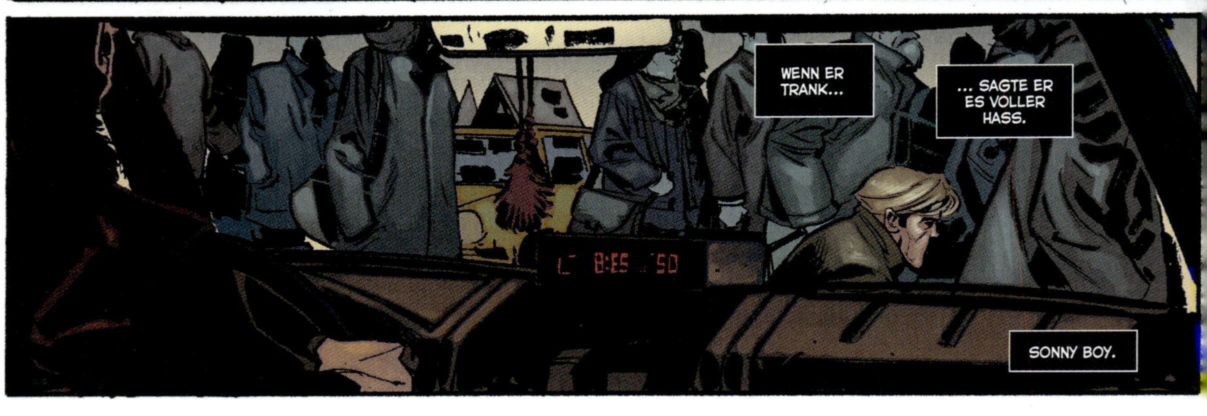

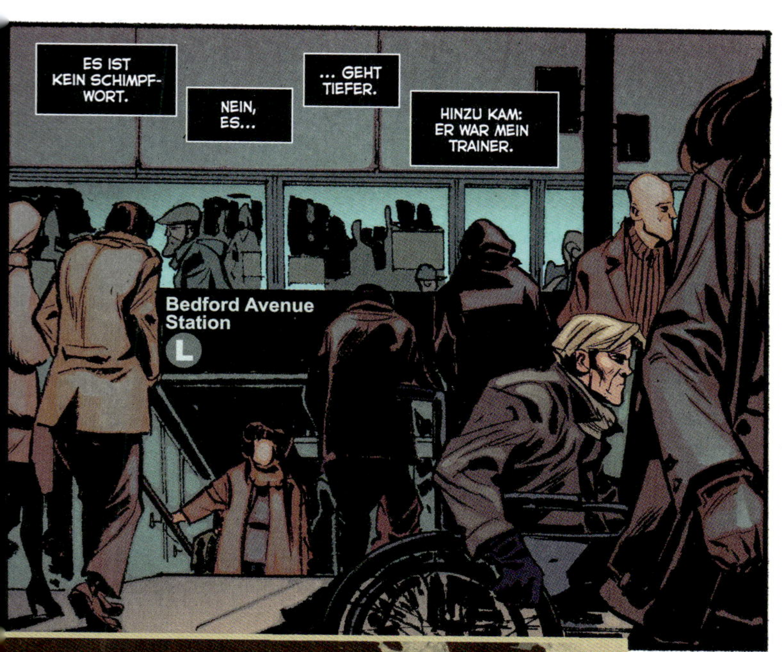
ES IST KEIN SCHIMPF-WORT.
NEIN, ES...
... GEHT TIEFER.
HINZU KAM: ER WAR MEIN TRAINER.
Bedford Avenue Station
L

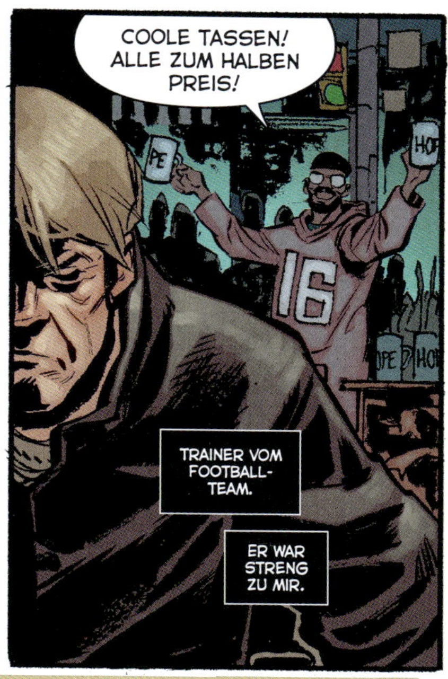
COOLE TASSEN! ALLE ZUM HALBEN PREIS!
16
TRAINER VOM FOOTBALL-TEAM.
ER WAR STRENG ZU MIR.

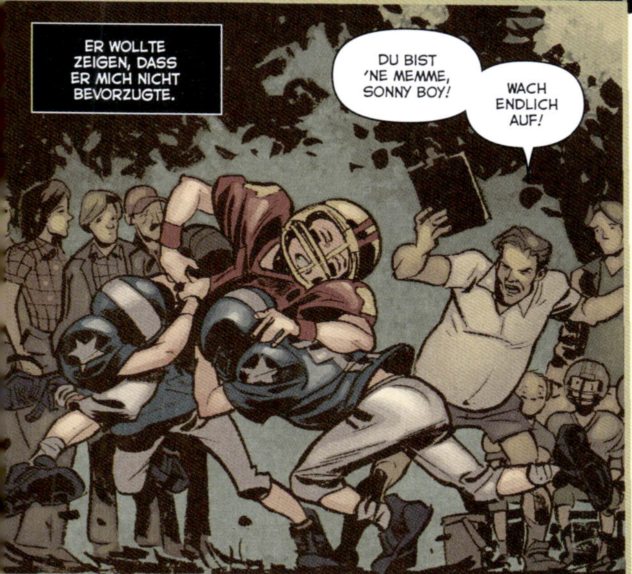
ER WOLLTE ZEIGEN, DASS ER MICH NICHT BEVORZUGTE.
DU BIST 'NE MEMME, SONNY BOY!
WACH ENDLICH AUF!

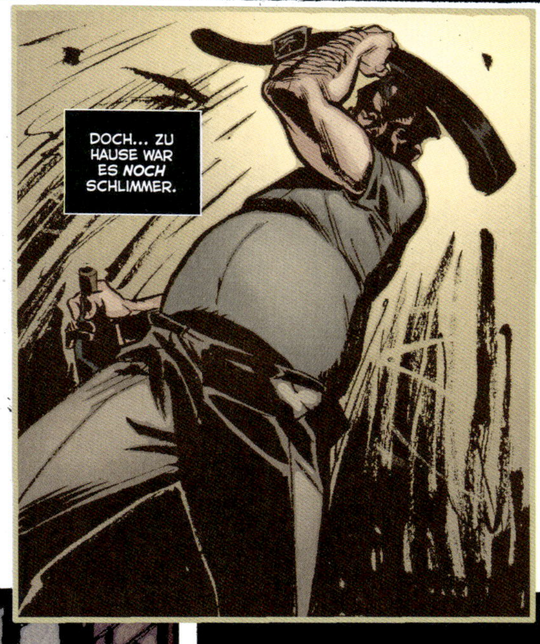
DOCH... ZU HAUSE WAR ES *NOCH* SCHLIMMER.

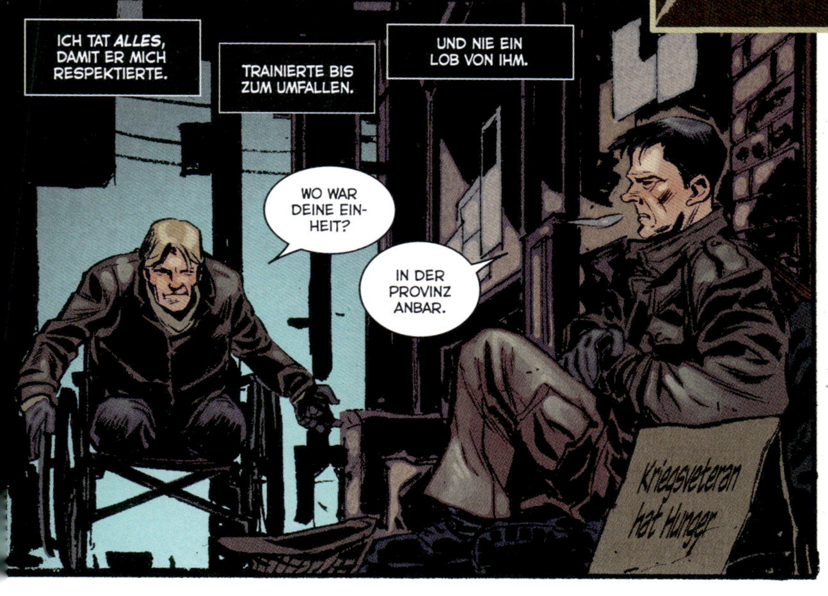
ICH TAT *ALLES*, DAMIT ER MICH RESPEKTIERTE.
TRAINIERTE BIS ZUM UMFALLEN.
UND NIE EIN LOB VON IHM.
WO WAR DEINE EIN-HEIT?
IN DER PROVINZ ANBAR.
Kriegsveteran hat Hunger

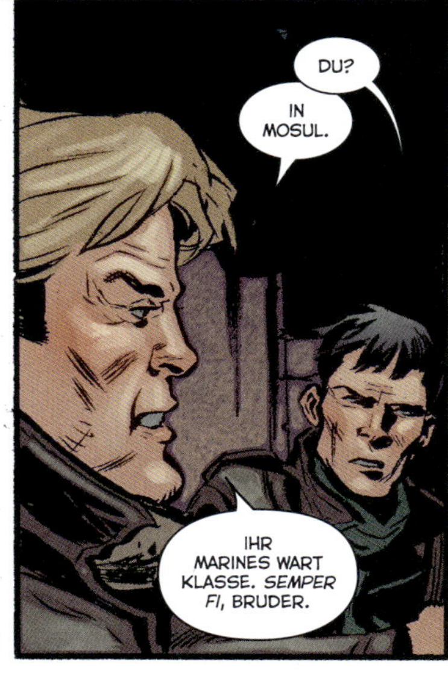
DU?
IN MOSUL.
IHR MARINES WART KLASSE. *SEMPER FI*, BRUDER.

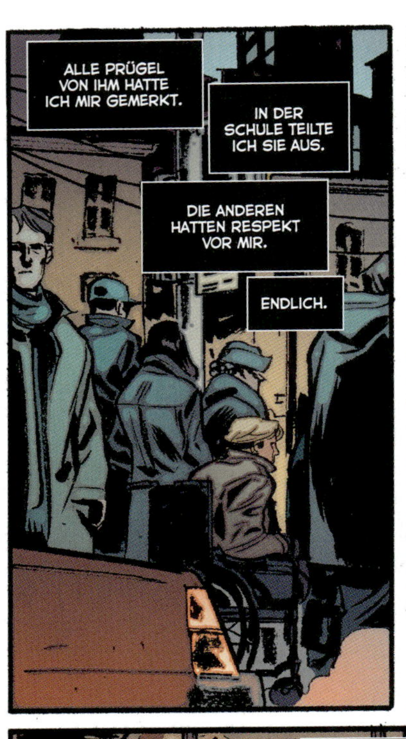

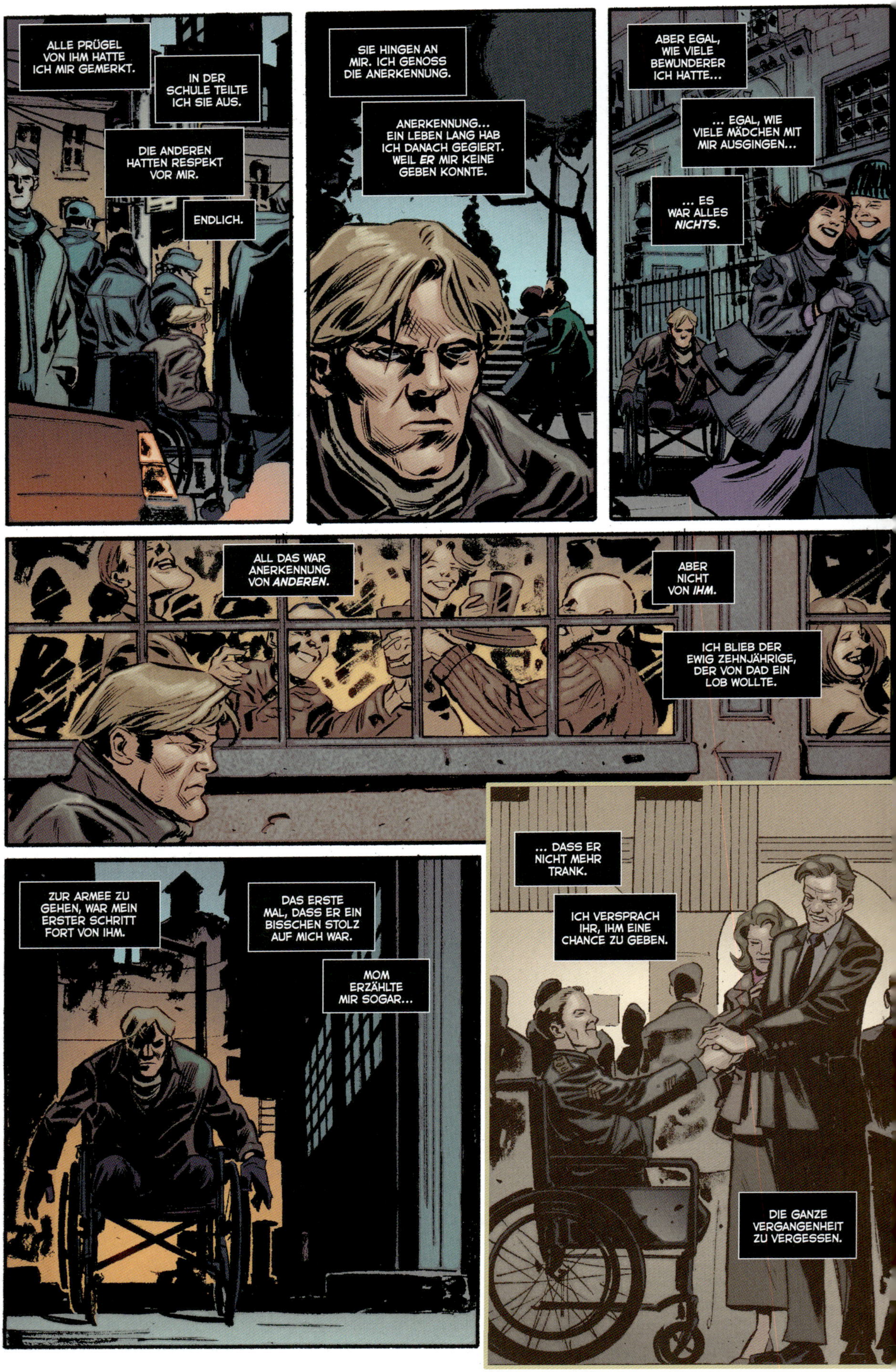

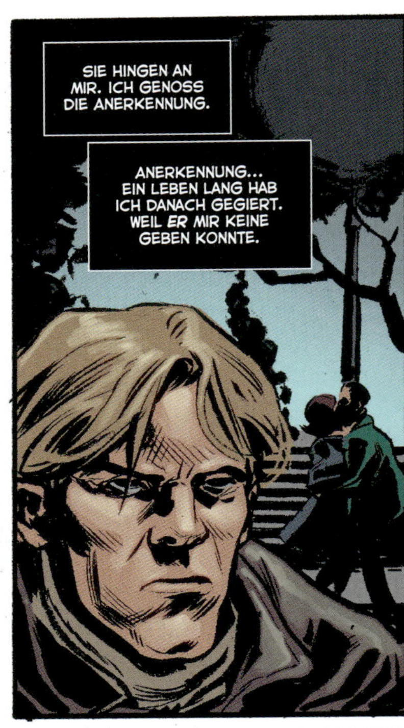

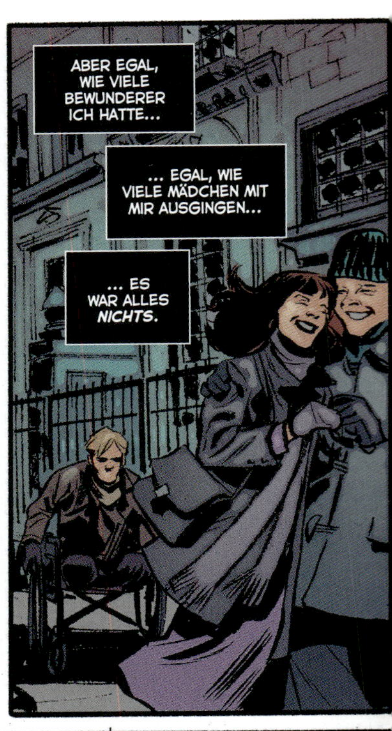

ALL DAS WAR ANERKENNUNG VON *ANDEREN*.

ABER NICHT VON *IHM*.

ICH BLIEB DER EWIG ZEHNJÄHRIGE, DER VON DAD EIN LOB WOLLTE.

ZUR ARMEE ZU GEHEN, WAR MEIN ERSTER SCHRITT FORT VON IHM.

DAS ERSTE MAL, DASS ER EIN BISSCHEN STOLZ AUF MICH WAR.

MOM ERZÄHLTE MIR SOGAR…

… DASS ER NICHT MEHR TRANK.

ICH VERSPRACH IHR, IHM EINE CHANCE ZU GEBEN.

DIE GANZE VERGANGENHEIT ZU VERGESSEN.

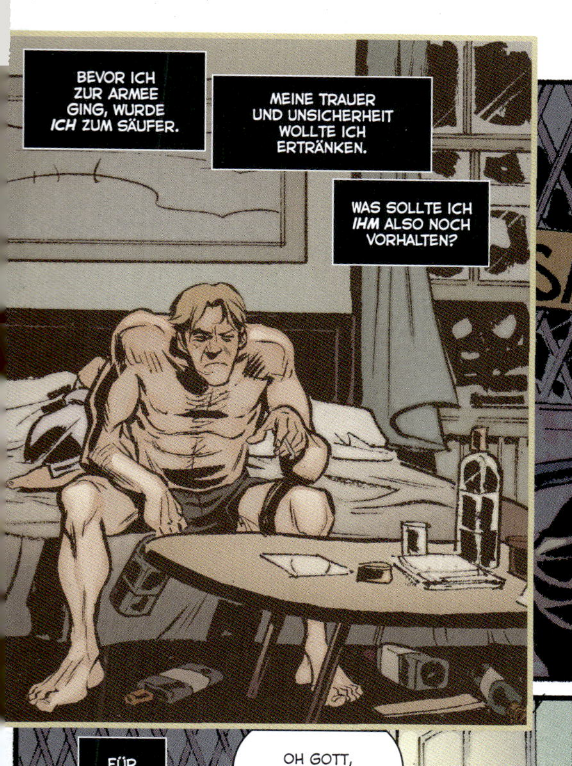
BEVOR ICH ZUR ARMEE GING, WURDE *ICH* ZUM SÄUFER.
MEINE TRAUER UND UNSICHERHEIT WOLLTE ICH ERTRÄNKEN.
WAS SOLLTE ICH *IHM* ALSO NOCH VORHALTEN?

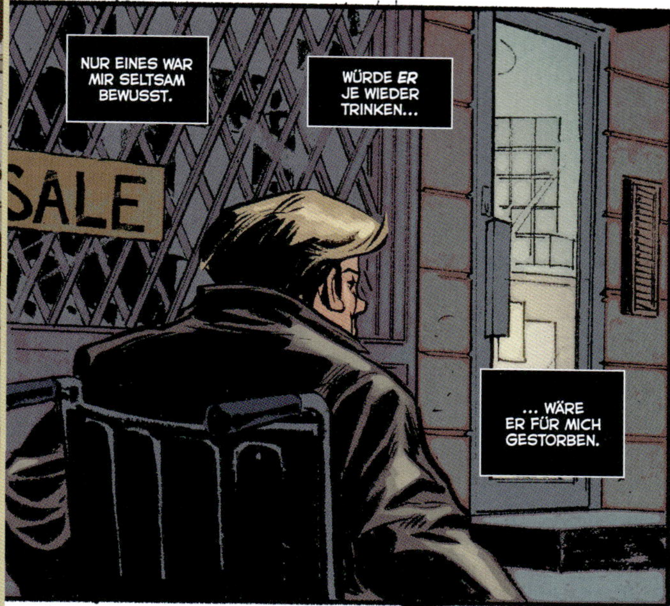
NUR EINES WAR MIR SELTSAM BEWUSST.
WÜRDE *ER* JE WIEDER TRINKEN...
SALE
... WÄRE ER FÜR MICH GESTORBEN.

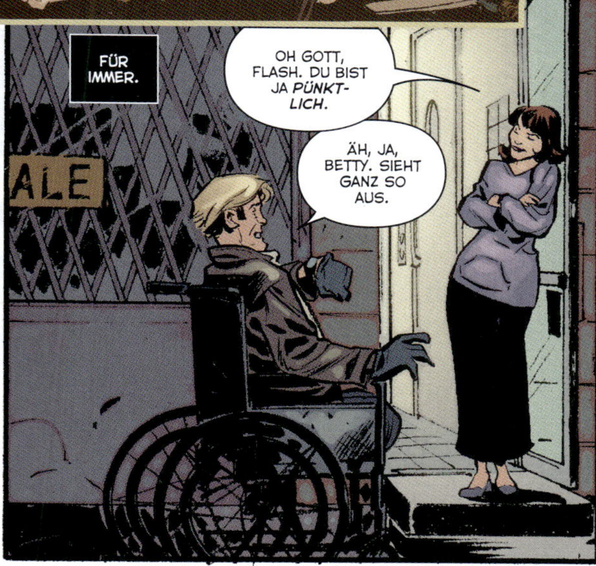
FÜR IMMER.
OH GOTT, FLASH. DU BIST JA *PÜNKTLICH*.
ÄH, JA, BETTY. SIEHT GANZ SO AUS.
ALE

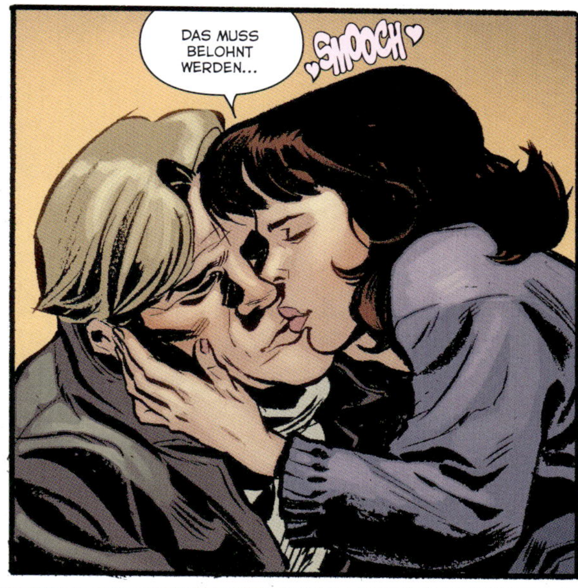
DAS MUSS BELOHNT WERDEN...
SMOOCH

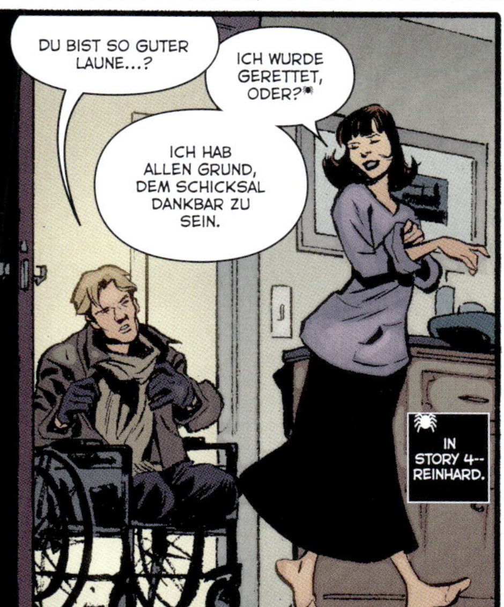
DU BIST SO GUTER LAUNE...?
ICH WURDE GERETTET, ODER?*
ICH HAB ALLEN GRUND, DEM SCHICKSAL DANKBAR ZU SEIN.
* IN STORY 4--REINHARD.

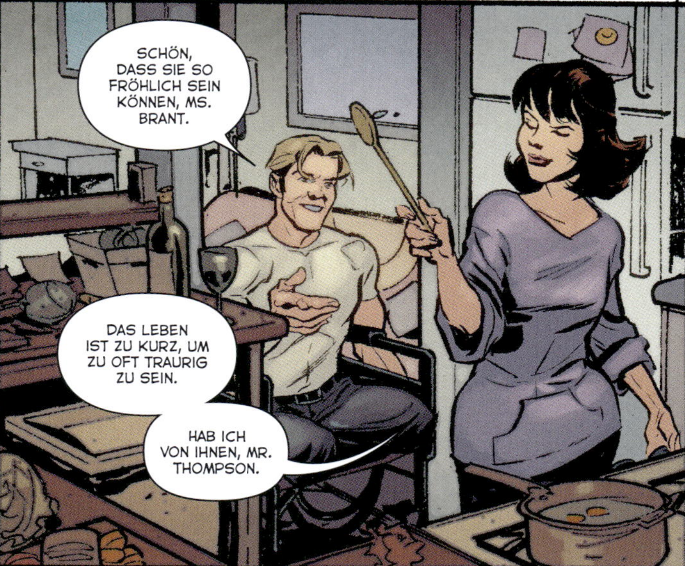
SCHÖN, DASS SIE SO FRÖHLICH SEIN KÖNNEN, MS. BRANT.
DAS LEBEN IST ZU KURZ, UM ZU OFT TRAURIG ZU SEIN.
HAB ICH VON IHNEN, MR. THOMPSON.

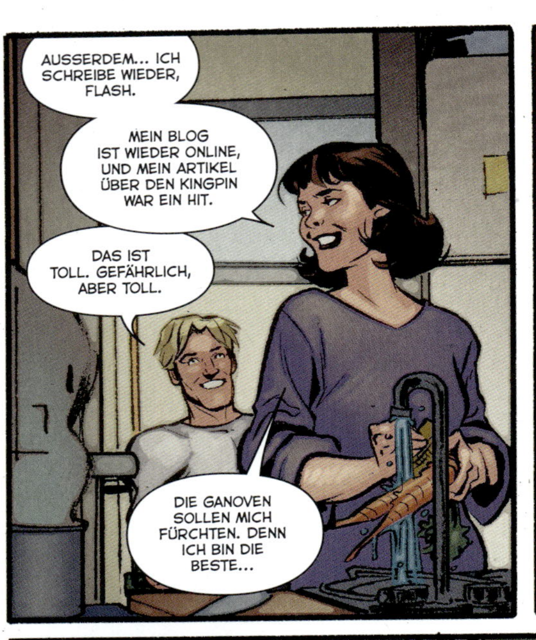
AUSSERDEM... ICH SCHREIBE WIEDER, FLASH.
MEIN BLOG IST WIEDER ONLINE, UND MEIN ARTIKEL ÜBER DEN KINGPIN WAR EIN HIT.
DAS IST TOLL. GEFÄHRLICH, ABER TOLL.
DIE GANOVEN SOLLEN MICH FÜRCHTEN. DENN ICH BIN DIE BESTE...
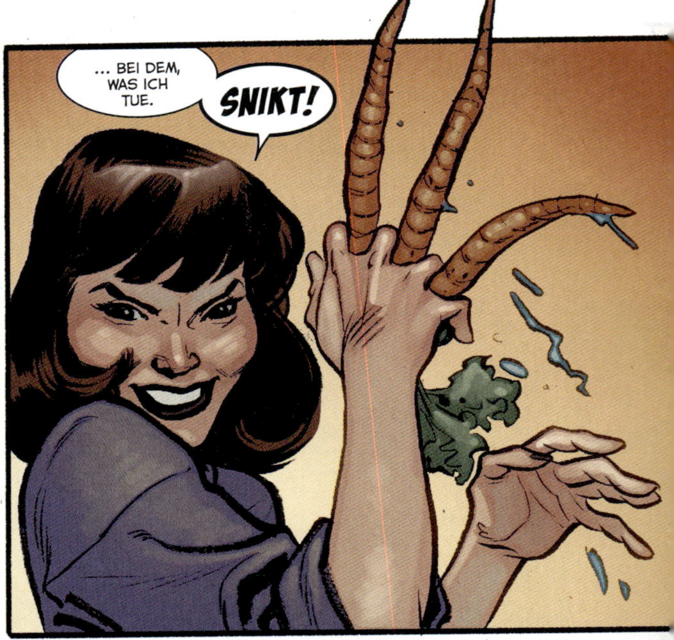
... BEI DEM, WAS ICH TUE.
SNIKT!
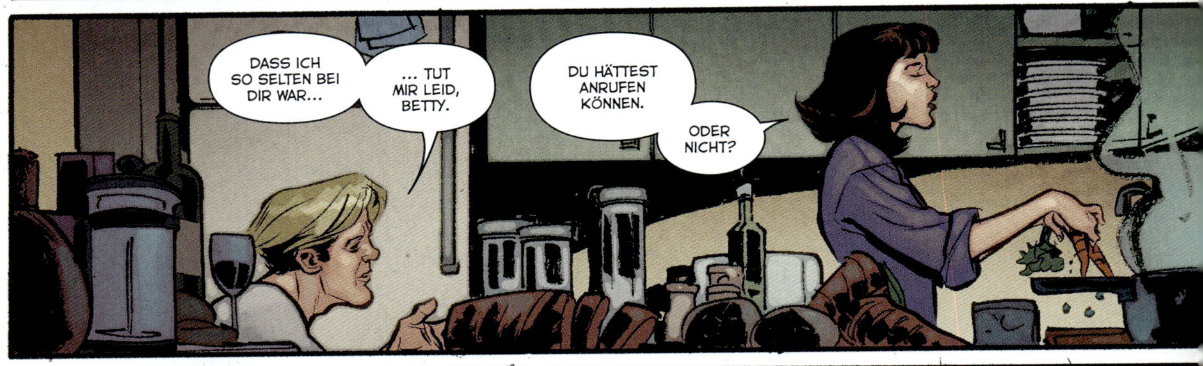
DASS ICH SO SELTEN BEI DIR WAR...
... TUT MIR LEID, BETTY.
DU HÄTTEST ANRUFEN KÖNNEN.
ODER NICHT?
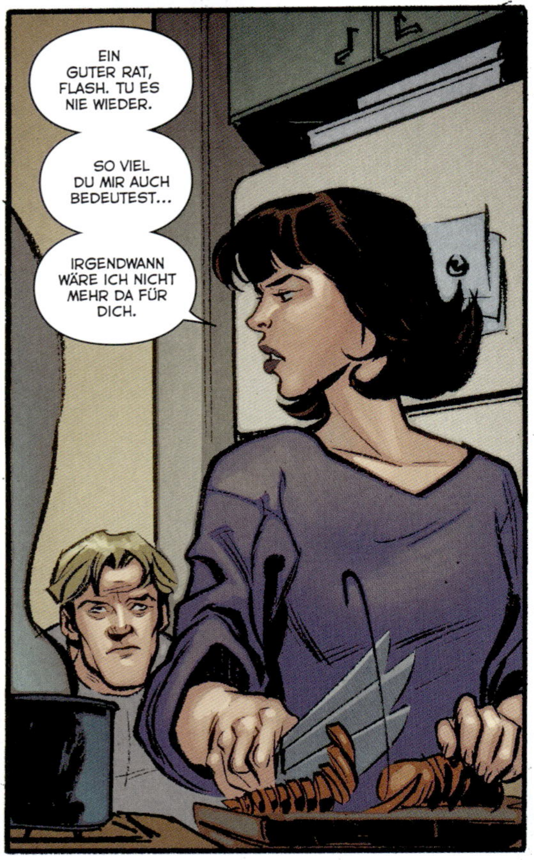
EIN GUTER RAT, FLASH. TU ES NIE WIEDER.
SO VIEL DU MIR AUCH BEDEUTEST...
IRGENDWANN WÄRE ICH NICHT MEHR DA FÜR DICH.
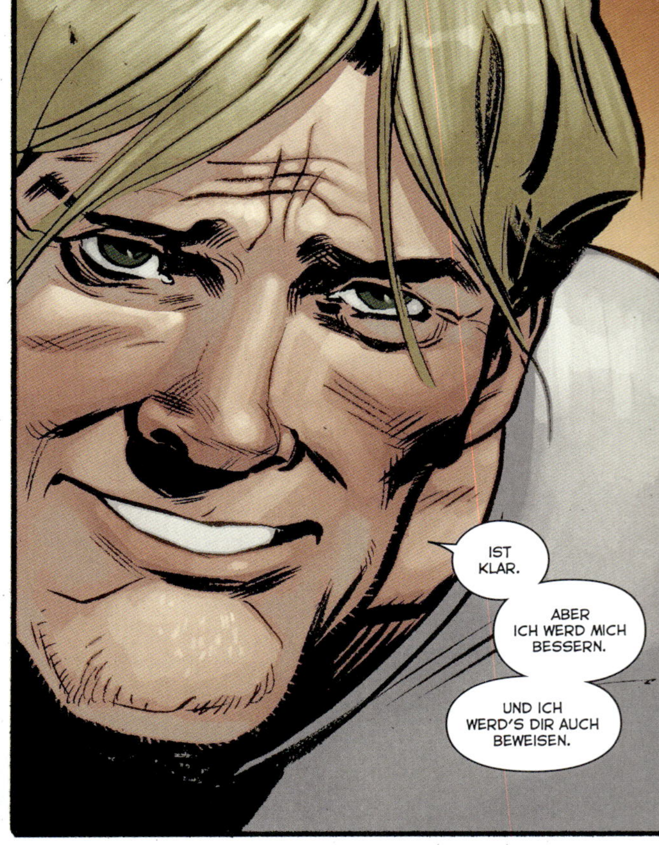
IST KLAR.
ABER ICH WERD MICH BESSERN.
UND ICH WERD'S DIR AUCH BEWEISEN.

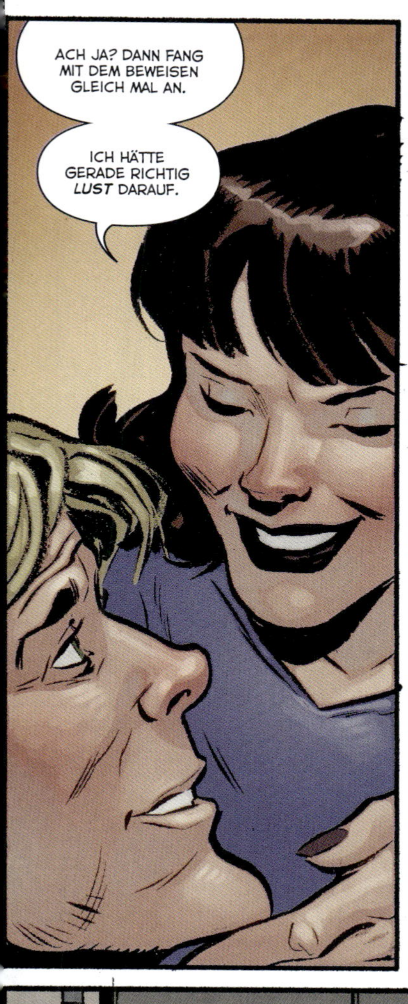
ACH JA? DANN FANG MIT DEM BEWEISEN GLEICH MAL AN.
ICH HÄTTE GERADE RICHTIG *LUST* DARAUF.

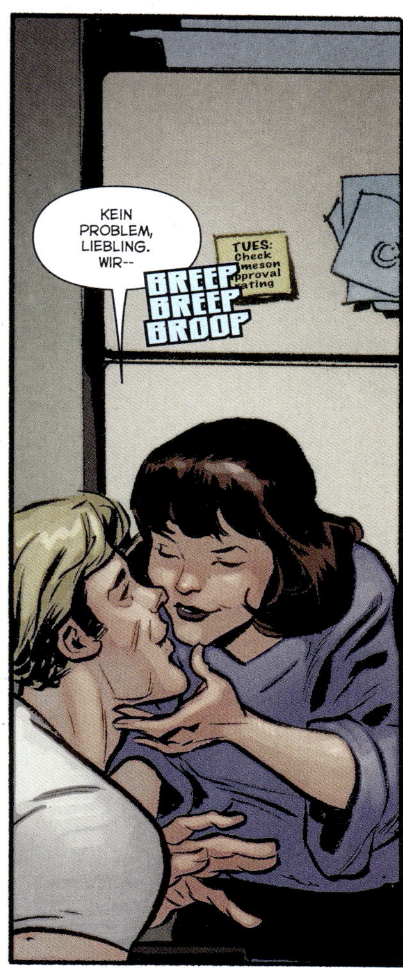
KEIN PROBLEM, LIEBLING. WIR--
BREEP BREEP BROOP

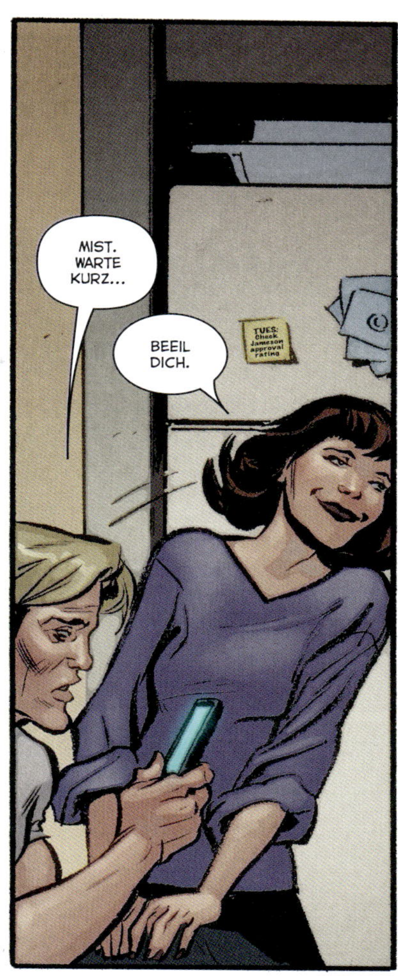
MIST. WARTE KURZ...
BEEIL DICH.

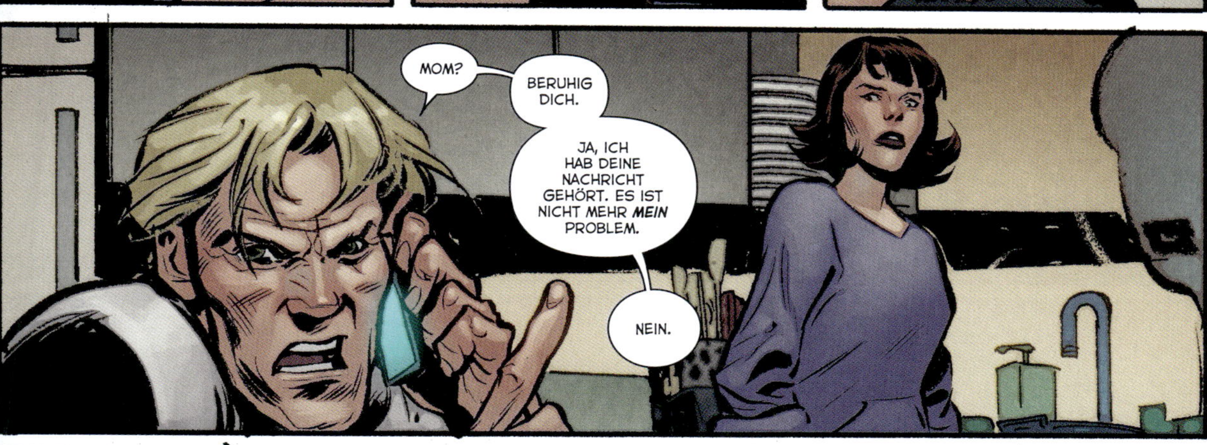
MOM?
BERUHIG DICH.
JA, ICH HAB DEINE NACHRICHT GEHÖRT. ES IST NICHT MEHR *MEIN* PROBLEM.
NEIN.

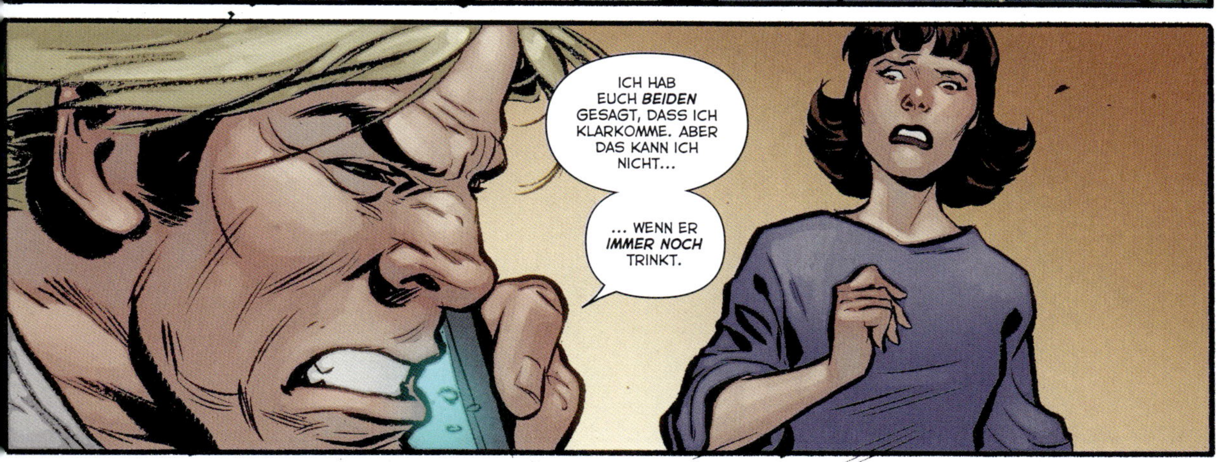
ICH HAB EUCH *BEIDEN* GESAGT, DASS ICH KLARKOMME. ABER DAS KANN ICH NICHT...
... WENN ER *IMMER NOCH* TRINKT.

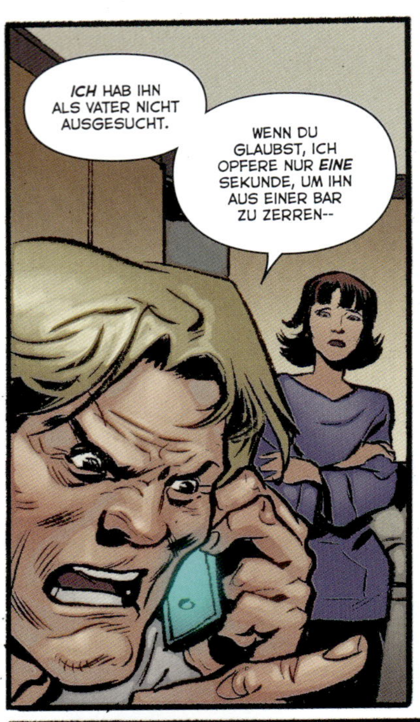
ICH HAB IHN ALS VATER NICHT AUSGESUCHT.
WENN DU GLAUBST, ICH OPFERE NUR EINE SEKUNDE, UM IHN AUS EINER BAR ZU ZERREN--

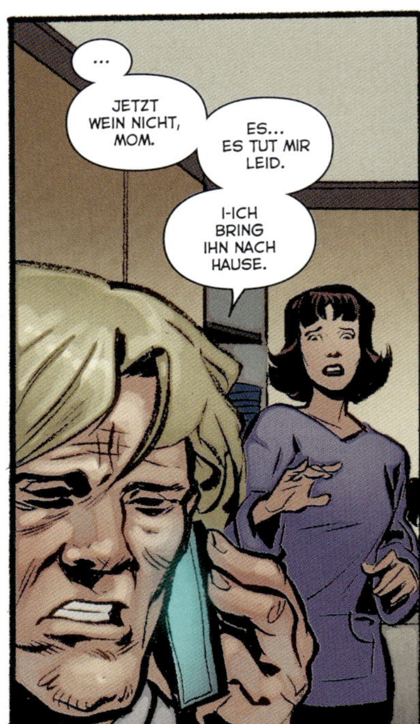
...
JETZT WEIN NICHT, MOM.
ES... ES TUT MIR LEID.
I-ICH BRING IHN NACH HAUSE.

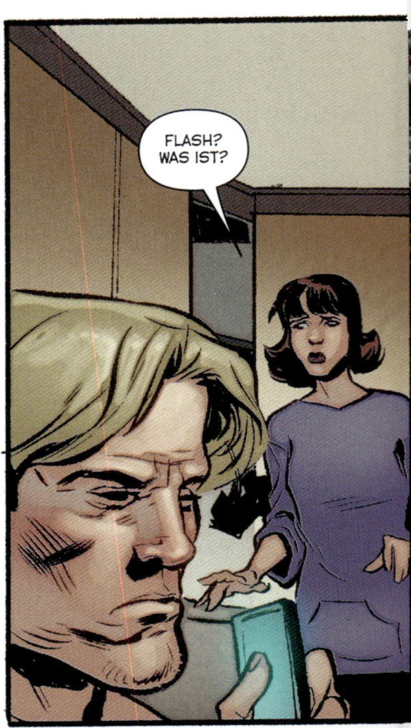
FLASH? WAS IST?

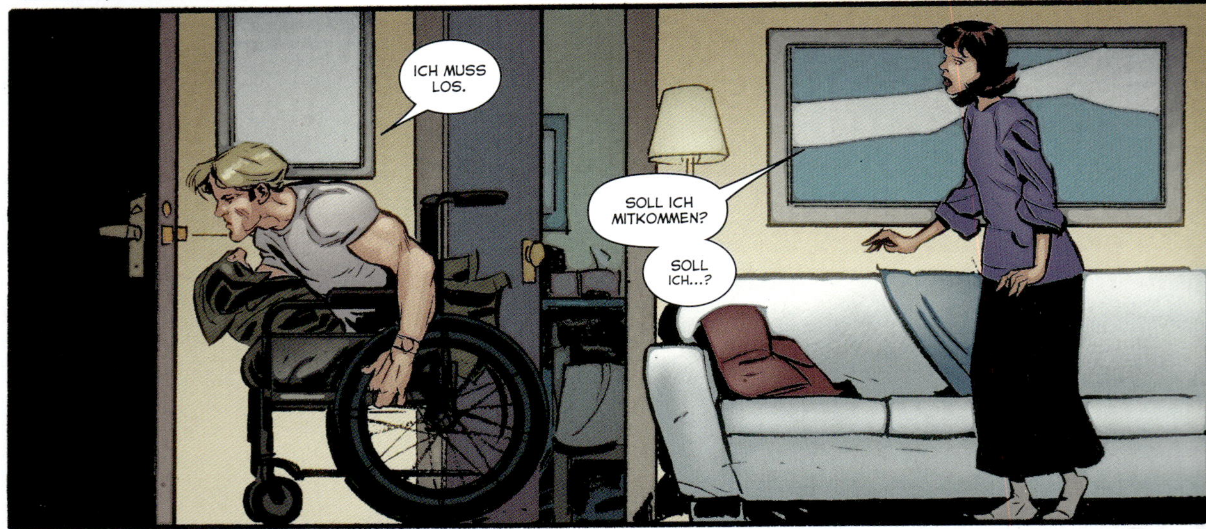
ICH MUSS LOS.
SOLL ICH MITKOMMEN?
SOLL ICH...?

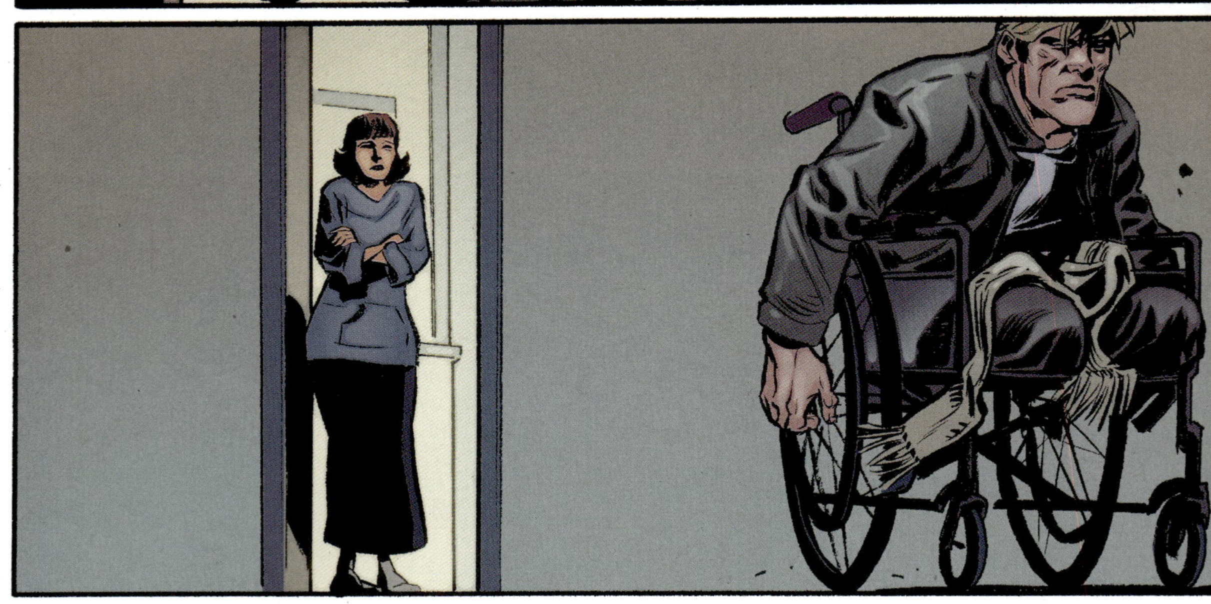

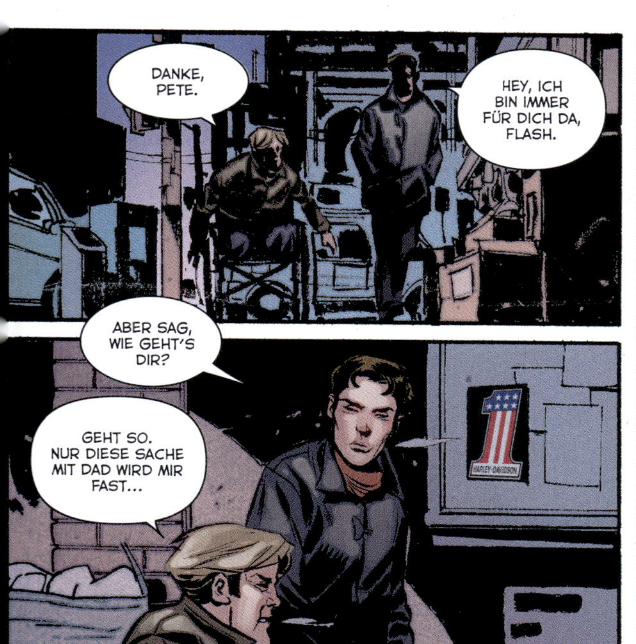
DANKE, PETE.
HEY, ICH BIN IMMER FÜR DICH DA, FLASH.
ABER SAG, WIE GEHT'S DIR?
GEHT SO. NUR DIESE SACHE MIT DAD WIRD MIR FAST...
HARLEY-DAVIDSON

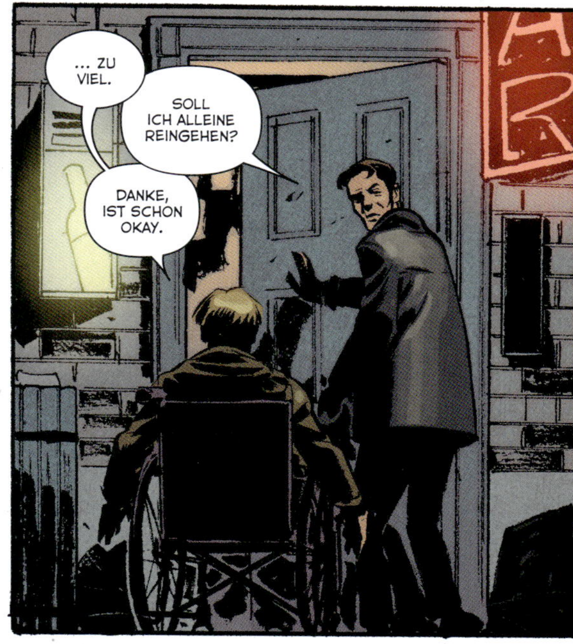
... ZU VIEL.
SOLL ICH ALLEINE REINGEHEN?
DANKE, IST SCHON OKAY.

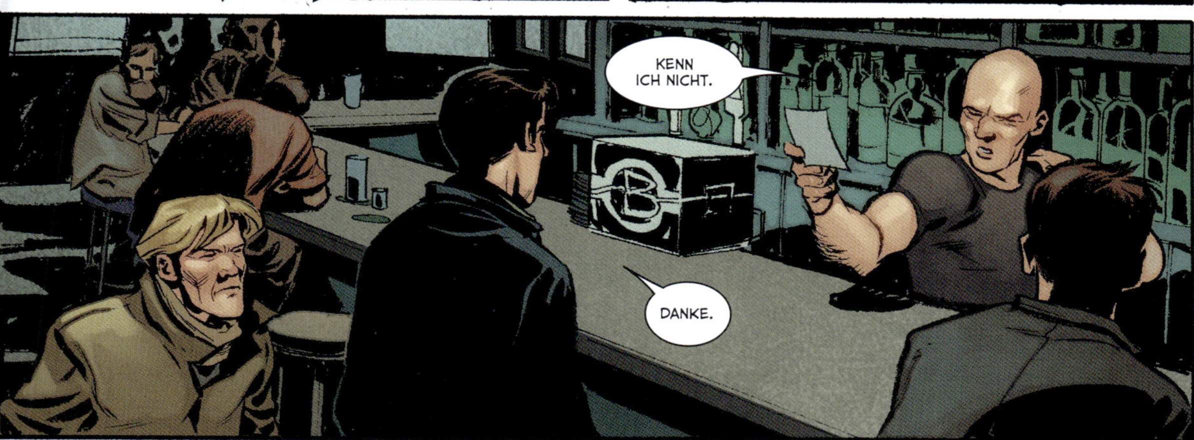
KENN ICH NICHT.
DANKE.

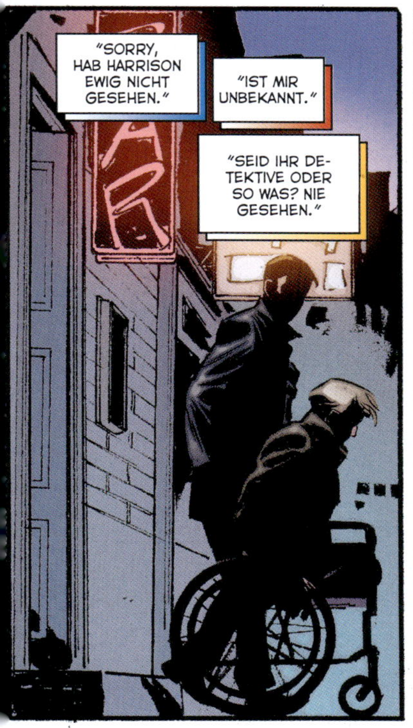
"SORRY, HAB HARRISON EWIG NICHT GESEHEN."
"IST MIR UNBEKANNT."
"SEID IHR DETEKTIVE ODER SO WAS? NIE GESEHEN."

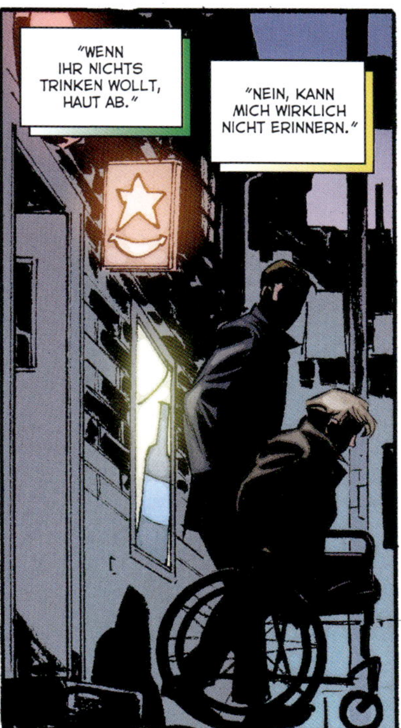
"WENN IHR NICHTS TRINKEN WOLLT, HAUT AB."
"NEIN, KANN MICH WIRKLICH NICHT ERINNERN."

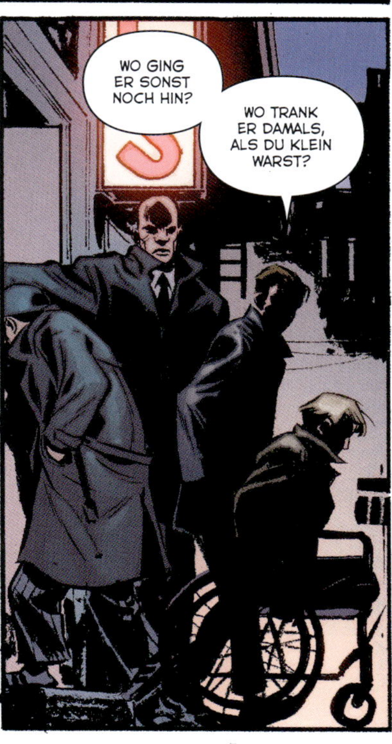
WO GING ER SONST NOCH HIN?
WO TRANK ER DAMALS, ALS DU KLEIN WARST?

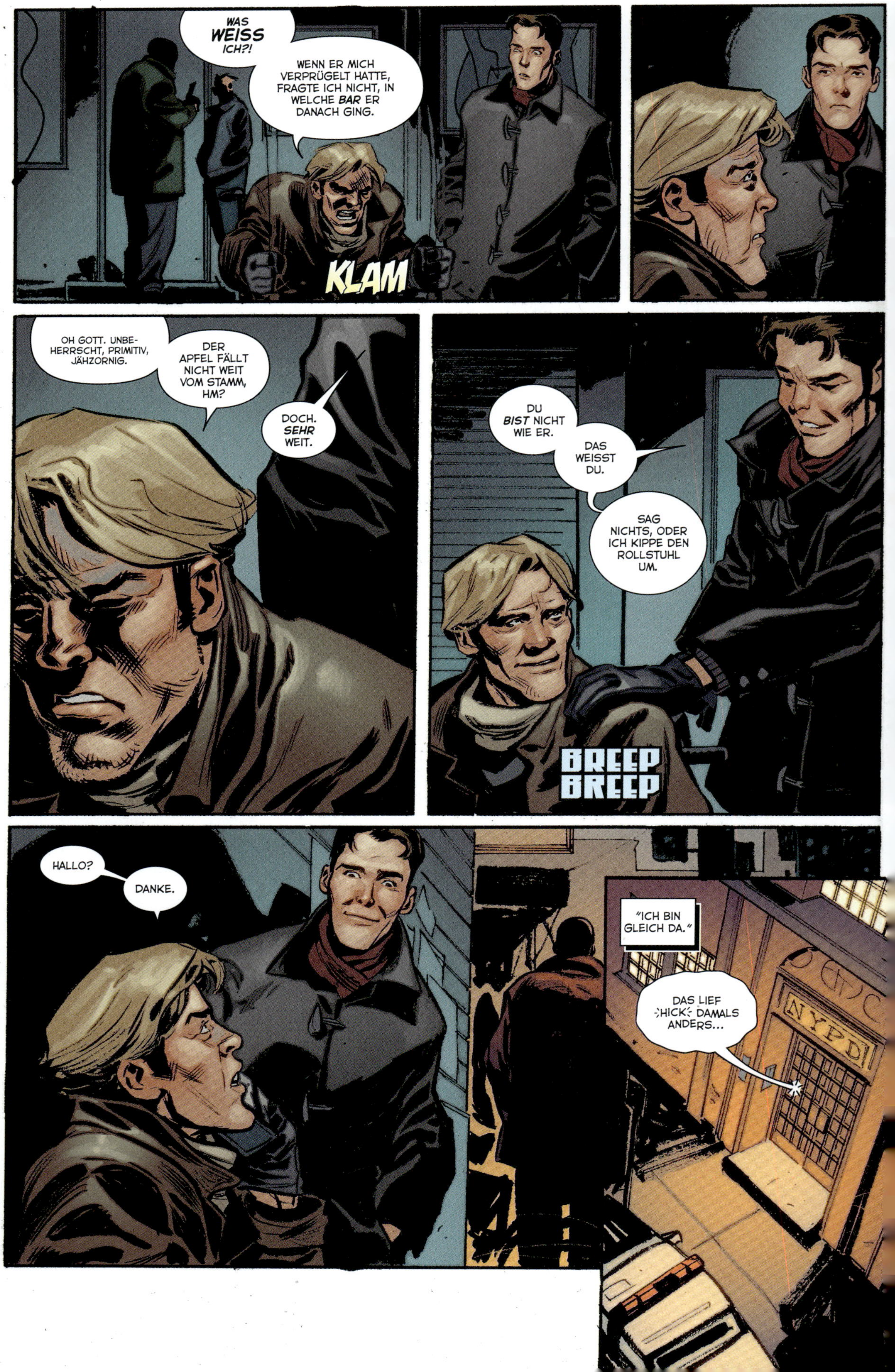

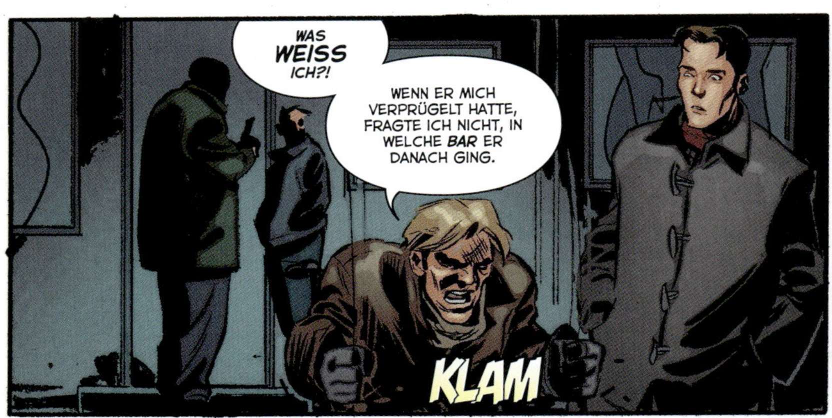

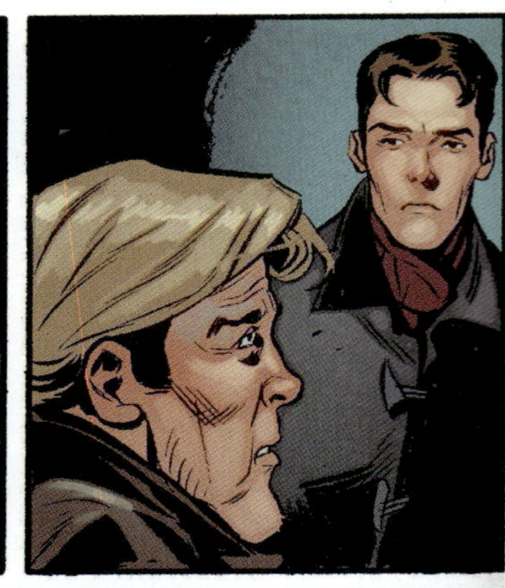

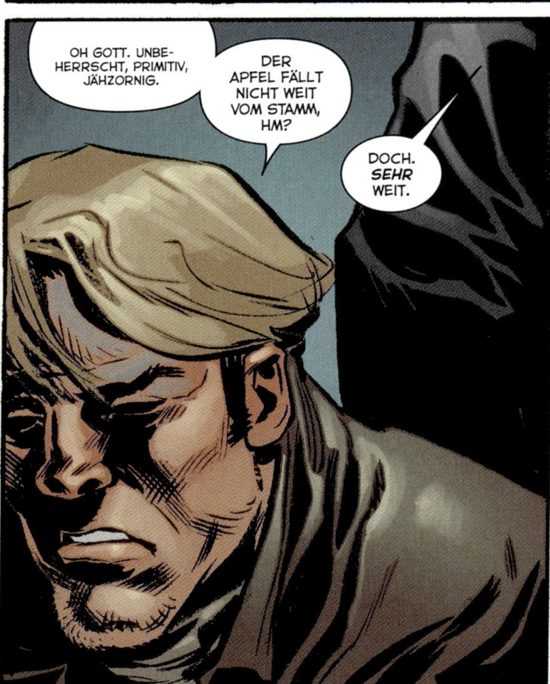

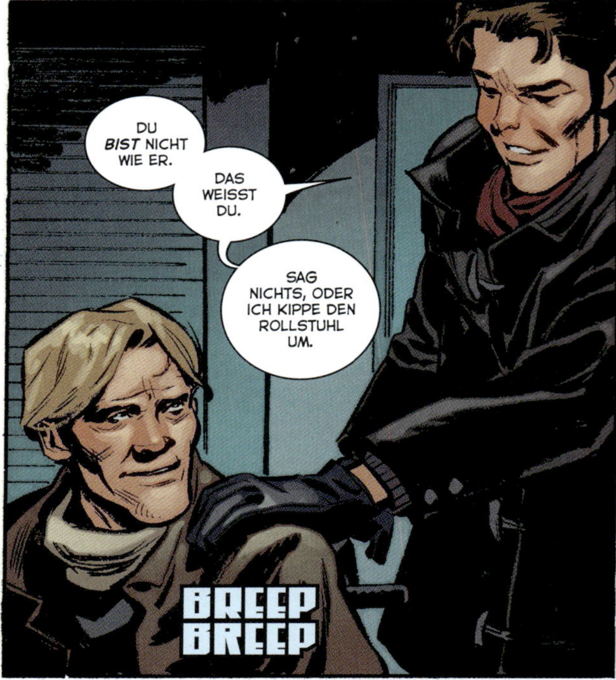

HALLO?
DANKE.
"ICH BIN GLEICH DA."
DAS LIEF -HICK- DAMALS ANDERS...
NYPD

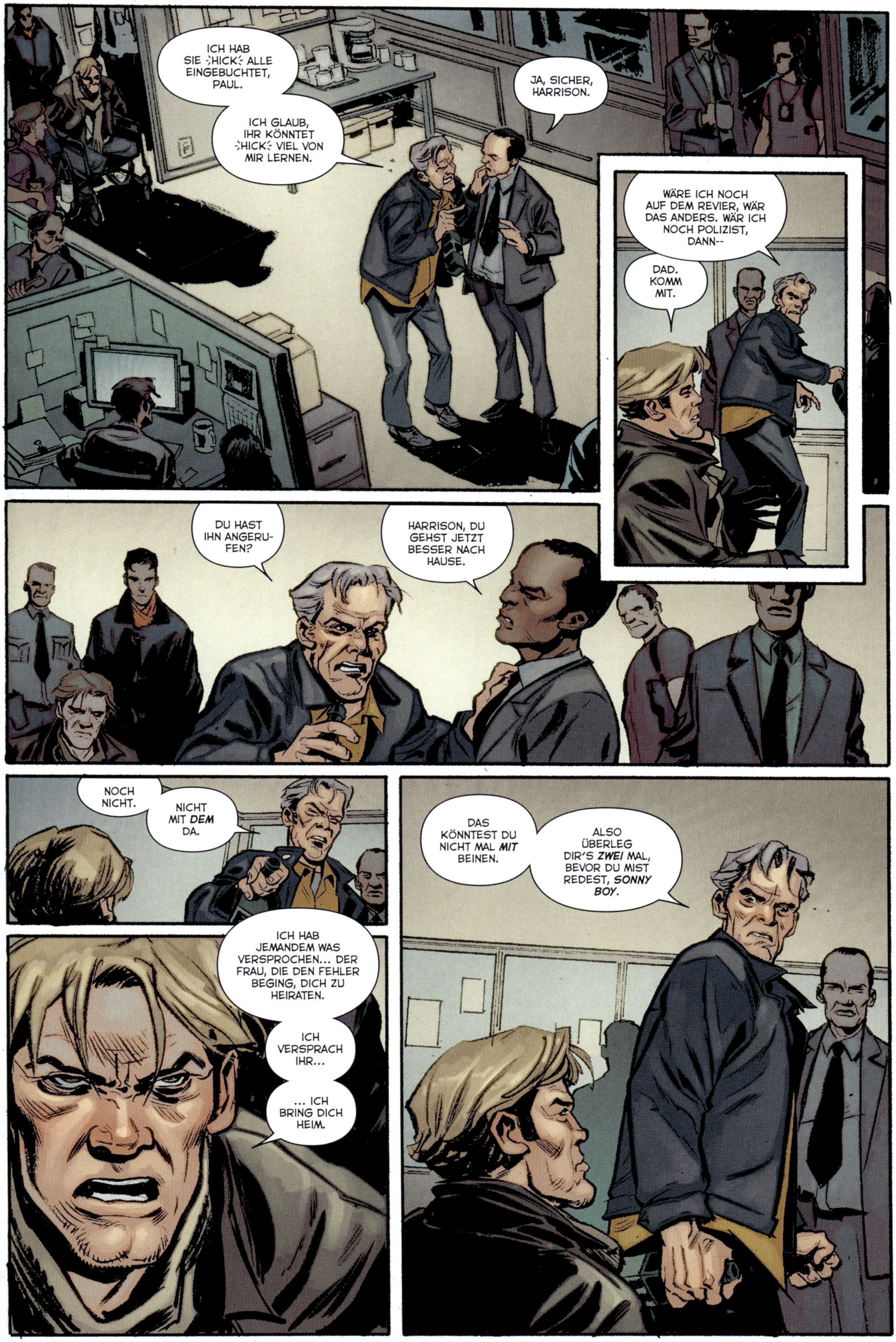

ICH HAB SIE -HICK- ALLE EINGEBUCHTET, PAUL.
ICH GLAUB, IHR KÖNNTET -HICK- VIEL VON MIR LERNEN.
JA, SICHER, HARRISON.
WÄRE ICH NOCH AUF DEM REVIER, WÄR DAS ANDERS. WÄR ICH NOCH POLIZIST, DANN--
DAD. KOMM MIT.
DU HAST IHN ANGERUFEN?
HARRISON, DU GEHST JETZT BESSER NACH HAUSE.

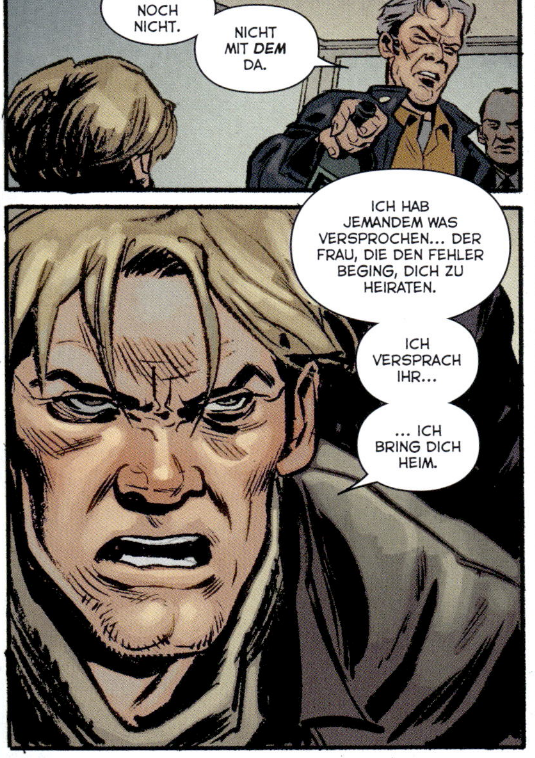

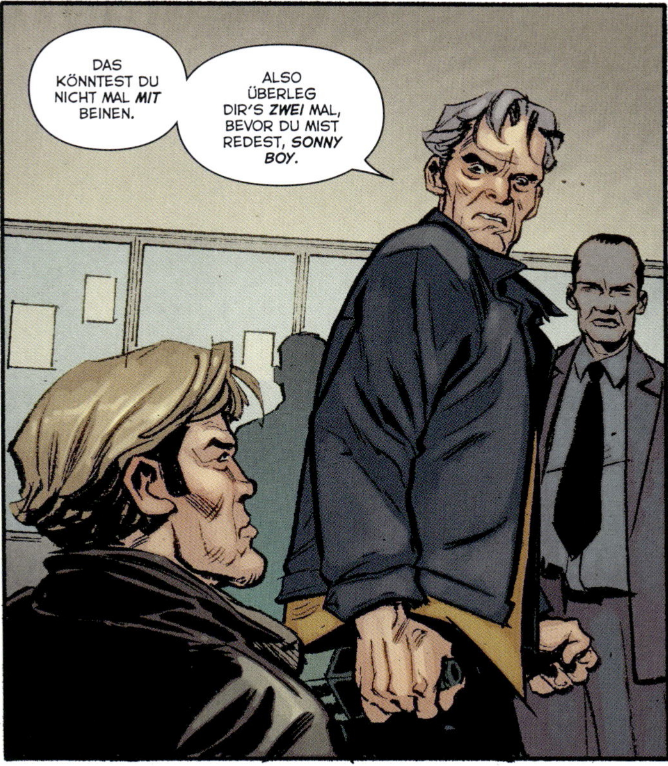

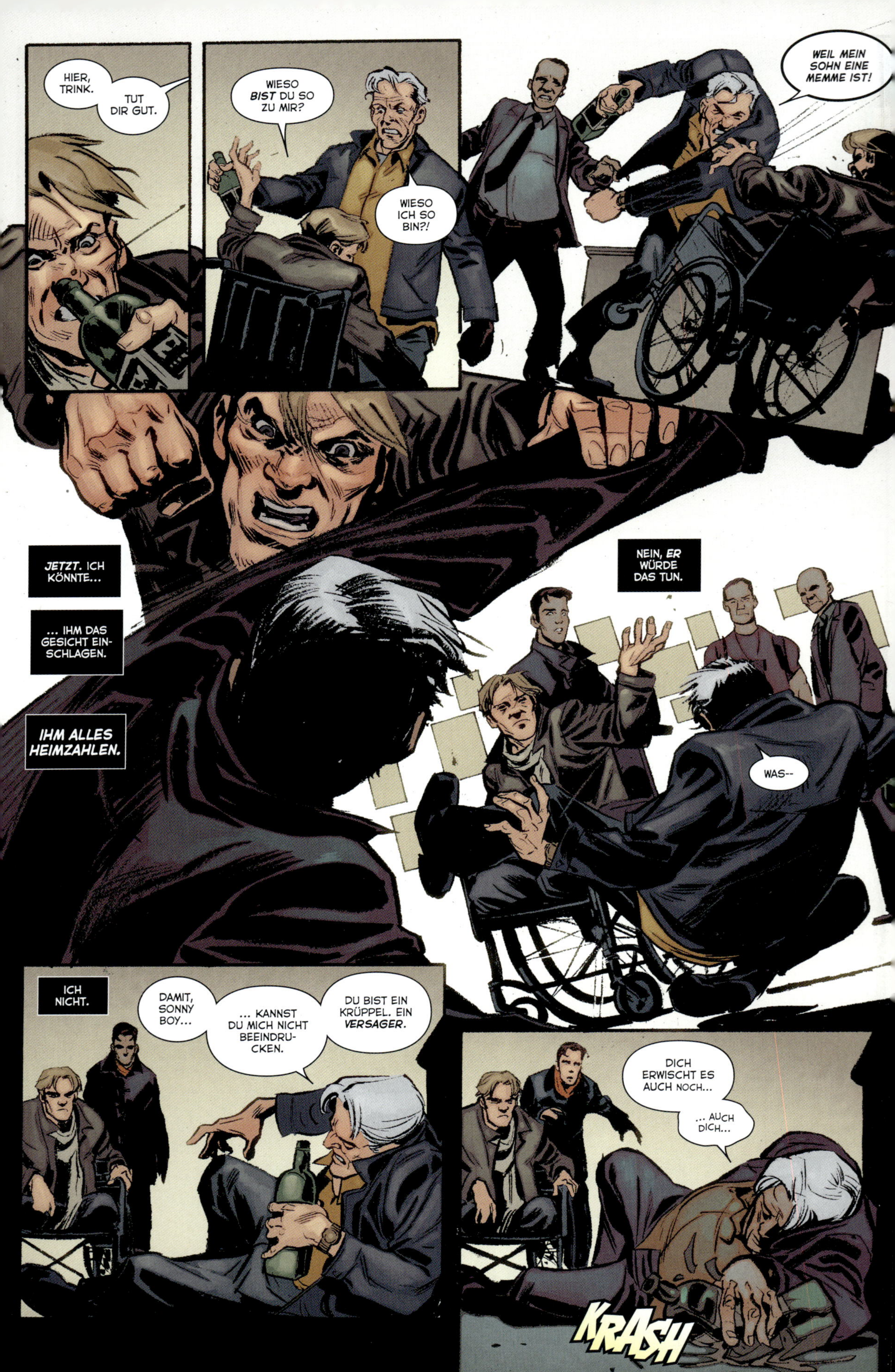
HIER, TRINK.
TUT DIR GUT.
WIESO BIST DU SO ZU MIR?
WIESO ICH SO BIN?!
WEIL MEIN SOHN EINE MEMME IST!
JETZT. ICH KÖNNTE...
... IHM DAS GESICHT EIN-SCHLAGEN.
IHM ALLES HEIMZAHLEN.
NEIN, ER WÜRDE DAS TUN.
WAS--
ICH NICHT.
DAMIT, SONNY BOY...
... KANNST DU MICH NICHT BEEINDRU-CKEN.
DU BIST EIN KRÜPPEL. EIN VERSAGER.
DICH ERWISCHT ES AUCH NOCH...
... AUCH DICH...
KRASH

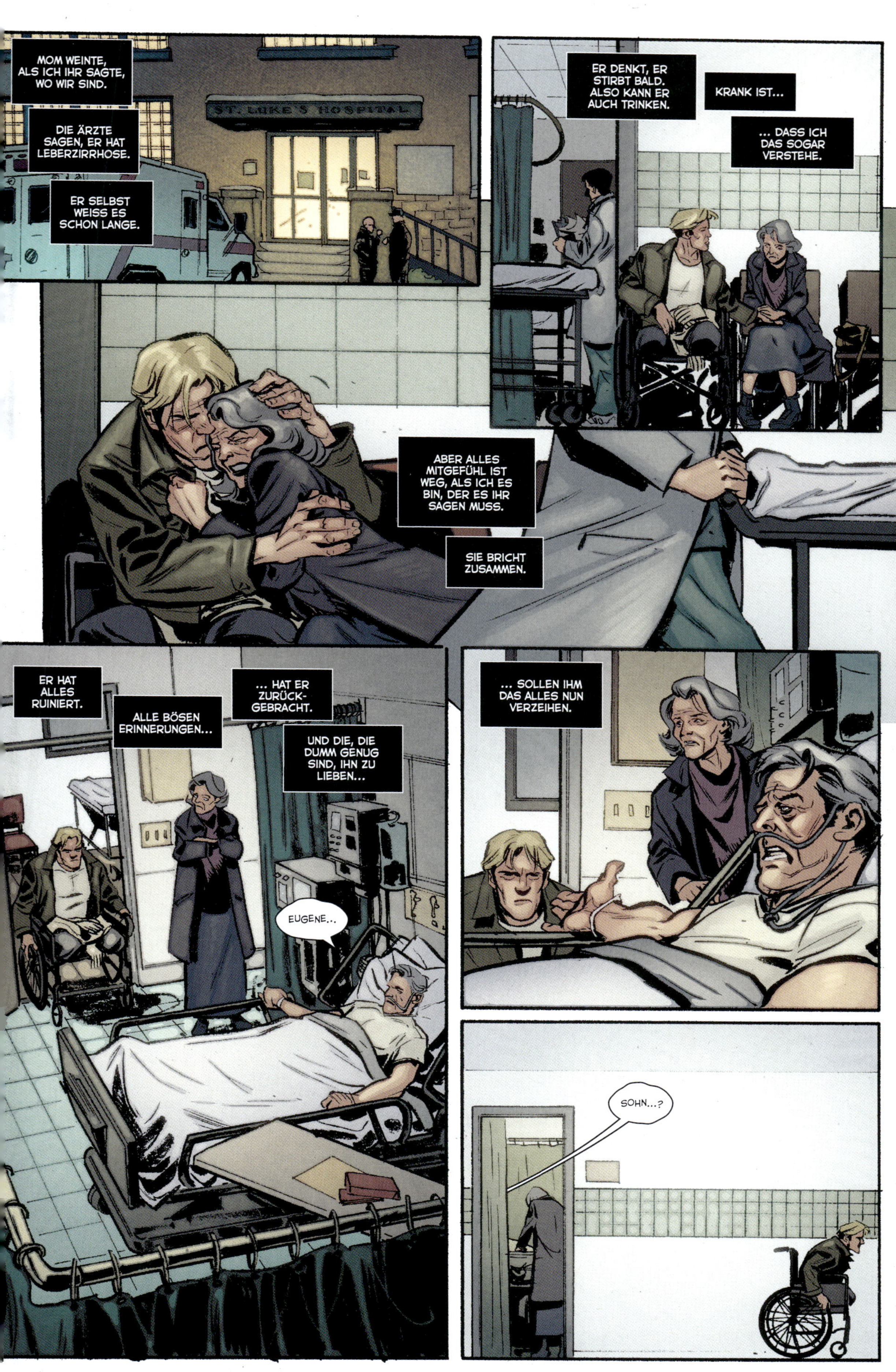
MOM WEINTE, ALS ICH IHR SAGTE, WO WIR SIND.
DIE ÄRZTE SAGEN, ER HAT LEBERZIRRHOSE.
ER SELBST WEISS ES SCHON LANGE.
ST. LUKE'S HOSPITAL
ER DENKT, ER STIRBT BALD. ALSO KANN ER AUCH TRINKEN.
KRANK IST...
... DASS ICH DAS SOGAR VERSTEHE.
ABER ALLES MITGEFÜHL IST WEG, ALS ICH ES BIN, DER ES IHR SAGEN MUSS.
SIE BRICHT ZUSAMMEN.
ER HAT ALLES RUINIERT.
ALLE BÖSEN ERINNERUNGEN...
... HAT ER ZURÜCK-GEBRACHT.
UND DIE, DIE DUMM GENUG SIND, IHN ZU LIEBEN...
EUGENE...
... SOLLEN IHM DAS ALLES NUN VERZEIHEN.
SOHN...?

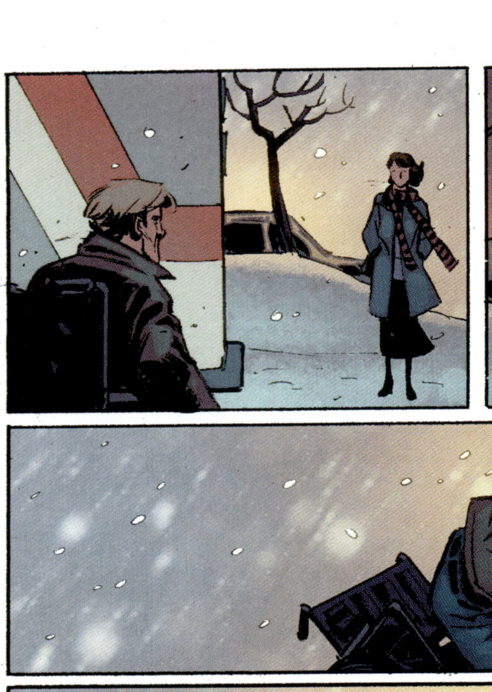

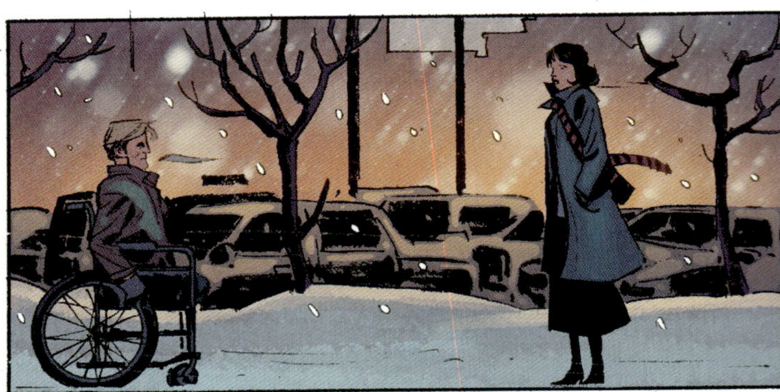

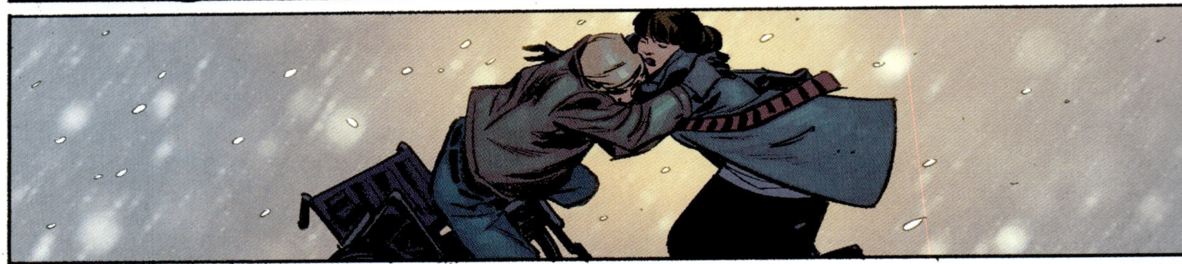

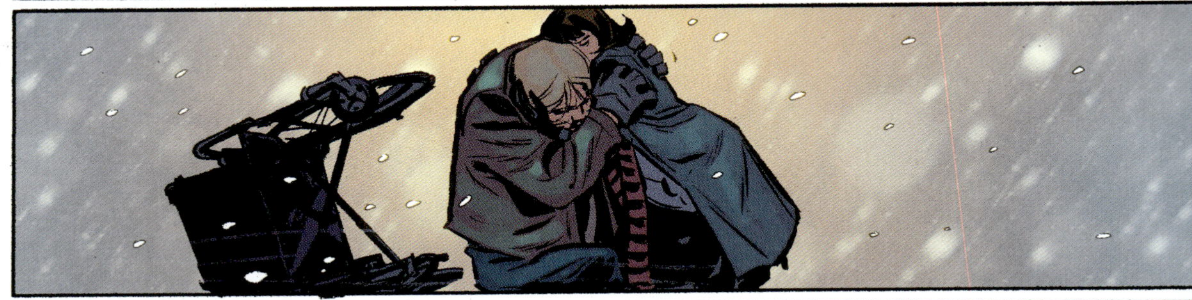

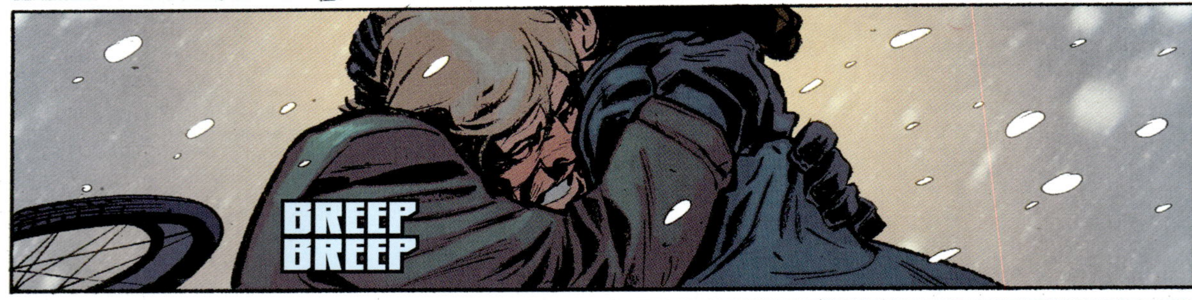
BREEP
BREEP

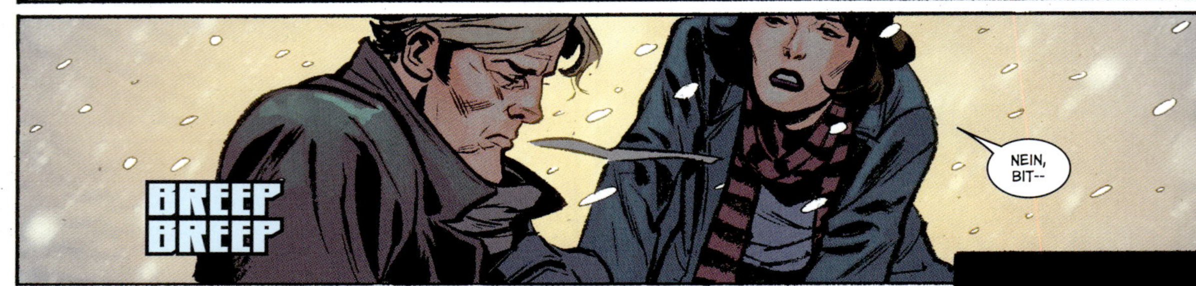
BREEP
BREEP
NEIN, BIT--

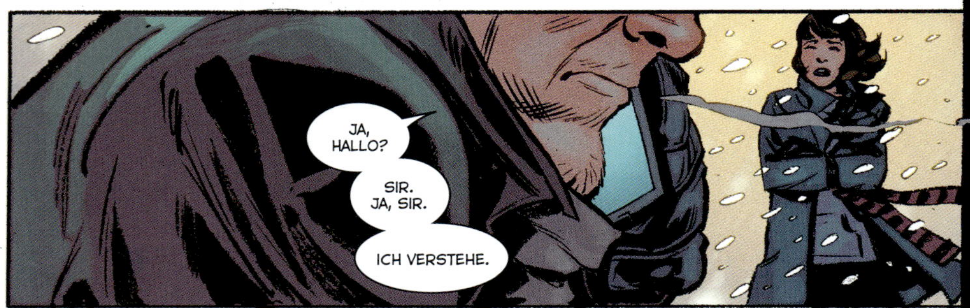
JA, HALLO?
SIR. JA, SIR.
ICH VERSTEHE.
ICH KOMME SOFORT.

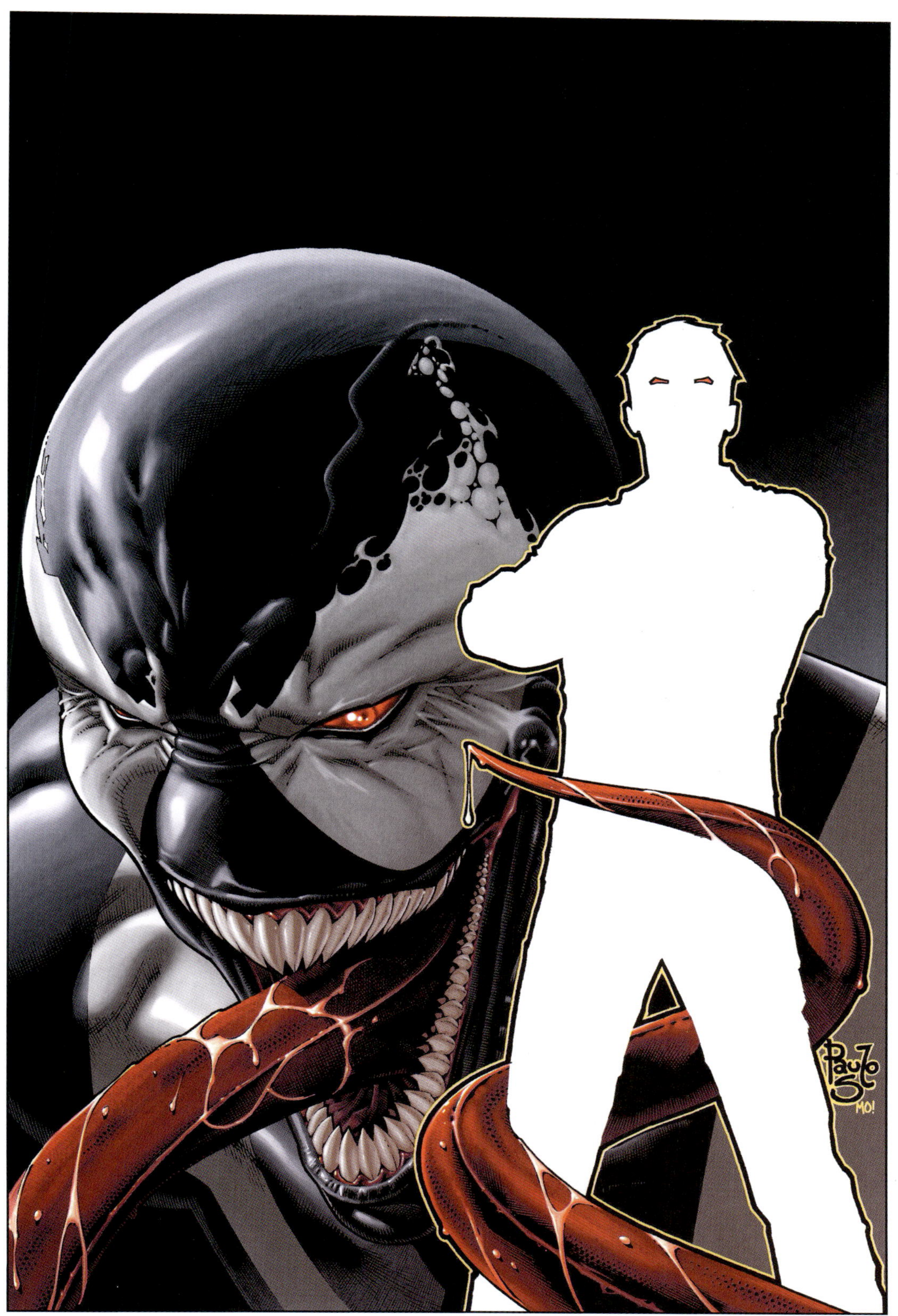

Venom (2011) 1
Variant-Cover von **PAULO SIQUEIRA**

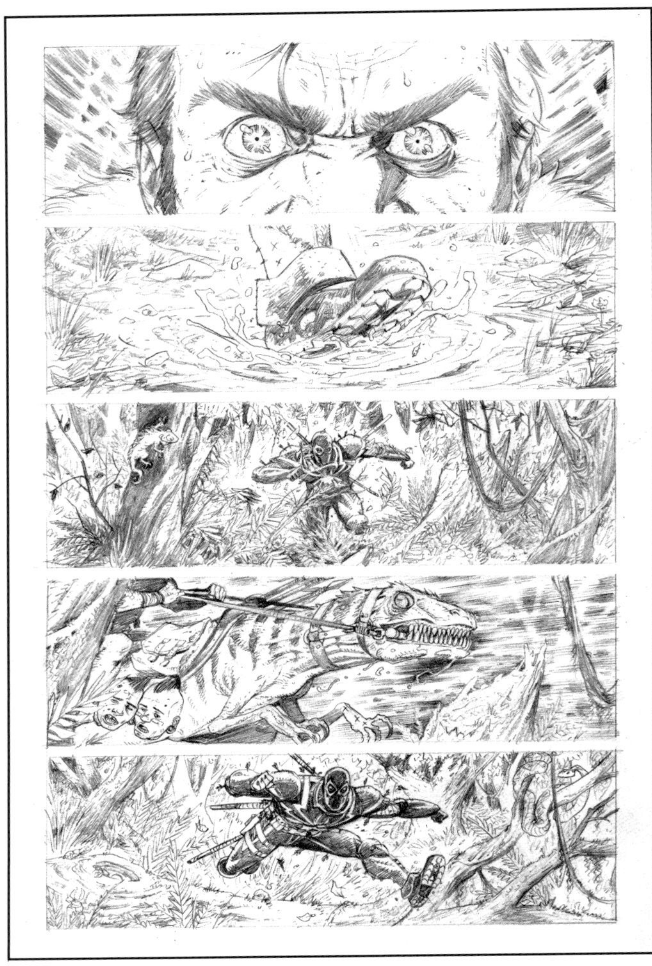

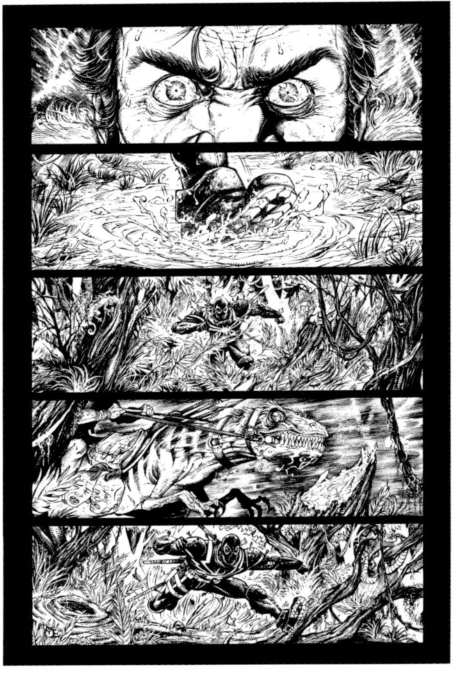

Venom (2011) 2, Seite 1
Zeichnungen von **TONY MOORE**, Tusche von **CRIMELAB STUDIOS**

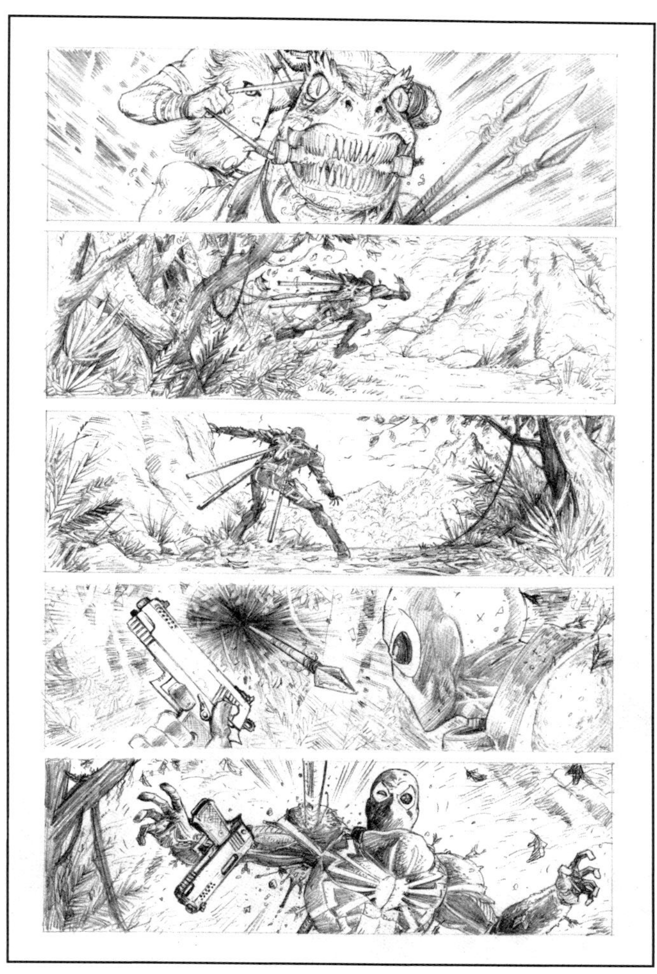

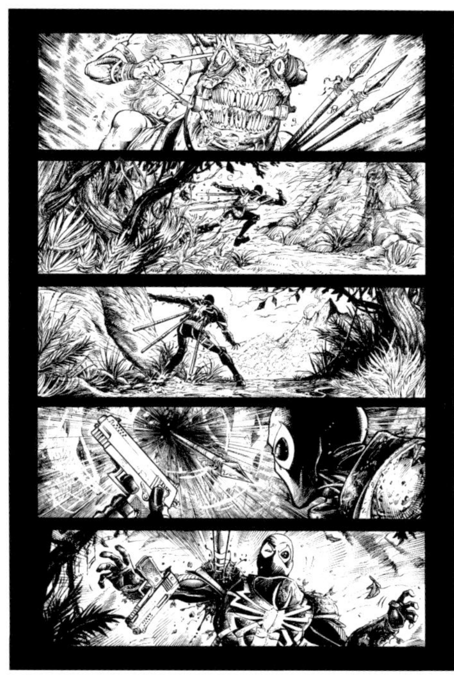

Venom (2011) 2, Seite 2
Zeichnungen von **TONY MOORE**, Tusche von **CRIMELAB STUDIOS**

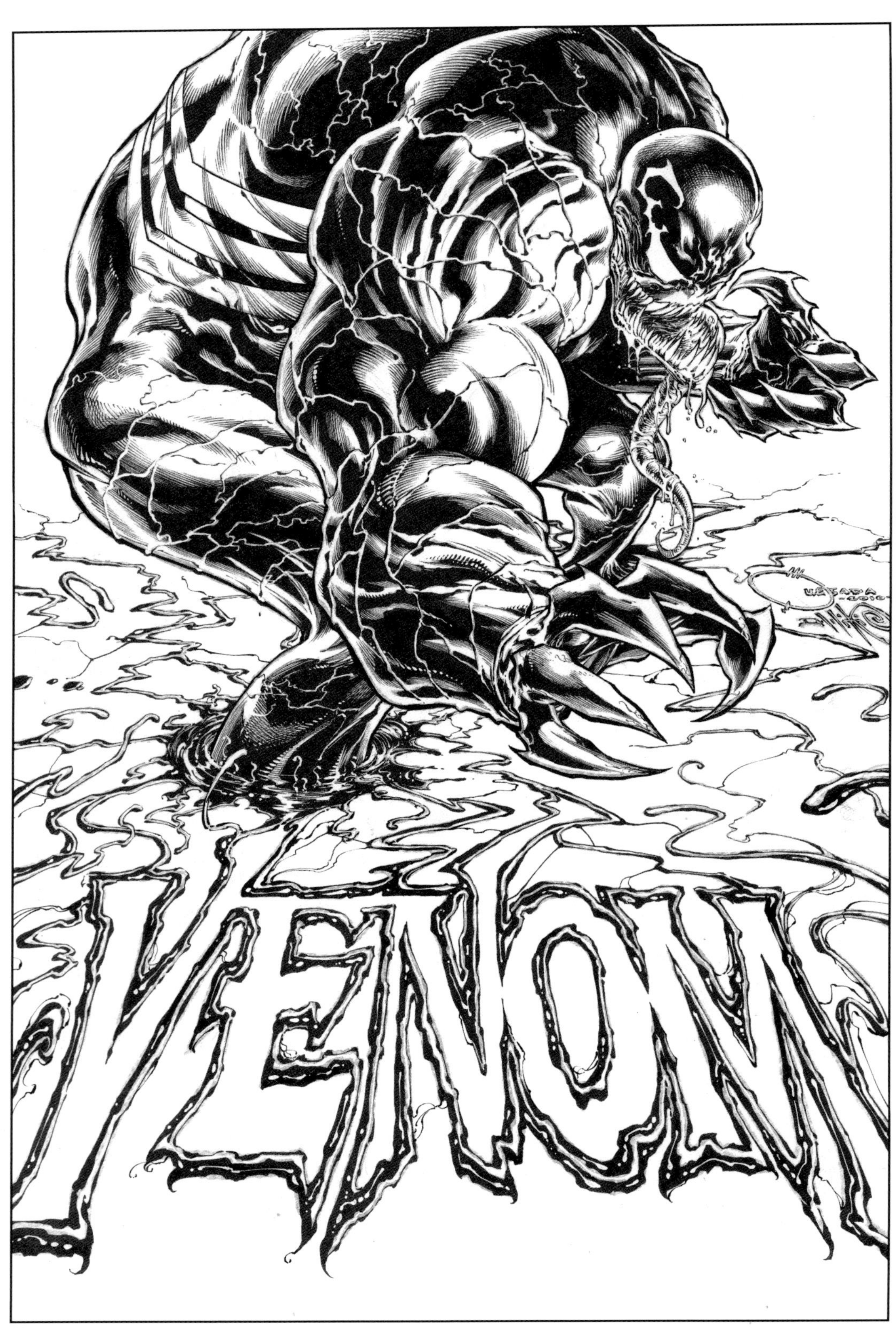

Venom (2011) 1
Variant-Cover von **JOE QUESADA**

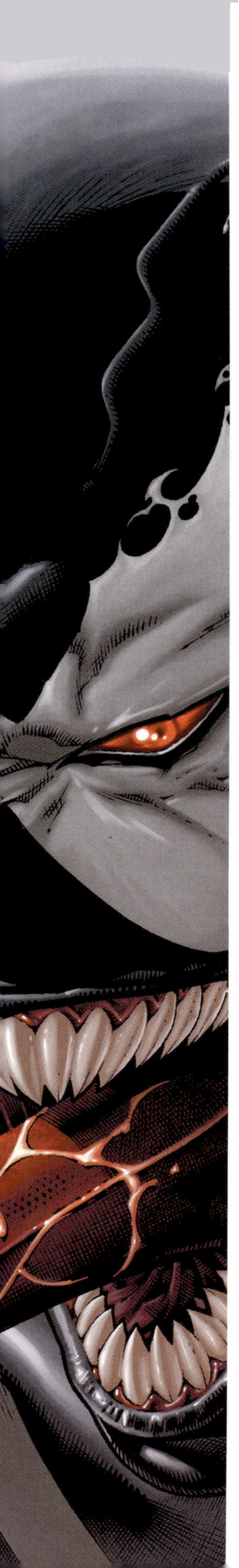

DIE MACHER

RICK REMENDER war früher Zeichner und Tuscher, zudem arbeitete er als Animationskünstler an Trickfilmen wie *Der Gigant aus dem All, Titan A.E.* und *Anastasia* mit. Später unterrichtete er auch Comic, Animation und Storyboarding. Inzwischen kennt man den 1973 geborenen Amerikaner hauptsächlich als Comic- und Drehbuchautor. Für Marvel schrieb er die Top-Titel UNCANNY AVENGERS, UNCANNY X-FORCE, PUNISHER, CAPTAIN AMERICA, WINTER SOLDIER, SECRET AVENGERS, AVENGERS: ULTRONS ZORN und AVENGERS & X-MEN: AXIS. Zu seinen unabhängigen Comic-Eigenschöpfungen, von denen viele in anderen Medien adaptiert wurden, gehören THE SCUMBAG, *The Last Days of American Crime*, DEADLY CLASS, *Black Science*, *Low*, *Tokyo Ghost*, *Devolution*, *Seven To Eternity*, FEAR AGENT, *The Sacrificers* und *Strange Girl*.

TONY MOORE zeichnete die Serien *Battle Pope* und *Brit*, die er mit Autor Robert Kirkman geschaffen hat. Außerdem bebilderte Moore die ersten sechs Kapitel des Horror-Hits *The Walking Dead*, was ihm mehrere Eisner Award-Nominierungen einbrachte. Daneben zeichnete er PUNISHER, FEAR AGENT und *XXXombies* aus der Feder von Rick Remender, DEADPOOL von Brian Posehn und Gerry Duggan, GHOST RIDER von Jason Aaron und die Vertigo-Serie EXTERMINATORS von Simon Oliver. Dazu kommen Geschichten mit den Masters of the Universe, Goon und Thor sowie zahlreiche Comic-Titelbilder. Abseits der Comic-Szene schuf Moore Artwork für Bands, ehe er sogar ein komplettes animiertes Musikvideo inszenierte.

TOM FOWLER arbeitet als freier Künstler in den Bereichen Comic, Werbung, Film und Game-Design. Zu seinen Klienten zählen Marvel, DC Comics, Valiant, Disney, Wizards of the Coast, Hasbro und Simon & Schuster. Neben Gags für das berühmte MAD MAGAZINE zeichnete der Amerikaner den Graphic-Novel-Bestseller HULK: SEASON ONE von Autor Fred Van Lente, GREEN ARROW, JOE HILL – EIN KÜHLSCHRANK VOLLER KÖPFE, eine Neuinterpretation von DIE BÜCHER DER MAGIE nach Neil Gaiman, den Relaunch der Panel-Serie *Quantum and Woody* und Beiträge zu *Deadpool Team-Up*, *Prince of Persia* und *Star Wars Legends*. Als Autor verfasste Fowler zudem einen Comic zur beliebten Science-Fiction-Animationsserie *Rick and Morty*.

VENOM

NETZ DES TODES

BONUSTEIL

2011 nahmen sich *Amazing Spider-Man*-Autor **Dan Slott** und Zeichner **Paulo Siqueira** eine der dienstältesten Nebenfiguren des Titels vor, **Flash Thompson**, und brachten ihn auf einen gewagten neuen Weg. Aber es waren **Rick Remender** und **Tony Moore**, die sein Ziel bestimmt haben …

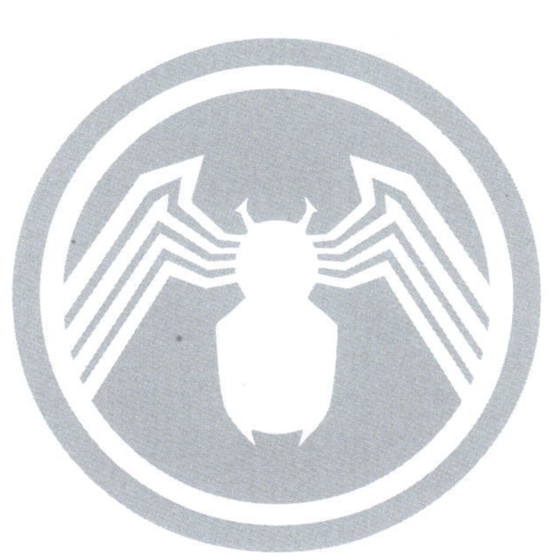

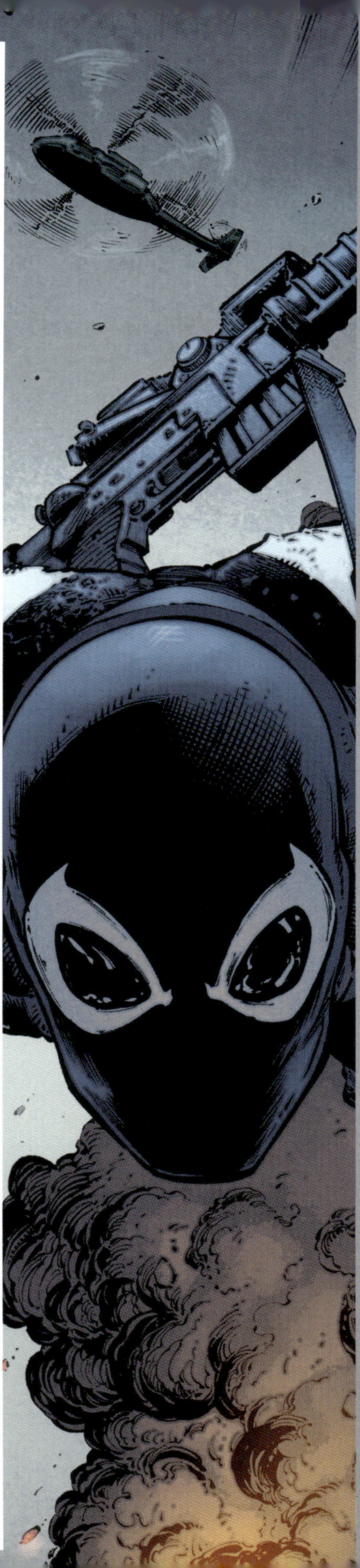

Der tragische Held

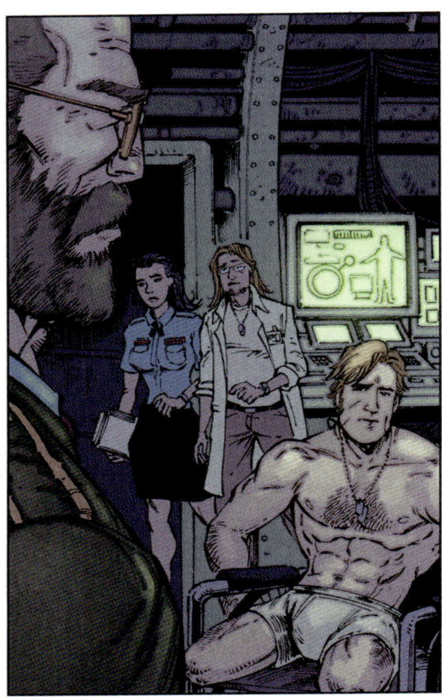

Flash Thompson beginnt ein neues Leben als Geheimagent. Zeichnung von Tony Moore und **John Rauch**.

Im Jahr 2012 beendete **Rick Remender** eine 22 Hefte dauernde Periode für die Serie *Venom* und blickte mit einem guten Gefühl zurück: „Es war großartig. Ich glaube, ich habe meine Nische gefunden, denn es macht mir Spaß, Charaktere aus der zweiten oder dritten Reihe zu etwas Besonderem umzugestalten. Die ursprüngliche Idee für die Serie stammte natürlich von **Dan Slott** und [*Amazing Spider-Man*-Redakteur] **Stephen Wacker**, und als ich mich näher damit befasste, entdeckte ich etliche sagenhafte Dinge an diesem Konzept. Es gibt so viele verschiedene Themen, die man mit **Flash** angehen kann – von seinem Alkoholismus, seinem Egoismus, dem Aufwachsen bei einem alkoholkranken und gewalttätigen Vater bis hin zu dieser neuen Sucht, die ihm seine Beine zurückgegeben hat. Ich liebe die Reihe, ich liebe Flash, und ich wusste anfangs nicht, dass es mir so gut gefallen würde. Flash ist nicht stoisch oder hyperintelligent. Er ist ein Mann mit durchschnittlicher Intelligenz, aber er hat so viel Herz, Loyalität und Patriotismus, dass er zu den Menschen gehört, die einfach nicht aufgeben können. In der **Spider-Man**-Abteilung des Marvel-Universums ist er eine klassische Figur und hat fast mehr von **Peter Parker** als Peter inzwischen selbst. In der alten Serie *Amazing Spider-Man* war Peters Leben immer verdammt deprimierend. Und obwohl Peters Leben immer noch turbulent ist, wollte ich mit Flash etwas anstellen, das sich wie eine klassische Spider-Man-Geschichte anfühlt, nur mit Flash im Mittelpunkt. Flash hat seine eigenen Probleme mit Macht und Verantwortung, die aus einem anderen Blickwinkel untersucht werden; einem, der ein gutes Stück dunkler ist als das, womit Peter zu kämpfen hat. Ich hoffe, dass Leute, die eine vorgefasste Meinung darüber haben, was ein **Venom**-Comic ist, diese beiseitelassen und unserer Serie eine Chance geben.

„Man sagt, ein Held ist nur so gut wie seine Schurken, und Venom hat eigentlich keine klassischen Schurken, da Flash zum ersten Mal ein Held ist. Es gibt einige Schurken wie **Carnage**, aber man würde ihn nicht als Flashs unmittelbaren Erzfeind ansehen. In *Venom* wollte ich ihn mit einer echten Schurkengalerie von Figuren zusammenbringen, die Venom-Schurken sind. Stephen Wacker hat

▶ Tony Moore ist ein amerikanischer Künstler, der vielleicht am besten als Mitschöpfer des Horror-Comics *The Walking Dead* bekannt ist, der von Image veröffentlicht wird. Im Jahr 2012 arbeitete er mit den Autoren **Brian Posehn** und **Gerry Duggan** an der Geschichte *Dead Presidents*, die in *Deadpool* 1-6 veröffentlicht wurde. Mit Rick Remender arbeitete er 2009 an *The Punisher* und an dem von Dark Horse veröffentlichten Sci-Fi-Comic *Fear Agent*. Er illustrierte 2009 *Ghost Rider*, verfasst von **Jason Aaron**.

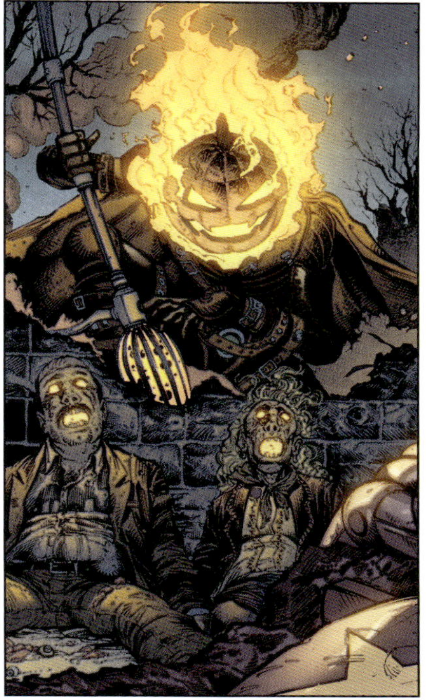

mich herausgefordert, nur Typen aus der zweiten und dritten Reihe zu verwenden."

Remender wählte **Jack O'Lantern** als Hauptfeind von **Agent Venom**. „Es macht mir wirklich Spaß, etwas aufzugreifen, das schon einmal da war, und es wieder relevant zu machen", sagte Remender. „Das ist eine Herausforderung, für die ich immer zu haben bin. Eine Figur wie Jack O'Lantern war zu Beginn der Serie im Grunde ein Söldner, der kam und ging und nie einen großen Einfluss auf irgendetwas hatte. Ich hoffe, dass Jack O'Lantern jetzt ein vollwertiger Bösewicht sein wird, mit dem sich die Leute beschäftigen wollen. Er wurde als Flash Thompsons Erzfeind festgeschrieben. Zeichner **Tony Moore** und ich haben bei der Entwicklung des neuen Jack O'Lantern sehr eng zusammengearbeitet. Wir haben telefoniert und Ideen ausgeheckt. Als ich sagte, dass ich ihn auf einem Besen reiten lassen wollte, wirkte Tony Wunder. Ich kann mir nicht vorstellen, dass viele Leute einen Besen so fantastisch gestalten können wie Tony."

Der neu gestaltete Jack O'Lantern wurde zu einem gefürchteten Bösewicht. Zeichnung von Tony Moore und John Rauch.

Flashs traumatische persönliche Geschichte bot Remender reichhaltiges Material: „Wenn man diese Geschichten schreibt, will man, dass die Figuren Probleme kriegen, und wenn sie ihr eigener schlimmster Feind sind, ist dies das größte Problem überhaupt. Aristoteles hat immer gesagt, dass der tragische Held einen Fehler macht, der ihm das Problem einhandelt. Er muss nicht böswillig oder böse sein, aber er soll Fehler machen, die ihn in seine missliche Lage bringen. Ich habe immer versucht, diese Regel zu befolgen, vor allem bei Figuren, die tragische Helden sind.

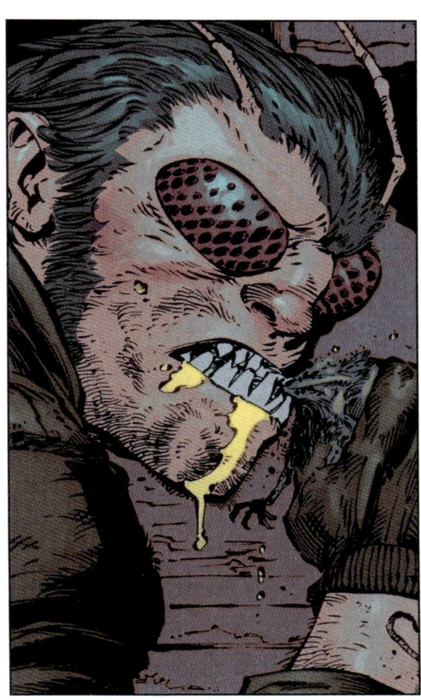

Human Fly war ein weiterer alter Spider-Man-Bösewicht, der sich in etwas weitaus Unheimlicheres verwandelte. Zeichnung von Tony Moore und John Rauch.

„Ich wollte würdigen, was mit Flash passiert war und wer er ist. Seine Probleme haben mehr mit der Wut zu tun, mit der er aufgewachsen ist, mit der Wut seines Vaters und den Schlägen, die er erhalten hat. Wenn man von seinem Vater körperlich gezüchtigt wird, hat das Auswirkungen auf ein Kind, die manche Leute mit einem ‚Vaterkomplex' abtun. Das ist ziemlich einfach zu sagen, wenn man nicht selbst ein Kind war, das von den Fäusten seines Vaters getroffen wurde. Das schien mir anders genug zu sein, und es war Teil seiner Geschichte. Es passte gut zu dem Drama, einen außerirdischen Symbionten zu tragen, der sich von negativen Emotionen ernährt. Ich musste mich darauf einlassen."

TIMELINE

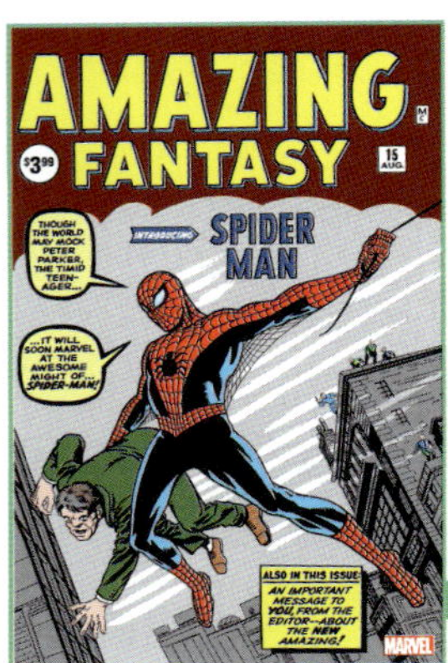

Amazing Fantasy **15 (1962)**
STAN LEE
STEVE DITKO
Peter Parker erhält seine Superkräfte von einer radioaktiven Spinne. Flash Thompson hat einen kurzen Auftritt.

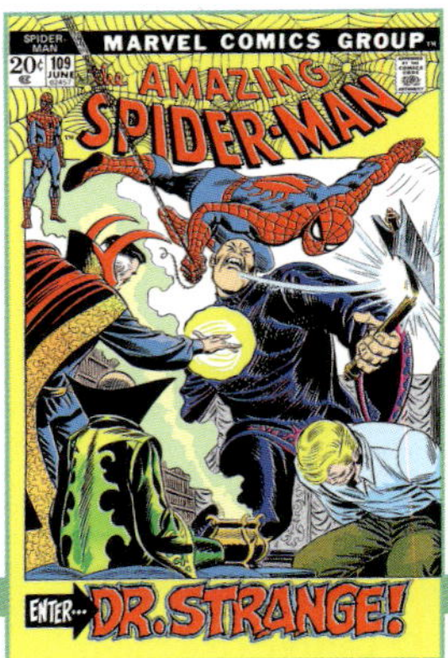

Amazing Spider-Man **109 (1972)**
STAN LEE
JOHN ROMITA SR.
Spider-Man *und* ***Dr. Strange*** *tun sich zusammen, um Flash vor einer religiösen Sekte zu retten, die ihn für einen Mörder hält.*

VENOM
NETZ DES TODES

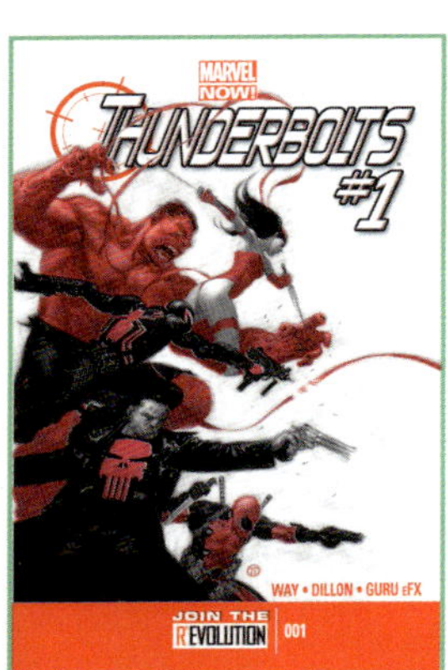

Thunderbolts **1 (2012)**
DANIEL WAY
STEVE DILLON
Red Hulk *stellt ein neues* ***Thunderbolts****-Team zusammen, dem auch Agent Venom angehört.*

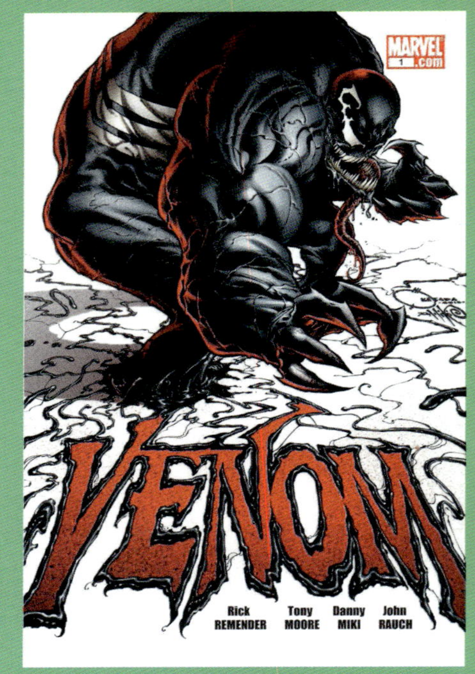

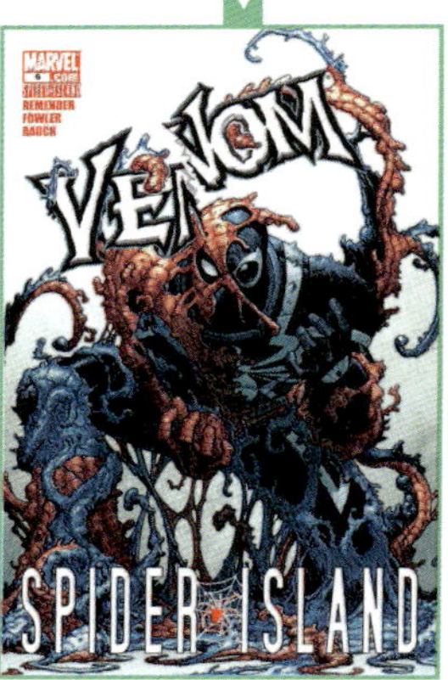

Venom **6 (2011)**
RICK REMENDER
TOM FOWLER
Agent Venom gerät in das Chaos des Crossover-Events ***Spider-Island****, bei dem Tausende von Menschen auf Manhattan Island Spinnenkräfte erhalten.*

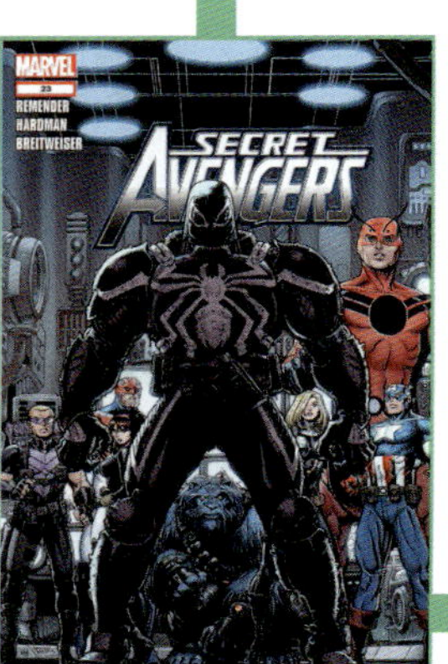

Secret Avengers **23 (2012)**
RICK REMENDER
GABRIEL HARDMAN
Agent Venom wird für die ***Secret Avengers*** *rekrutiert, sehr zum Ärger von Teamboss* ***Hawkeye****.*

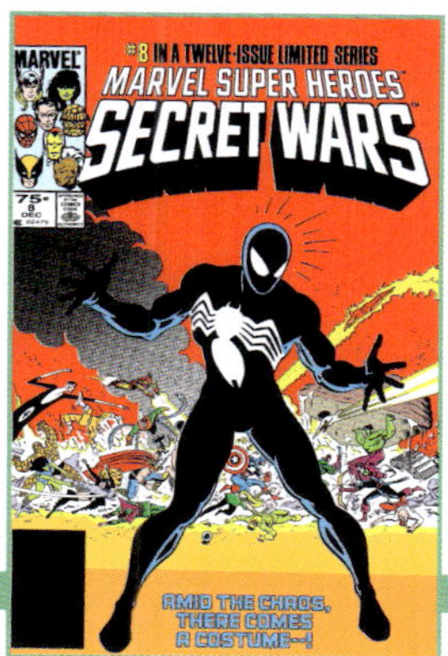

***Marvel Super Heroes Secret Wars* 8 (1984)**
JIM SHOOTER
MIKE ZECK
Spider-Man bekommt etwas, das er für ein neues Kostüm hält, das aber in Wirklichkeit ein außerirdischer Symbiont ist.

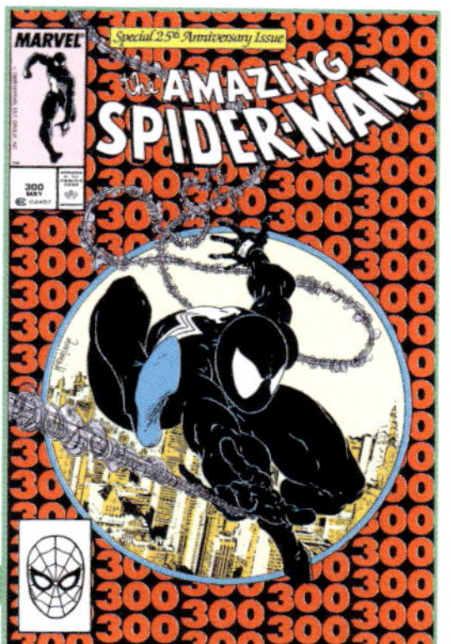

***Amazing Spider-Man* 300 (1988)**
DAVID MICHELINIE
TODD McFARLANE
*Der Symbiont verbindet sich mit **Eddie Brock**, und **Venom** ist geboren.*

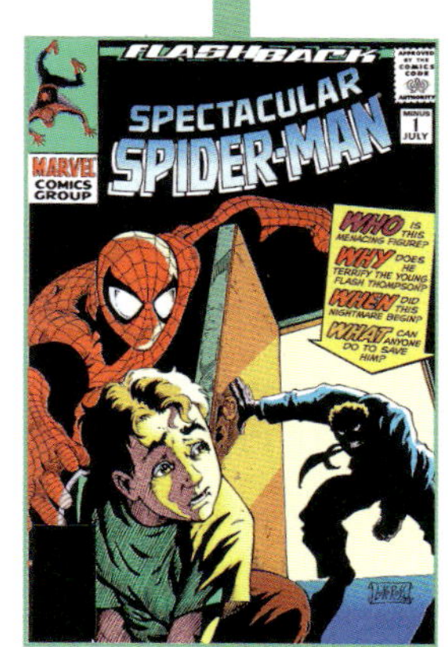

***Spectacular Spider-Man* 1 (1997)**
J. M. DeMATTEIS
LUKE ROSS
Flashs Kindheitstrauma und die Misshandlung durch seinen betrunkenen Vater werden aufgedeckt.

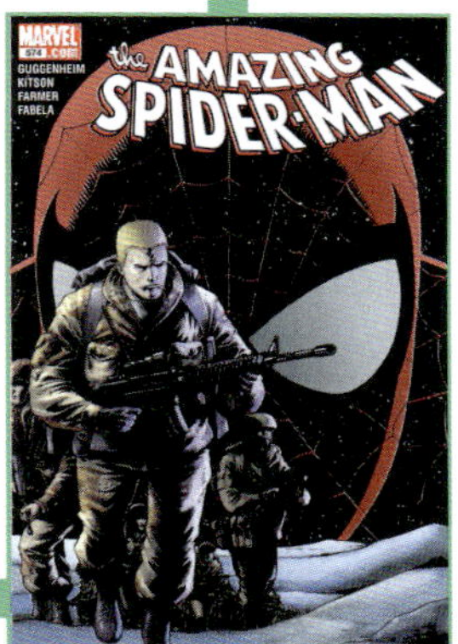

***Amazing Spider-Man* 574 (2008)**
MARC GUGGENHEIM
BARRY KITSON
Ein General besucht Corporal Flash Thompson in einem Militärkrankenhaus und hört sich an, wie Flash bei einem Gefecht im Irak beide Beine verlor.

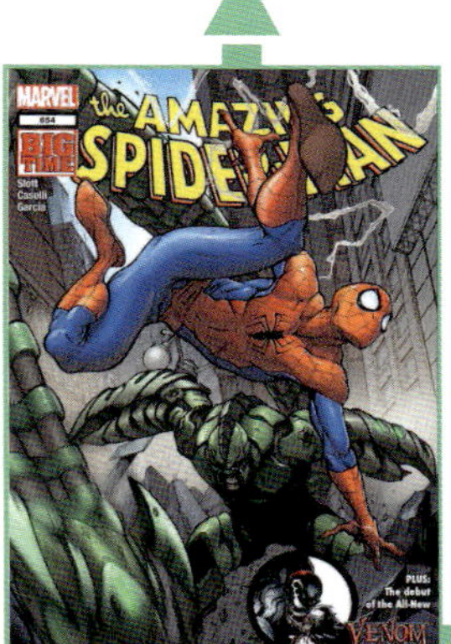

***Amazing Spider-Man* 654 (2011)**
DAN SLOTT
PAULO SIQUEIRA
RONAN CLIQUET DE OLIVEIRA
Flash Thompson willigt ein, mit dem Venom-Symbionten verbunden zu werden, was ihm die Möglichkeit gibt, wieder zu laufen.

Flash Thompson begann sein fiktionales Leben als äußerst unsympathische Figur; ein klassischer Highschool-Rüpel, der es genoss, den fleißigen **Peter Parker** zu quälen. Im Laufe der Jahre kamen jedoch immer mehr Seiten von Flash zum Vorschein, und die Leser begannen zu erkennen, dass er versuchte, mit dem inneren Schmerz fertigzuwerden, den er erlitten hatte, nachdem er von seinem Vater geschlagen worden war. Sein neues Leben als **Agent Venom** zeigt, dass er schon immer die Kraft hatte, ein Held zu werden.

Schulrüpel oder Superheld

Eugene „Flash" Thompson ist eine der frühesten Nebenfiguren von Marvel, die erstmals in der Ursprungsgeschichte von **Spider-Man** in *Amazing Fantasy* 15 (1962) von **Stan Lee** und **Steve Ditko** auftaucht. Er wurde zum Fluch von **Peter Parkers** Highschool-Leben, da er ihn wiederholt schikanierte, während er ironischerweise Spider-Man als Helden verehrte. Diese beiden Elemente trafen mit unglücklichen Folgen für Flash zusammen, als er in *Amazing Spider-Man* 5 (1963) beschloss, Peter Parker zu erschrecken, indem er ihn in einem Spider-Man-Kostüm anquatschte. **Dr. Doom** entführte Flash, weil er ihn für den wahren Helden hielt. Spider-Man war gezwungen, gegen Doom zu kämpfen, um Flash das Leben zu retten.

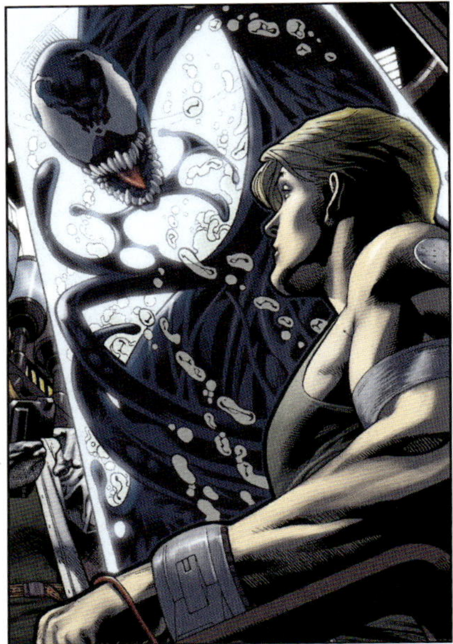
Flash Thompson trifft den **Venom**-Symbionten. Zeichnung von **Paulo Siqueira** und **Ronan Cliquet De Oliveira**.

Flashs Beziehung zu Peter Parker verbesserte sich während ihrer Collegezeit, aber eine gewisse Rivalität zwischen ihnen blieb bestehen, vor allem wegen der Zuneigung von **Gwen Stacy**. Flash ging zur Army und diente in Südostasien. Er verliebte sich in eine junge Frau namens **Sha Shan**, aber er wurde fälschlicherweise für die Zerstörung des versteckten Tempels, in dem sie lebte, verantwortlich gemacht. Als er in die USA zurückkehrte, wurde er von den Anhängern des Tempels angegriffen. Spider-Man und **Dr. Strange** taten sich zusammen, um Flash zu retten. Diese Geschichte wurde 1972 in *Amazing Spider-Man* 108-109 von **Stan Lee** und **John Romita Sr.** erzählt.

Ein wichtiger Wendepunkt für Flash wurde in *Amazing Spider-Man* 574 (2008) von **Marc Guggenheim** und **Barry Kitson** erzählt. Er war wieder bei der US-Army und hatte im Irak gedient. Ein General besuchte ihn im Krankenhaus, um Flashs Bericht darüber zu hören, wie er einen seiner Kameraden vor einem Angriff gerettet hatte, dadurch aber nicht die schnelle ärztliche Versorgung erhielt, die seine eigenen schwer verletzten Beine benötigt hätten. Ihm mussten daraufhin beide Beine amputiert werden.

▶ In *Amazing Spider-Man* 7-8 (1999) von **Howard Mackie** und **John Byrne** versuchte **Mysterio**, Spider-Mans Identität herauszufinden, indem er alle Personen, die ihm nahestanden, in einem Virtual-Reality-Programm gefangen hielt. Flash verwandelte die Illusion in seine Wunschwelt, in der er ein Superheld und Spider-Mans Partner war. Peter Parker war ebenfalls in der künstlichen Realität gefangen. Er überredete Flash, sich von ihr zu befreien, obwohl sie ihm all den Ruhm bescherte, den er sich immer gewünscht hatte.

Die Klyntar

Die **Klyntar** sind eine Spezies außerirdischer Symbionten, die eine Verbindung mit ihren Wirten eingehen und so eine einzige Einheit bilden. Sie sind in der Lage, die Persönlichkeit und die Erinnerungen ihrer Wirte zu verändern, indem sie deren körperliche und emotionale Eigenschaften verstärken. Außerdem verleihen sie ihren Wirten übermenschliche Fähigkeiten.

Die Symbionten wurden von einer uralten bösartigen Kreatur namens **Knull** erschaffen. Als die **Celestials** ihren großen Plan zur Entwicklung des Universums begannen, schlug Knull zurück, indem er **Allschwarz**, den ersten Symbionten, konstruierte und anschließend einem Celestial den Kopf abschlug. Die anderen Celestials verbannten Knull und den Celestial-Kopf tiefer ins All. Knull nutzte die kosmischen Energien des Kopfes als Schmiede für die Symbionten, wodurch sie ihre Anfälligkeit für Schall und Feuer entwickelten. Knull schuf eine Armee von Symbionten, die Planeten eroberten und ganze Zivilisationen zerstörten.

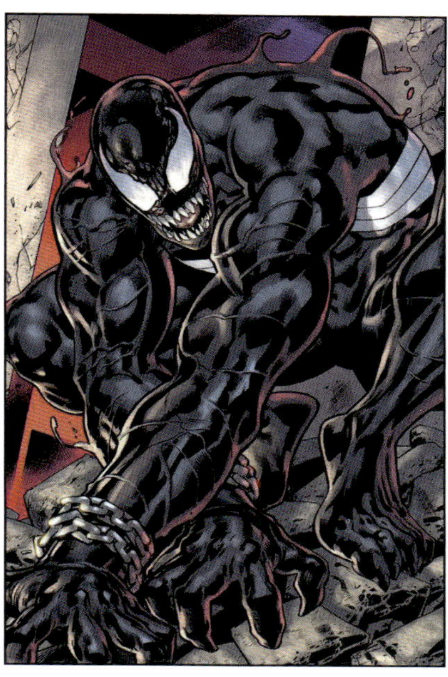

Venom war der erste Symbiont, dem die Superhelden der Erde begegneten. Zeichnung von **Bryan Hitch**.

Der erste Klyntar, dem **Spider-Man** begegnete, war der Symbiont, der später zu **Venom** werden sollte. Spider-Man setzte ihn auf Battleworld versehentlich frei, weil er ihn für ein spezielles Kostüm hielt, das sich an seine Gedanken anpassen konnte. Bald entdeckte er, dass es sich um eine lebende Kreatur handelte, und er musste kämpfen, um sich von ihr zu befreien. Der Symbiont verband sich schließlich mit dem in Ungnade gefallenen Reporter **Eddie Brock**.

Die Klyntar können sich ungeschlechtlich fortpflanzen, haben aber eine begrenzte Anzahl von Samen in ihrer Masse. Venom brachte sieben „Kinder" zur Welt, und sein erstes Kind, **Carnage**, hatte drei. Symbionten heften sich an das Nervensystem ihrer Wirte und gehen im Laufe der Zeit eine vollständige körperliche und geistige Bindung mit ihnen ein. Sie können ihre Körper in jede beliebige Form verwandeln und in den Tiefen des Weltraums überleben. Sie verstärken die physische Kraft ihres Wirtskörpers. Außerdem haben sie eine Art genetisches Gedächtnis, das es ihnen ermöglicht, Informationen mit anderen ihrer Art zu teilen.

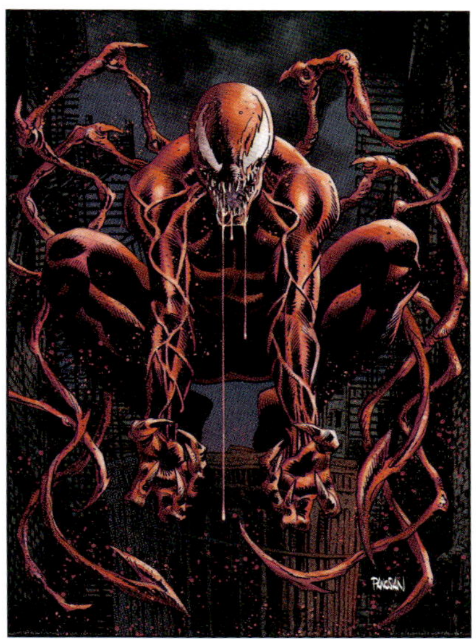

Venoms „Sohn" hat sich mit dem psychotischen Killer **Cletus Kasady** verbunden und Carnage erschaffen. Zeichnung von **Dan Panosian**.

WEITERE MUST-HAVE-TITEL

BEREITS ERHÄLTLICH

CIVIL WAR
AVENGERS: HELDENFALL
SPIDER-MAN: SPIDER-VERSE
WOLVERINE: OLD MAN LOGAN
DEADPOOL KILLT DAS MARVEL-UNIVERSUM
THANOS: DIE GEBURT EINES MONSTERS
DAREDEVIL: DER MANN OHNE FURCHT
MILES MORALES: ULTIMATE SPIDER-MAN
MS. MARVEL: META-MORPHOSE
DER TOD VON WOLVERINE
INFINITY GAUNTLET: DIE EWIGE FEHDE
PLANET HULK
X-MEN: DIE DARK PHOENIX SAGA
VENOM: DARK ORIGIN
IRON MAN: EXTREMIS
FANTASTIC FOUR - 4
PUNISHER: FRANK IST ZURÜCK!
MARVEL KNIGHTS SPIDER-MAN
BLACK PANTHER: WER IST BLACK PANTHER?
X-MEN: EIN NEUER ANFANG

FANTASTIC FOUR: ALLES GELÖST?!
SPIDER-MAN: HEIMKEHR
CAPTAIN AMERICA: WINTER SOLDIER
ASTONISHING X-MEN: BEGABT
SPIDER-MAN: KRAVENS LETZTE JAGD
HOUSE OF M
DEADPOOL: WEIBER, WUMMEN UND WADE WILSON
AVENGERS: AUSBRUCH
ULTIMATE SPIDER-MAN: LEKTIONEN FÜRS LEBEN
DER TOD VON CAPTAIN AMERICA
ANNIHILATION
MARVELS
DAREDEVIL: AUFERSTEHUNG
GUARDIANS OF THE GALAXY: SPACE-AVENGERS
AVENGERS PRIME
WOLVERINE: STAATSFEIND
THE SIEGE - DIE BELAGERUNG
SPIDER-MAN/BLACK CAT
DAREDEVIL: IN DEN ARMEN DES TEUFELS
THOR: DIE RÜCKKEHR DES DONNERS

SECRET INVASION
UNCANNY AVENGERS: DER ROTE SCHATTEN
WOLVERINE: WAFFE X
MARVEL ZOMBIES
DOCTOR STRANGE: DER EID
SILVER SURFER: REQUIEM
X-MEN: BEDROHTE SPEZIES
FEAR ITSELF - NACKTE ANGST
THOR: AUF DER SUCHE NACH GÖTTERN
WORLD WAR HULK
SPIDER-MAN: QUALEN
WOLVERINE
NEW AVENGERS: ILLUMINATI
SECRET WAR
THANOS KEHRT ZURÜCK
GHOST RIDER: STRASSE ZUR VERDAMMNIS
AVENGERS: ULTRONS RACHE
DEADPOOL: DREI GLORREICHE HALUNKEN
SPIDER-MAN: ERSTAUNLICHER NEUSTART
AVENGERS FOREVER
X-MEN: SCHISMA - GETRENNTE WEGE
SUB-MARINER: DIE TIEFE
AGE OF ULTRON

SECRET WARS
HULK: GRAU
NEW MUTANTS: HÖLLENBIEST
X-MEN: MAGNETO - TESTAMENT
SILVER SURFER: PARABEL
IRON MAN: DIE FÜNF ALBTRÄUME
CAPTAIN AMERICA: NEUE GEGNER
THOR: GOTT DES DONNERS - GÖTTERSCHLÄCHTER
MARVEL SUPER HEROES SECRET WARS
GUARDIANS OF THE GALAXY: KRIEGER DES ALLS
HULK: DYSTOPIA
SPIDER-MAN NOIR
DEADPOOL: DIE WETTE
DAREDEVIL & ECHO: TEILE DER LEERE
DOCTOR STRANGE: ANFANG UND ENDE
DAREDEVIL: FATHER
SPIDER-MAN: FAMILIENTRADITION
AVENGERS: ROTE ZONE
X-MEN: ZUKUNFT IST VERGANGENHEIT
SPIDER-MAN: BLUE
PUNISHER: BLUTSPUR

JETZT ERHÄLTLICH

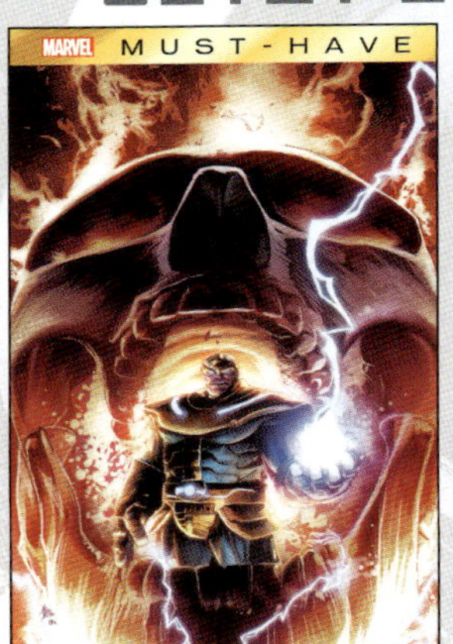

THANOS: HERRSCHER DES UNIVERSUMS

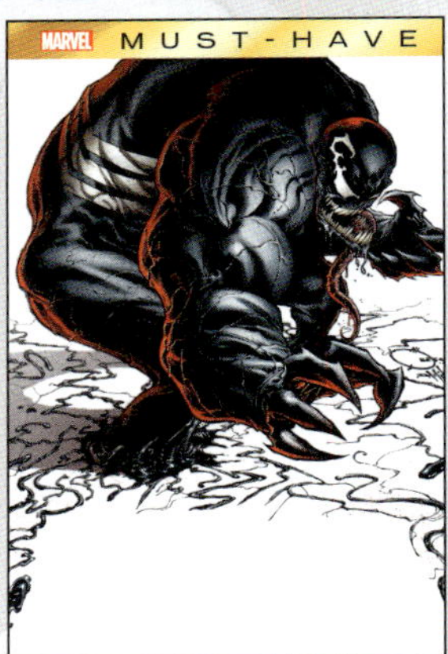

VENOM: NETZ DES TODES

DEMNÄCHST

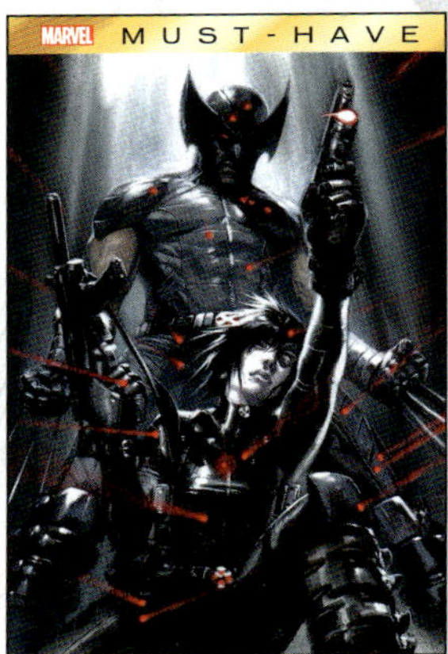

X-FORCE: SEX + GEWALT

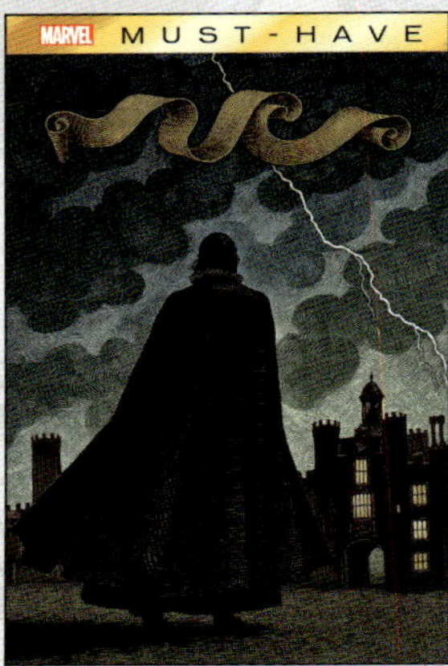

MARVEL 1602